外商直接投资对我国环境影响研究

吴信科 著

WUHAN UNIVERSITY PRESS
武汉大学出版社

图书在版编目(CIP)数据

外商直接投资对我国环境影响研究/吴信科著.—武汉：武汉大学出版社,2021.8
ISBN 978-7-307-22325-7

Ⅰ.外…　Ⅱ.吴…　Ⅲ.外商直接投资—环境影响—研究—中国
Ⅳ.①F832.6　②X820.3

中国版本图书馆 CIP 数据核字(2021)第 087909 号

责任编辑:李　玚　　责任校对:汪欣怡　　版式设计:马　佳

出版发行：**武汉大学出版社**　(430072　武昌　珞珈山)
(电子邮箱：cbs22@ whu.edu.cn　网址：www.wdp. com.cn)
印刷:武汉邮科印务有限公司
开本:720×1000　1/16　印张:13.75　字数:195 千字　插页:1
版次:2021 年 8 月第 1 版　2021 年 8 月第 1 次印刷
ISBN 978-7-307-22325-7　定价:40.00 元

前言

近年来，我国连续成为利用外商直接投资（Foreign Direct Investment，FDI）最多的发展中国家，外商直接投资对我国的经济发展有着不可或缺的作用。2019年3月十三届全国人大二次会议更是通过了《中华人民共和国外商直接投资法》（以下简称《外商直接投资法》），这进一步表明了我国对来华外资的高度重视，这也将继续鼓励外商来华投资，外资规模在未来一段时间很可能继续呈现出上升趋势。然而，任何事物都有两面性，FDI在为我国带来充足的资金、先进的技术和成熟的管理经验的同时，也很可能加剧了我国的环境污染，尤其使我国一些环境承载力薄弱地区的生态环境“雪上加霜”。鉴于上述现实背景以及党和政府对生态环境的日益重视，研究FDI对我国环境的影响具有十分重要的意义。

目前，关于FDI对我国环境影响的研究多侧重于对两者关系的检验，即检验FDI对我国环境的影响是否为“污染光轮”或者“污染天堂”，而且关于FDI对我国环境的作用机理的研究不够深入以及相关实证检验不够全面，不仅如此，尚无研究综合地考察FDI对我国环境影响的空间溢出效应及门槛效应。因此，本书试图从两方面对相关研究进行推进：一是通过梳理和归纳国内外相关文献，立足相关经典理论，并借鉴一般均衡原理分析出FDI对我国环境的作用机理，在此基础上结合EKC和相关控制变量构造出较为科学的空间计量模型，并且构建了以环境规制为门槛变量的门槛模型；二是参考FDI和工业“三废”的现状及趋势，以我国除港澳台及西藏地区之外的其他30个省、直辖市、自治区为研究对象，并且对我国东、中、西三大经济区分组检验，以面板回归估计、空间计量模型和门槛模型为研究手段，定量考察 FDI 对我国环境的影响。本书的主要研究工作及创新性成果如下：

首先，通过探索性空间数据分析（ESDA）检验了 FDI 和污染物排放在空间维度上的集聚性和相关性，结果表明，两变量在空间上具有显著的相关性和集聚性；其次，分别采用空间滞后模型（SLM）、空间误差模型（SEM）和空间杜宾模型（SDM）检验 FDI 对我国环境的影响，以及检验不同来源地 FDI 对我国环境的影响，结果表明，总体上 FDI 改善了我国的环境，变量产业结构对我国的环境质量有负面影响，环境规制对我国的环境有积极影响，四个来源地 FDI 均对我国环境有积极影响但影响强度不同，欧洲来源地 FDI 对我国环境正效应最强；通过空间杜宾模型的效应分解可知，经济规模（GDP）、FDI、技术研发投入、环境规制和人口密度等变量均有显著的空间溢出效应。

另一方面，通过对我国不同区域和不同产业的 FDI 环境效应进行系统的实证检验，结果表明，总体上，FDI 对我国的环境质量有改善作用，但是 FDI 恶化了我国西部地区的生态环境，并且，FDI 环境效应受环境规制门槛效应的影响，在我国“东、中、西”均存在环境规制最优门槛区间，在最优区间内，FDI 对我国环境的正效应作用最强。

目　　录

第1章　绪　　论

1.1　研究背景及意义

随着我国改革开放的不断深入，经济方面取得了巨大发展，其中，外商直接投资（Foreign Direct Investment，FDI）对我国经济的发展有着不可或缺的作用。与此同时，随着我国工业化以及城镇化进程的不断加快，环境污染问题变得非常突出，已经成为我国社会经济可持续发展的桎梏。因此，分析并识别FDI对我国环境的影响，明晰两者之间的关系，积极发挥FDI对环境影响的正面作用变得尤为重要。

1.1.1　研究背景

20世纪90年代以来，以跨国公司为主要载体的国际直接投资呈现出快速增长的趋势，并通过改善和提高国际市场要素配置效率和促进国际贸易的发展来全面推动世界经济的快速增长。资本的流动形式也主要表现为水平形式，即资本的主要流出地和流入地都是发达国家或地区。进入21世纪，随着发展中国家越来越意识到利用外资对促进本国经济增长的重要性，纷纷通过参与国际分工来实现吸引外国投资与资本输出。FDI以其集资金、技术、营销、管理于一体的综合体使东道国在经济发展中产生的资金缺口得到填补，除此之外还借助溢出效应使得新的管理经验、技术以及新的观念传入东道国，从而成为调整地区间产业结构和加快市场化进程的推动力。当前，经济全球化的进一步发展使各国联系更加紧密，在经济方面的依赖性也更强。另外，我们也看到，在 FDI 对一国或地区的经济发展贡献越来越强的同时，也带来了当地环境污染的严重问题，这也激化了经济发展和环境保护二者之间的矛盾，令经济发展和环境污染的协调问题更加艰难。

就我国的实际情况而言，自 1978 年改革开放以来，我国对 FDI 的利用程度在不断加强。连续 26 年为最大规模利用外资和最多吸收 FDI 的发展中国家，自 2011 年开始，不仅接连四次破 1000 亿美元，并且在 2014 年，我国成了世界上最大的 FDI 流入国。FDI 为我国带来了以下的积极影响：首先是促进经济增长。FDI 目前已经是我国增加资本积累的主要方式之一，它刺激了我国经济增长和扩大了我国的资本积累，这种促进作用产生了财富创造效应。其次是扩大就业。FDI 把我国广阔的劳动力市场和更充足的资本要素联系起来，两者的结合发挥了积极作用，促进了就业创造效应。最后是先进技术及管理经验的溢出效应。学习先进的管理经验和利用先进的技术是我们的目标之一，我国在引进外资过程中不断吸收先进的技术和管理经验，从而对我国产生技术影响效应。在长期利用外资的过程中，我们有这样的经验：随着我国经济改革不断深化和经济结构不断完善，FDI 对地方经济的发展、改变贸易流向以及促进国内竞争等诸多方面有持续长期影响效应。然而，长期以来“重数量和重规模”的粗放型引资模式，不仅加剧了我国生态环境污染和引起矿产资源短缺，使得经济发展受到资源能源供给不足和环境承载力的严重束缚，而且由于区域性恶性引资竞争的频繁出现和区际产业转移常态化，我国东南沿海地区通过 FDI 形式吸收了大量发达国家的产业转移，其中不乏一些高污染、高消耗的落后产业。近年来，由于 FDI 的进入门槛不断提高（主要表现在高昂的土地价格和劳动力成本大幅增加等方面），部分外企开始由我国东南沿海向我国中西部地区以及海外其他新兴市场转移，与此同时，一些高污染企业趁机流入我国内地环境规制水平更低的地区，从而使西部地区本来就脆弱的生态环境雪上加霜。

由此可知，污染的空间外溢只是 FDI 引起的环境问题的一个方面，随着越发激烈的区域间引资竞争以及产业转移速度的加快，高污染企业在不同区域间的转移现象也越发明显，这不仅严重影响了环境质量，而且在社会福利方面也存在着较大的负面影响。另外，不管是不同地区的经济、社会发展情况，还是不同行业的发展情况，它们的发展水平都是参差不齐的，那么FDI的环境效应是否受到了这些具有异质性相关因素的影响？FDI作为一个集合了资本、技术和制度要素并能够影响东道国经济社会发展的综合体，会对我国的生态环境产生什么样的影响？中国的学者长期关注着FDI技术溢出对中国产生的影响，那么它究竟对中国的环境污染有什么样的影响？能否改善中国的环境质量？由于我国对环境污染的问题研究相对较晚，而且不同地区和行业的污染物测算本身具有复杂性、不确定性和非统一性的特点，因此想要全面而又系统地回答这些问题，为我国建成环境友好型社会，促进经济和环境的统一发展给出指导性意见，还需要更深层次、更系统地对FDI对中国环境污染的影响的问题进行研究。此外，本书围绕“中国在开放经济体系下促进外资利用和环境保护相协调”的主题，在全面建设美丽中国、促进生态文明建设、构建开放的经济新体系的大背景下，努力从国家层面到行业层面全面找寻合理有效的、能够促进环境保护和外资引进协调发展的途径，为经济发展方式向可持续性发展的方向转变和全面建成资源节约型、环境友好型社会提供依据。

1.1.2 研究意义

世界各国越来越重视生态环境保护，全球生态环境一体化共识不断加强，在2014年联合国气候大会上，我国承诺到2020年碳排放减少40%以上。党的十九大指出继续扩大对外开放加强合作共赢是我国的基本国策，广泛吸引外资是促进我国经济增长和经济结构转型的重要途径之一。《“十三五”规划纲要》指出，我国应当“走可持续发展之路，坚持人与自然和谐共生。必须树立和践行‘绿水青山就是金山银山’的理念，坚持节约资源和保护环境的基本国策，像对待生命一样对待生态环境，统筹山水林田湖草系统治理，实行最严格的生态环境保护制度，形成绿色发展方式和生活方式，坚定走生产发展、生活富裕、生态良好的文明发展道路，建设美丽中国，为人民创造良好生产生活环境，为全球生态安全作出贡献”。这就意味着，处理和统筹好 FDI 与生态环境的关系，利用好危机时代全球产业链重新洗牌、新兴产业快速崛起及新能源合作的有利契机，实现利用 FDI 的同时减少或避免污染排放，从而达到资源节约型和环境友好型社会都具有非常重要的理论和实践意义。

本书研究的理论意义主要有三个：第一，通过借鉴 Grossman 等学者对国际贸易环境效应的分析框架，在影响因素上将环境规制纳入理论分析框架，并在放松其严格外生假设条件的基础上，结合相关经济学理论通过数理推导在理论层面丰富了现有 FDI 对东道国环境影响的理论研究；第二，现有的相关理论和实证研究长期受困于 FDI 生态环境效应的“污染天堂”和“污染光轮”假说之争，因此本书将引入环境规制门槛效应，继续深化研究 FDI 对我国生态环境的影响，并将环境规制、FDI 和环境污染纳入统一的研究框架，考察在不同环境规制水平情况下，FDI 对我国的生态环境影响，试图化解现有研究结论的冲突，提出 FDI 对我国生态环境的影响的更加合理客观的解释；第三，由于 FDI 的环境效应具有空间溢出效应，因此，本书将突破传统经济学分析方法上缺乏空间维度分析的局限性，从理论层面帮助我们更准确地理解和把握外资的区域集聚与区域环境污染之间的内在关系，以及为跨区域环保合作和实施“富邻”的引资政策提供理论依据。

现实意义主要体现在以下三个方面：首先，本书使用熵权法构建污染物排放综合指标，并用其作为工业污染物排放量的代理变量，有效地避免了由于选择检验的污染物不同而造成研究结果的偏误。并且，通过考虑我国不同经济区域和不同产业以及不同 FDI 来源地的异质性，本书力图多角度系统地考察 FDI 对我国的环境影响，从而为我国不同区域或者行业制定相应的引资政策提供科学依据。其次，ESDA（空间数据探索）分析我国省域 FDI 与环境污染的分布格局，旨在结合地理维度，验证 FDI 的集群效应是否会形成“污染俱乐部”现象，并解释 FDI 与环境污染的空间动态跃迁；然后分别构建三种不同的空间权重并将其纳入 SEM、SLM 和 SDM 模型，实证检验 FDI 对我国环境的影响及其相关经济变量的空间溢出效应。

最后，考虑到 FDI 环境效应的门槛效应，本书在理论分析的基础上借鉴 Grossman 和 Krueger（1992）、Copeland 和 Taylor（2003）的建模方法构造检验模型，将环境规制、FDI 和环境污染三个经济变量纳入统一的研究框架，以环境规制作为门槛变量，考察 FDI 在我国的环境效应的门槛效应，试图从非线性角度化解 FDI 环境效应的理论之争，并且利用门槛模型再次实证检验 FDI 对我国环境影响的方向及强度。

1.2 研究内容、方法及技术路线

1.2.1 研究内容

本书的主题为 FDI 对我国生态环境影响研究，以理论和实证相结合的研究方法为主。首先，通过对国内外相关研究文献的梳理归纳，立足于边际产业扩张理论、产品生命周期理论、波特假说等相关经典理论的梳理归纳总结，并通过一般均衡分析，推导出 FDI 对我国环境影响因素，而且将环境规制、FDI 和环境污染三者纳入统一的研究框架中，阐述了“污染天堂”与“污染光轮”之争的关键——环境规制门槛效应，较为系统地从理论层面分析了 FDI 对我国环境效应的影响途径和作用机理；其次，在 FDI 和我国污染物排放量的相关统计数据基础上，结合已有的理论分析和研究假设分别构建空间滞后、误差和杜宾模型来实证检验 FDI 的环境效应，不仅如此，为了研究的深度和广度，本书还从产业角度和来源地角度实证检验了 FDI 的环境效应。最后，通过门槛模型再次检验了 FDI 环境效应及环境规制门槛效应对于 FDI 环境效应的作用，从而增加了本研究的稳健性和系统性。具体如下：

第一部分为绪论，包括选题的背景和研究意义，研究内容与研究方法，研究思路（技术路线图），以及本书的科学问题和本研究的创新之处。并且还对相关文献进行梳理归纳与评述，主要包括：经济增长与环境污染、FDI 与生态环境、FDI 与环境污染、“污染天堂”假说、“污染光轮”

假说、FDI 对东道国环境绩效影响的复杂机制和相关研究方法，并且在梳理归纳的基础上，对涉及的文献给出了简要述评。

第二部分为 FDI 环境效应的理论分析。本书从相关基础理论开始梳理 FDI 环境效应的相关研究，为本书的实证章节的理论模型构建提供了相应支撑及依据。该部分主要内容为：FDI 环境效应的基础理论归纳、环境规制门槛效应对 FDI 环境效应的影响以及从一般均衡理论角度用数理推导的方式分析了 FDI 对我国环境影响的作用机制。

第三部分内容如下：一是主要变量样本数据的统计性描述，分别是 FDI 的现状统计性描述分析和工业废水、废气和固废排放量的统计性描述；二是空间计量模型对 FDI 环境效应的实证检验。利用探索性空间分析 ESDA 对变量 FDI 和环境污染综合指数做空间相关性检验。并且，利用三个空间计量模型 SLM、SEM 和 SDM 实证检验 FDI 对我国的环境影响。最后，本章使用空间计量手段实证检验了不同来源地的 FDI 在我国的环境绩效。三是利用门槛模型对 FDI 环境效应的实证检验。以我国三大经济区 30 个省、直辖市、自治区为研究对象，分别采用固定效应面板回归分析和 Hansen 的门槛回归分析方法，以本书第二章的 FDI 的环境效应理论机制为理论支撑，并结合 Grossman 和 Krueger（1992）、Copeland 和 Taylor（2003）的建模方法，从省级人均实际 GDP、产业结构、环境规制、技术研发投入、人均教育水平以及人口密度等方面，实证检验了 FDI 对我国不同地区环境污染的影响、不同产业 FDI 对我国环境的影响以及不同区域不同环境规制水平下 FDI 环境效应的门槛效应。

最后一部分则是对本书所有研究结论的归纳总结，并在此基础上，为我国更加合理有效地利用 FDI、促进我国经济社会更好地实现绿色可持续发展，提出具有针对性的政策和建议。

1.2.2　研究方法

本书的研究方法有四种：

（1）定性分析法。

本书在相关文献梳理归纳总结的基础上结合相关的经济学原理，定性地分析推导出FDI对我国环境污染的作用机制与相互关系，这不仅为本书的研究假设提供了科学依据，而且为后文的实证检验提供了相应的理论依据。

（2）门槛模型分析方法。

FDI的流入量和环境污染排放量均会受到环境规制水平的影响。FDI对环境污染的影响结果可能会支持“污染天堂”假说，也有可能支持“污染光轮”假说。本书将环境规制作为门槛变量，考察不同环境规制水平下我国不同地区FDI环境效应的门槛效应。采用Hansen的“栅格法”对中国不同地区的环境规制在FDI环境效应中可能存在的0个、1个、2个或3个门槛值在门槛模型中依次进行显著性检验和估计。值得一提的是，门槛模型能够非常准确有效地估计出变量之间的非线性关系。

（3）探索性空间数据分析（ESDA）。

将我国2000—2015年的FDI与工业“三废”排放量的统计性描述与ESDA分析有效的结合。为了观察FDI与环境污染的空间依赖性和空间集聚程度，本书运用全局莫兰检验（Moran'I）及莫兰散点图对其进行测度，并且，为了检验两个经济变量的具体空间集聚形式及显著性水平，本书采用Local Indicators of Spatial Association（LISA）分析对其进行研究。这一研究手段将变量的统计描述与地理信息技术有效融合，能够直观揭示所考察经济变量的空间相关性（依赖性）、空间集聚程度以及空间上的跃迁。

（4）空间计量模型分析方法。

首先，采用莫兰检验辨别相关的经济变量是否存在空间自相关；其次，为了确定空间计量模型的具体形式，分别运用拉格朗日乘子检验（LM检验）、沃德检验（Wald）和LR检验以及豪斯曼（Hausman）检验，考察空间滞后模型（SLM）、空间误差项模型（SEM）和空间杜宾模型（SDM）哪个更准确有效，当模型的判别结果表明既存在空间误差项的影响又有被解释变量空间滞后项的影响时，本书将对两个模型的回归结果做对比，检验回归结果的稳健性与可靠性。另外，值得一提的是，由于空间杜宾模型包含了解释变量与被解释变量的空间滞后项，这些滞后项会对反馈效应产生干扰，因此空间杜宾模型估计系数不能直接作为回归结果，而是需要采用 Lesage 和 Pace 的偏微分方程法，通过对 SDM 模型的效应分解——直接效应、间接效应（空间溢出效应）和总效应，来作为该实证模型的检验结果。

1.2.3 技术路线图

技术路线如图 1.1 所示。

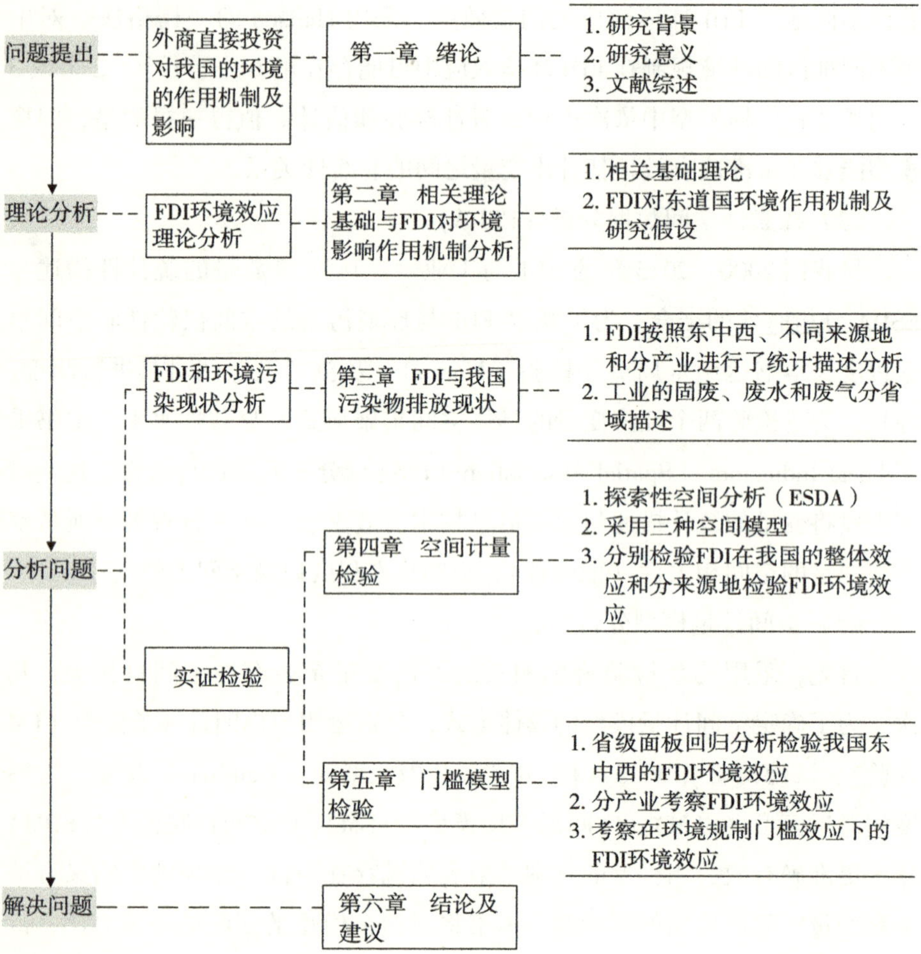

图 1.1 技术路线图

1.3 科学问题及创新点

1.3.1 科学问题

本书要解决的科学问题是：FDI对我国生态环境的作用机理及影响。

该科学问题包含三个子问题：第一，FDI影响我国生态环境的作用机理是什么？第二，FDI会对我国生态环境产生什么样的影响？基于研究对象的差异性或异质性提出本书的第三个子问题：在我国不同区域、不同产业、不同FDI来源地以及不同环境规制水平下，FDI对我国环境的影响是否受到上述异质性的影响？FDI是否存在空间溢出效应？FDI与环境污染之间是否存在非线性关系？

1.3.2 创新点

本书以自然资源经济学、环境经济学以及国际贸易学等学科的相关理论为研究基础，结合该研究领域相关文献的梳理归纳，较为系统地从理论层面分析了FDI对我国环境的影响途径及作用机理，并且从多方面（分产业、分FDI来源地、分不同经济区）实证检验了FDI对我国的环境影响，得出了较为全面系统的检验结果。本书试图从以下三个方面推进该领域的研究工作：

（1）改进了FDI对我国环境影响的多因素模型。

首先，通过对相关文献的梳理发现，关于FDI对东道国的环境影响因素的研究较少，更多的是通过格兰杰因果检验或者直接验证两者之间的关系。而且，已有研究并没有过多涉及FDI影响污染物排放的因素以及作用机制。本书借鉴一般均衡分析原理，对FDI对东道国环境的影响因素（经济规模、经济结构、技术水平和环境规制）进行较为深入的数理分析，并在此基础上结合EKC和相关控制变量构造出较为科学的空间计量模型，改进了FDI对我国环境影响的空间计量模型；其次，通过极大似然估计的方法对本书涉及的空间滞后模型、空间误差模型和空间杜宾模型进行系数估计和效应分解，解决现有研究方法中由于未考虑经济变量存在空间相关性而造成检验结果的偏误。

（2）将环境规制作为门槛变量纳入FDI对我国环境作用机制的研究框架，并且考察环境规制门槛效应对FDI环境效应的影响。

尽管有一些学者考虑到FDI对我国的环境影响存在不确定性和差异性，然而更多的是从区域和产业的差异角度加以解释，并且，少有文献从环境规制门槛效应系统研究FDI对我国环境的影响。本书在FDI对东道国的环境影响机制的分析中，加入了经济变量——环境规制，从理论和实证双重手段分析和检验环境规制门槛效应对FDI环境效应的影响，从而有效化解了当前关于FDI环境效应的“污染天堂”和“污染光轮”研究结论上的冲突；不仅如此，本书借鉴了Hansen的门槛估计方法，有效地避免了人为设定门槛值而带来的估计结果的偏误，而且，本书对我国三大经济区分别进行实证检验，考察不同环境规制水平下FDI对我国环境的影响。

（3）基于FDI对我国环境影响的空间溢出效应和非线性特征，本书利用多种计量手段对研究对象进行实证检验，力图得到更为全面、科学、稳健及可信的检验结果。本书在传统面板回归的基础上，考虑到相关经济变量的空间溢出效应和门槛效应，通过相关空间和门槛计量方法，更加客观完整地检验FDI对我国环境的影响，从而为我国实施“富邻”的引资策略提供相应的理论支撑和科学依据，而且还避免了不同区域在制定环境规制等相关政策时，由于没有考虑非线性影响而造成政策上“南辕北辙”的结果。

1.4　文献综述

随着我国改革的深化，全球市场的开放度和贸易自由化程度越来越高，国家或地区间的资本流动的主要形式——外商直接投资（Foreign Direct Investment，FDI）的规模日益扩大。一方面，FDI为东道国带来了经济利益，另一方面也对该地区的环境造成了不同程度的影响。先进的技术、充足的资金和成熟的管理经验可以促进东道国的生产效率和技术水平的提高，降低污染物排放强度，但同时也可能通过产业转移，把高污染企业通过 FDI 转移到东道国，从而把环境压力转移到东道国。可见，资金的转移虽然增加了东道国的经济增长机会，但也加大了环境压力转移的风险。FDI 带来的环境风险主要表现在三个方面：（1）FDI 在第二产业污染物排放严重行业中所占比重大（夏友富，1999）；（2）发达国家淘汰技术和生产线的转移（刘淑琪，2001）；（3）臭氧层损坏物（ODS）行业和消费转移（宋婷婷、李蜀庆，2007）。提高外资利用质量成为近年来我国学术界和政府普遍关注的问题，因此对 FDI 与环境之间关系的研究成为反思 FDI 利用的主要途径。目前，国内外学者们研究的焦点聚集在以下几个方面：一是 FDI 与环境污染的研究起源；二是 FDI 的环境效应研究，具体包括："污染天堂"假说、"污染光轮"假说以及 FDI 对东道国环境效应的复杂传导机制；三是 FDI 对环境影响的测算研究。

1.4.1 FDI 与环境污染研究起源

关于 FDI 对环境影响的研究起源于研究经济增长与环境污染之间的关系，学者们很早就关注了这个问题并进行了相关的研究。Malthus（1798）指出如果不能很好地处理资源、环境、经济、人口与社会发展的关系，人类将面临自我设置的"生存困境"。Mill（1848）在其论著《政治经济学原理》中探讨了经济增长对环境质量的影响，指出经济增长对环境质量存在不良的影响。另外，Meadows et al.（1972）在研究经济增长和资源环境承载力之间的关系时，指出环境的不断恶化也会制约经济的增长。经济的增长归功于生产要素的不断投入，这必然造成能源资源的消耗，从而对环境造成污染（陆旸，2012）。由此可见，经济增长和环境污染之间存在相互制约的关系。

传统的经济发展模式造成的资源短缺及环境污染等问题使人们对传统的经济增长方式进行了全面的批判与反思。库兹涅茨（1955）在研究人均

GDP 与基尼系数之间的关系时发现二者呈倒“U”型关系，并在此基础上提出环境库兹涅茨假说。在20世纪中期，学者们开始根据市场供求与效率配置原则来研究环境污染和资源配置的最优控制与利用问题。庇古（1950）发现了污染排放所导致的污染外溢现象，认为外部性是环境问题产生的根源，他建议通过课税和补贴来解决环境负外部性问题。科斯（1960）全面分析了产权明晰对环境污染治理的重要作用，并创造性地提出通过明晰环境资源产权的方式来控制污染排放总量和降低污染治理费用。基于上述学者的理论研究，Dales（1968）提出排污权交易理论，主张资源环境所有者的政府可以出售一定的排污配额或排污许可证，污染者就可以从政府手中购买这项权力或者与持有污染权的其他当事人交换这种权利。1968年Boulding明确提出“生态经济学”的理念，详细阐述了资源利用、环境污染问题和社会福利等问题。1971年Forrester对经济和环境之间的关系进行研究时，利用体系动态学方法构建了经济增长的动态模型，研究结果显示，经济发展受到资源环境的影响，当出现自然资源枯竭和生态环境恶化的情况时，经济发展也将随之停止。

20世纪70年代的能源危机再一次把经济与环境之间的矛盾推向高潮，在这种情况下，Meadows（1972）等罗马俱乐部成员根据系统动力学方法构建了标准系统动力学模型，对环境资源与经济发展之间的关系进行考察，该模型验证了人口增长、资本流入对资源环境承载力的影响，并以此为基础，提出了人们要主动抑制增长、促进可持续发展的“增长的极限”论点。这引起了学术界的广泛关注和讨论，并在学术界划分为两个派系，分别是乐观主义派系（Cole，1973；Becherman，1974）和悲观主义派系（Daly，1977；Opschoor，1992）。

Cole等（1973）将资源环境回收指标加入Meadows（1972）的理论模型中，研究结果表明，资源增速大于人口与消费增速时，经济系统仍可保持稳定状态。另外，Becherman（1972）提出了解决环境外部性问题能够使经济与生态环境同时发展的观点。Lecomber（1975）认为调整产业结构、利用和充分发挥生产要素的替代性以及提高技术水平这三种措施有利于降低环境污染程度，而且环境污染减轻程度若是大于或等于经济增速，则可以实现经济与环境的协调发展。与上述乐观主义派学者研究结论不同，Daly（1977）认为增加消费和产出会造成环境污染和资源浪费，引起生态环境恶化，最终导致经济停止运行。Opschoor（1992）提出，如果一直扩大生产规模而没有考虑环境承载力的大小，那么当生产规模超出可承载范围时，必然导致生态系统的崩溃，阻碍经济的发展。Pearce 等（1993）在社会福利方面对经济增长存在的生态极限这一问题进行研究，研究结果与之前的结论一致，同样认为增加产出会导致污染加重和加速环境恶化。

Grossman 和 Krueger（1991）研究经济增长与环境污染之间的关系得出结论：两者之间的关系呈倒“U”型，并据此提出了环境库兹涅茨曲线（Environmental Kuznets Curve，简称 EKC）。之后，Grossman 和 Krueger（1995）通过研究发现，FDI 对投资地区的环境影响主要通过三个方面，分别是规模效应、结构效应和技术效应。至此，学术界就开始了 FDI 对环境影响的研究。众多国内外学者对 EKC 假说进行了实证检验和结果解释，例如：Panayotou（2000）、吴玉萍等（2002）、包群和鹏水军（2006）、Maddison（2006）、Jie He（2006）、Harris 等（2009）、朱平辉等（2010）、张成等（2011）、Kim（2019）、Nasir MA 等（2019）以及 Shahbaz M 等（2019）。众多研究结果表明，由于东道国或被投资地区的各种因素差异，经济规模的增长和环境污染间的关系并不一定符合倒“U”型。Shafik（1994）指出经济发展与废水、固体废弃物的关系呈倒“U”型，而与二氧化碳之间呈单调上升关系。因此，不同污染物作为考察对象可能对研究结果产生不同的影响，为了更加准确有效地检验 FDI 与污染排放之间的关系，污染物应该综合考虑，从而可以有效避免由于污染物选择的不同而产生的不同研究结果。

在环境库兹涅茨曲线的理论及实证研究中，我们尤其关注 FDI 与环境污染之间的内在联系。国外诸多学者采用 EKC 分析框架，借助协整检验、Granger Causality Test 等研究方法，实证检验了 FDI 对东道国环境影响。如 Prew（2010），以 EKC 模型为理论模型，实证检验了 1999 年 128 个国家的样本数据，结果表明FDI能显著促进东道国地区的环境绩效，即FDI能够减少污染物排放量。Grimes和Kentor（2003）利用66个发展中国家1980—1996年的面板数据，对FDI与碳排放的关系进行实证研究，结果表明FDI对东道国的碳排放具有显著的减排效果。Acharkyya（2009）利用EKC模型，通过协整检验研究了1980—2003年以印度为投资目标地的FDI对印度工业污染排放的影响，结果表明，FDI对该国的环境影响显著为负。Shahbaz等（2013）采用门槛模型，检验1985—2006年世界110个主要国家或经济体的FDI与东道国碳排放的关系，研究结果表明，FDI与碳排放之间呈现显著的正相关关系。Pao和Tsa（2011）采用平稳性检验、协整检验、OLS估计和面板格兰杰因果检验等方法，并利用1980—2007年金砖四国的相关数据对FDI与东道国环境污染之间的关系进行检验，结果表明FDI显著地增加了各国污染的排放量。Hitam和Borha（2012）的实证结果也同样表明FDI进一步加剧了马来西亚本土的环境污染。如Bello等（2010）对尼日利亚1990—2008年的FDI与碳排放量的关系进行协整检验，发现FDI显著地降低了该国的碳排放量。Chandran等（2013）采用协整检验和Granger因果检验研究了亚洲五国的FDI与环境污染之间的关系，结果表明，从长期来看，FDI对环境污染的影响不显著。Tamazian等（2009）采用EKC模型，运用固定效应回归方法，并利用1992—2004年金砖四国、日本和美国的面板数据，对FDI与碳排放之间的关系进行研究。研究表明FDI存量的增加显著降低了各国的碳排放水平。

国内学者也在EKC的分析框架下对FDI与环境污染之间的关系进行研究。例如，在Liang（2006）的研究发现，FDI显著降低了我国的污染排放。Bao et al.（2008）在研究中分析了中国29个省1992—2004年的数据，又在当前分析框架模型中增加了FDI平方项，研究结果表明，FDI与环境污染之间存在倒“U”型关系，但是，通过研究发现，发达地区FDI的流入有利于减轻当地的环境污染，而欠发达地区FDI的流入对环境的影响作用相反，即加重了该地区的污染情况。He和Wang（2012）选取了中国74个城市并对其1991—2001年这10年间的面板数据进行研究，结果显示

FDI增加了污染排放。沈能（2013）通过采用中国工业行业面板数据对FDI在工业环境方面的作用进行检验，检验结果表明FDI和我国总体工业污染排放之间存在倒“U”型关系。计志英等（2015）在研究中也得到了同样的结果，即FDI与环境污染之间存在着倒“U”型关系。在许和连和邓玉萍（2012）的研究中，则显示出FDI对环境的改善作用，明显降低了我国环境污染，并且这种作用在地域上表现出“东高西低”的局面。刘渝琳等（2015）的空间计量结果则显示FDI与环境污染之间呈“N”型发展关系，即FDI先加重污染，后又减轻污染，接着又加重污染。

1.4.2 FDI的环境效应研究

（1）FDI的负环境效应——“污染天堂假说”。

一些学者认为FDI会带来经济的增长，但其大多集中于第二产业的高污染高排放行业中，会给当地带来更多的污染排放，从而加速当地生态环境的退化，这些学者同时强调跨国公司会把高污染企业向环境标准低的国家和地区转移，这些地区便沦为“污染天堂”。“污染天堂”假说又称“污染避难所”假说，此方面研究开始于权威学者Walter和Ugelow（1979）。随后Baumol和Oates（1998）从理论上证明“污染避难天堂”假说并得出结论，认为发达国家的高污染行业会转移到发展中国家。国外很多学者都从实证角度验证了“污染天堂”假说。自此以后，许多相关研究都支持该假说，认为FDI会加深东道国的环境污染（List and Co，2000；Zhang and Fu，2007；Baek and Koo，2009；Su and Zhou，2010；Hong and Zhang，2013；Zhou and Li，2015；Shahbaz M，2019）。

一些跨国企业为了避开发达国家较高的环境规制水平和环保执行标准（Matthew et al.，2005）以及经济欠发达地区和国家为了吸引FDI而不断地降低环境规制门槛（Dua et al.，1997），致使后者沦为发达国家转移高污染产业的避难所（List and Co，2000）。Copeland和Taylor（1994）提出“产业漂移”这一概念，并认为开放经济条件下，环境规制的强弱将影响高污染行业在世界范围内的布局。Kolstad和Xing（1996）认为污染避难理论的假设是存在的，论证了由于越发严格的环境资源保护标准导致企业治理污染成本大幅增加，从而增加了企业的边际成本，加剧了企业向较低环境规制地区和国家产业转移的可能性。Mani（1997）对1960—1995年英国、日本、美国以及拉丁美洲、亚洲的其他新兴工业化国家和东亚发展中国家的五类重污染行业（贵金属、钢铁、化工产品、纸张和非金属矿产）进行进出口统计分析，发现的确存在“污染避难天堂”的印记。Main和Wheeler（1998）为了检验Mani的结论，利用OECD国家（不含日本）和拉美国家跨度35年的产出比（高污染和低污染产业）为分析依据，同样发现拉美和亚洲国家的产出比处于上升趋势，同样印证了严苛的环境规制导致发达国家的高污染行业向低规制的发展中国家转移。Benarroch和Thille（2001）的研究表明，发展中国家相对缺少资本，为了获得外资和防止资本外流，将会主动降低环保标准或者降低环境规制水平，从而出现发展中国家间的“环境逐底竞赛”现象。Xing和Kolstad（2002）也印证了发展中国家环境规制门槛较低是引起发达国家高污染产业转移的主要因素，表现为发达国家对较低环境约束规制国家和地区的FDI加剧了这些地区或国家的环境污染问题。Dean（2002）利用中国省份1987—1995年面板数据，从收入效应、规模效应和产业结构三方面分析环境规制和FDI以及对外贸易自由化三者间的关系，检验了“污染避难”假说。Hoffmann等（2005）利用100多个国家的面板数据，利用向量自回归模型、单位根检验和协整回归、格兰杰因果检验等方法，并把这些国家按照经济发展水平划分为高、中、低三类，检验FDI对不同收入水平国家的影响。结果表明，FDI是低收入水平的国家环境恶化的格兰杰原因，FDI对高收入水平国家的环境污染之间没有格兰杰关系。Baek和Koo（2009）用同样的研究方法，分析了FDI对东道国环境的影响，结果表明前者会引起后者的增加。Acharyya（2009）通过实证指出对印度国际直接投资导致印度GDP增速提高和环境污染的加剧，并认为从长远角度来看，FDI对经济的贡献无法补偿环境等间接成本的投入。Jorgenson等（2007）通过分析39个发展中东道国数据，也得出类似结论，FDI对东道国的环境污染影响为正。也有一些学者有不同的结论，认为对外直接投资引起的污染转移仅发生在边际产业领域（Waldkirch and Gopinath，2008；Wagner and Timmins，2009），并且“污染天堂”假说还受到东道国异质性的影响（对外开放度、劳动力数量、收入水平）（Lan et al.，2011；Cole and Fredriksson，2009）。Muhammad 等（2011）使用发达国家对发展中国家直接投资的面板数据进行非线性回归分析，结果表明 FDI 与发展中国家的环境污染呈显著正相关关系，环境库兹涅茨曲线存在且正处于上阶段，FDI 恶化了这些地区和国家的生态环境。Ren 和 Yang（2013）通过分析我国 1995—2010 年省际 FDI 和二氧化碳排放强度面板数据，发现 FDI 和我国二氧化碳排放强度呈正相关关系。综上所述，发展中国家可能成为发达国家落后产业和高污染产业的转移聚集区，发展中国家的生态环境会由于 FDI 而恶化（Copeland and Taylor，2003；Cole and Elliott，2005；Quiroga et al.，2007）。这也说明了，高环境规制地区会对低环境规制地区形成挤出效应，高污染企业会流入地环境规制地区，从而恶化了这些地区的生态环境。

国内学者对 FDI 和环境污染的研究大多也是以研究“污染天堂”假说开始，大多数实证结论都支持“污染天堂”假说在中国是成立的。一些学者从产业结构层面出发，试图解释 FDI 对环境污染的影响机理。夏友富（1999）认为，FDI 造成环境污染的主要原因在于外资集中于高污染产业，并且伴随 FDI 转移到国内的还有淘汰技术、设备、危险废弃物及落后生产工艺等。赵细康（2003）认为对外直接投资带来的污染行业转移主要集中在污染严重的边际产业，如纺织行业的洗染业、橡胶行业、五金配件电镀行业等。温怀德等（2008）指出，超过一半的对华 FDI 进入了制造业领域，例如化工产业、电机机械制造、汽配行业以及制药业，并且这些行业大部分属于高污染行业，因此可以认为进入我国的 FDI 偏好污染密集型行业。汪洁（2007）和胡舜等（2008）认为，随着对华 FDI 的资本密集程度提高，FDI 将对环境产生负效应。李子豪和刘辉煌（2010）、钦晓双和孙成浩（2013）、蒋殿春和张宇（2014）、曹翔和余升国（2014）、方丰（2014）、龚梦琪和阚大学（2014），以及曾慧（2016）和刘海云（2018）

的研究均表明中国已经开始出现“污染避难所”倾向。总之，这些研究结果的共同之处是：FDI流入了高污染行业，因此FDI增加了我国的污染物排放量，对我国的环境效应是负面的。

一些国内学者以区域或全国为研究对象，单向检验了FDI对我国生态环境的影响，并且大部分结论都支持该假说在我国成立。部分学者利用Granger因果关系考察两经济变量间的关系。应瑞瑶和周力（2008）从“污染避难天堂”假说出发，通过回归分析检验FDI与环境污染之间的关系，发现在我国，FDI是工业污染的格兰杰原因，各地区的FDI水平和工业污染呈现正相关关系。吕品等（2009）和郭沛等（2012）也通过分析检验FDI与我国环境污染的格兰杰因果关系，得出了相同的结论。雷明等（2008）也认为FDI增加了我国污染物排放总量，并认为FDI对我国穿过EKC曲线顶点产生负面作用。

考虑到我国利用外资的东西区域差异，部分学者从区域差异角度分析FDI的环境效应。潘申彪和余妙志（2005）以实际利用外资额作为FDI的代理变量，以废气排放量作为环境污染的代理变量，通过浙江、上海和江苏三个地区1986—2003年两种变量样本数据的回归分析，检验两者统计学意义上的因果关系，检验结果为：江苏和上海的FDI是增加工业污染排放的格兰杰原因，但在浙江省这种因果关系不显著。陈凌佳（2008）利用我国112个地级市2001—2006年面板数据，分析FDI对我国整体以及区域环境的影响，结果表明FDI的增加对我国整体环境产生负效应，并且区域上表现为对西部影响更大。苏振东和周玮庆（2010）的研究结果也得出了类似结论，FDI对我国环境产生了显著的负效应，并且在不同经济区域上呈现出“东高西低”的特征。仇方道等（2013）利用江苏省连续11年的地市级面板数据，分析了FDI与该省的高污染企业空间跃迁的规律，结果发现在地市级层面，FDI流入高污染行业的比例超过50%，认为FDI对江苏环境有负面作用。

（2）FDI的正环境效应——“污染光轮假说”。

FDI为环境带来正效应的理论主要有“污染光轮”（Pollution Halo

Theory)，该假说认为随着 FDI 进入东道国或投资地，可以通过生产工艺技术或者管理经验的示范（Letchumanan et al.，2000）、提供绿色产品产出（Birdsall et al.，1993）、引进环保产品（Wang 和 Jin，2007）、更严苛的环境标准（Chudnovsky et al.，1999)、促进绿色技术的推广（Eskeland et al.，2003）和技术外溢（Perkins 等，2008）等途径来改善发展中国家的环境质量。Birdsall 和 Wheeler（1993）以 20 个拉美国家 21 年的面板数据为研究依据，证明了"污染天堂"假设在这些国家不成立，并且，外企较高的技术水平和较全面的环保措施，往往对当地的生态环境有促进作用。Zarsky（1999）的文献综述指出，FDI 促进了发达国家先进技术和相关专业知识的溢出效应，从而有效提升发展中东道国治理污染的能力。发达国家的海外直接投资中高科技产业与污染较重的重工业相比，所占的比例大，这也是发达国家对欠发达国家或地区 FDI 经常表现为有利于东道国环境福利的原因（Letchumanan and Kodama，2000)。

支持该理论的学者们还认为 FDI 为东道国或地区提供了先进技术，促进了这些地区的绿色生产或清洁生产的发展，进而提高了全球环境福利和促进本地的可持续发展，印证了"污染光轮"假说（Letchumanan and Kodama 2000；Antweiler et al. 2001；Frankel 2003；Gray and Shadbegian 2004；He 2006；Wang and Jin 2007；Liang 2014；Mert and Boluk 2016)。此外，国外一些学者指出，发展中东道国正是利用了 FDI 的技术溢出效应而改善了本国的环境质量（Porter，1995 ；Letchumanan et al.，2000 ；Wayne et al.，2002)。Grey 和 Brank（2002）认为跨国公司往往具有先进的管理技术，使得本土企业有机会学习并采用相似的标准，例如 ISO14000 环境管理标准。Eskeland 和 Harrison（2003）的研究结论和 Grey 相似，也认为跨国企业倾向于传播绿色先进技术，并通过用统一的环境标准例如 ISO40001 减少了东道国的污染物排放。Blackman 等（1998）以我国发电行业的 FDI 企业的环境绩效为考察对象，通过相关研究发现，这些外企的技术优势和严苛的环境标准以及由于市场竞争而迫使本土企业也采用的类似先进技术和环保标准，致使 FDI 提高了我国电力行业的能源利用效率，降低了污染排放。Eskeland 和 Harrison（2003）是该研究领域的权威人物，他们认为，同样是污染严重的行业，相比内资企业，外资企业会采取环境友好型的生产和治污技术手段，它们更重视对环境的影响。Mielnik（2002）认为跨国公司更加先进的技术提高了当地的生产效率和能源利用效率，给当地生态环境带来正效应。Wang 和 Lin（2002）通过对我国 1000 多家三资企业污染物排放研究，发现这些企业由于技术先进，平均排污水平低于内资企业，且能源利用效率更高。FDI 的技术溢出效应能帮助东道国的相关产业的技术升级，不仅如此，一些技术虽然在母国显得落后，但对于东道国却是领先技术，这些技术通过跨国公司转移进入东道国，也能促进东道国相关行业的技术进步，从而使东道国提升了能源利用效率和减少了污染物排放（Grg and Greenaway，2004 ；Girma and Gong，2008）。不仅如此，投资国对外技术溢出效应可以包含两种形式：水平技术溢出和垂直技术溢出，这两种形式都能促进东道国的环境质量改善（Albornoz et al.，2009 ；Mielnik and Goldemberg，2002 ；Javorcik，2004）。OECD（1999）的一份研究报告指出，资本要素跨国流动的主要形式为 FDI，伴随资本流入东道国的还有科学高效的管理经验，这些非物化的要素间接地促进了本土企业的环境绩效，表现出 FDI 对东道国的环境效应为正。Perkins et al.（2008）、Easter 和 Zeng（2009）、Ayamba E C et al.（2019）分别对跨国的面板数据进行分析，并得出了相似的结论：FDI 是投资国技术溢出的最主要渠道，对于东道国技术升级有促进作用，并在一定程度上减少了东道国的污染物排放。Wang 和 Jin（2007）通过分析我国 1000 多家三资企业，发现三资企业往往拥有行业领先的技术而且资源利用效率更高，结果表现为三资企业比我国内资企业有更好的环境行为。

我国的一些学者也纷纷实证检验"污染光轮"假说。马丽和刘卫东等（2003）指出，外来 FDI 减缓了我国沿海地区环境资源压力，改善了地区环境。李惠茹（2008）认为，FDI 不仅表现为通过先进技术对当地环境产生正效应，而且还通过这些企业引入的先进绿色管理体系或先进的管理理念对环境产生积极影响。徐惠明（2006）认为 FDI 给昆山当地环境带来

“晕轮效应”（环境正效应），其原因是随着 FDI 流入的还有环保理念、先进环保技术和管理经验。李惠茹（2007）认为，伴随着 FDI 的先进的管理理念和经验影响我国相关行业，通过项目合作等，对相关企业进行环保管理培训或者是技术相关指导，都非常正面有效地影响我国生态环境。许士春等（2009）把对外开放作为变量研究其对环境的影响，研究结论表明 FDI 改善了江苏的环境。谢申祥等（2012）的研究结论认为随着 FDI 的增加，我国二氧化硫的排放量有下降趋势。许和连等（2012）也认为“污染天堂”假说在中国不成立，但 FDI 来源地不同，其所造成的环境影响也不相同，来自金融中心的外资明显有利于我国的环境改善，来自欧美和日本的 FDI 对我国环境作用影响不明显。陈媛媛等（2010）从 FDI 技术溢出的垂直和水平效应两个角度，检验了 FDI 对我国二氧化硫和 COD 排放量的影响，结果表明 FDI 不仅有效降低了这两种污染物的排放，而且还通过产业链对上下游产生良性影响。毕克新等（2012）分析我国 23 个工业行业 8 年间的面板数据，从产业链的角度考察了 FDI 的技术溢出效应对碳排放的影响，结果表明，FDI 技术溢出总效应对碳排放产生了积极影响，但对产业链前端营销效果更明显。得到类似结论的还有罗良文和李珊珊（2012）。李子豪等（2011）细化了 FDI 的技术效应对碳排放的影响研究，通过研究我国工业的碳排放和 FDI 技术效应之间的关系，得出如下研究结论：FDI 的技术效应减少了我国工业的碳排放量；技术效应中的技术人员跨国流动效应作用远大于示范效应。陈媛媛和李坤望（2010）、代迪尔等（2011）、毕克新等（2012）和罗良文等（2012）均从产业链视角出发，分析了 FDI 对清洁生产和污染治理的影响，结果表明 FDI 不仅提高了污染治理能力，而且还提高了产业链前端的生产技术水平。邓柏盛（2008）、许士春等（2009）、许和连和邓玉萍（2012）、胡超凡和周瑞（2015）以及郑强等（2017）的研究均认为 FDI 有助于我国环境质量的改善。

目前国内外学者们大多从行业和产业链角度分析 FDI 与东道国环境的关系。但是，显然 FDI 的环境效应不仅仅表现为产业间的溢出效应，也表现为对不同区域的环境产生溢出效应（钟昌标，2010），因此应进一步分析考察FDI对环境影响的空间维度的溢出效应。换言之，空间维度的异质性必须考虑，传统的空间维度的同质性假设，将无法系统全面地解释FDI对我国环境影响的复杂性。

（3）FDI对东道国复杂的环境效应机制。

与上述FDI环境效应的“污染天堂”和“污染光轮”不同，有学者认为FDI对东道国的环境污染影响存在一个较为复杂的影响机制（Grossman and Krueger，1991；JieHe，2006；周力、应瑞瑶，2009）。张宇和蒋殿春（2014）在FDI变量的基础上增加了政府监管变量，仔细研究了区域大气污染强度在双重变量下的变化情况，研究结果表明，外资的引入会产生“污染天堂”和“污染光轮”双重效果特征。究其原因，FDI在东道国增加了经济规模从而增加了矿产资源及原材料消耗，并且也增加产业结构中的污染行业比重，然而，此时的技术溢出效应和环保技术及环境管理的溢出提高了东道国的环保水平。刘叶、贺培和林发勤（2016）通过元分析，说明不同区域、不同经济水平以及不同环境规制水平会导致FDI对东道国环境产生不同的影响。

有学者和上述论点相似，认为FDI对于东道国环境的影响是一个复杂的系统问题。FDI通过规模效应、产业结构效应以及技术效应等因素对环境产生影响。再者，FDI也并不是纯粹的外生变量，一个地区的经济规模、产业结构、技术基础、人均收入以及政府政策加上自然环境都会对FDI的区位选择产生影响（Bao et al.，2008；曹翔、余升国，2014；聂飞、刘云海，2015）。张学刚（2011）在FDI规模、技术和结构效应的基础上引入环境规制变量，利用联立方程组去检验FDI在东道国的各个效应的强度和方向，结果表明：FDI的规模效应和结构效应对我国的环境质量有负面作用，但FDI的技术效应对我国的环境质量有改善作用，环境规制对FDI环境效应的影响效果不显著，总体上FDI环境效应在我国是负面的。包群和陈媛媛（2012）在Taylor的一般均衡分析框架基础上增加了“对外直接投资”这个变量，分析了对外直接投资对东道国环境的影响，其结论认为外资进入高污染部门就会引起污染增加，进入清洁部门则对污染的影响不明显。Cao et al.（2018）探讨了 FDI 对中国二氧化硫排放的影响，发现 FDI 的技术效应和规制效应均与二氧化硫排放量呈负相关，FDI 的结构效应与规模效应均与二氧化硫排放呈正相关。Guo 和 Han（2008），Huang（2010），Leng et al.（2015）得出了相似的研究结论，认为 FDI 通过三个方面影响我国的环境质量，即经济规模、产业结构和技术效应。

还有学者认为 FDI 与环境污染的关系并不仅仅是线性关系，还会存在非线性关系，FDI 与环境污染之间存在着倒"U"型关系（Saboori et al.，2012；Ji et al.，2015）。随着研究的不断深入，FDI 对环境影响的内在机制的相关研究也不断出现，Grossman 和 Krueger（1992），Panayotou（2000）指出 FDI 通过综合效应对东道国环境产生影响，具体包括规模效应、结构效应、技术效应和环境规制。Bao 等（2010）通过局部均衡分析，认为 FDI 通过两个方面（经济规模和收入水平）影响东道国的环境：经济规模会加剧东道国的环境污染，收入水平可以减少东道国的环境污染。Cao et al.（2018）探讨了 FDI 对中国二氧化硫排放的影响，发现 FDI 的技术效应与二氧化硫排放呈负相关，FDI 的结构效应和环境规制与二氧化硫排放呈正相关。Guo 和 Han（2008）、Huang（2010）、Leng et al.（2015）进行了类似的研究，认为 FDI 通过规模效应、增长效应和结构效应等内在机制影响中国的环境质量。其次，FDI 对东道国的环境产生影响时，可能存在门槛变量，在不同门槛区间 FDI 对东道国的环境影响强度大小将会不同。例如，李子豪（2012）基于中国省级层面的面板数据，通过多个门槛变量来考察 FDI 对东道国的生态环境的作用机制，结果表明，收入水平存在门槛效应，在不同门槛阈值内 FDI 的环境效应将会有不同的影响。杨杰（2014）也得到了类似的结论，认为收入水平存在门槛值，收入水平在不同门槛范围内，FDI 对东道国的环境效应将会有差异。

综上所述，FDI 可以通过多种渠道影响东道国的污染物排放量。换言之，FDI 通过经济规模、经济结构和技术溢出的综合合力对东道国的生态环境改善抑或是恶化，此外，东道国的环境规制水平也将会对 FDI 的环境效应产生不同效果，并且 FDI 的环境效应很可能在相关变量不同的阶段有不同的影响方向和大小。

1.4.3 FDI对环境影响的测算研究

通过对近年来的国内外相关文献梳理，关于FDI对东道国或投资区域的环境影响的实证测算方法或研究方法主要集中在以下几个方面：

（1）单方程回归。

这类文献运用了与EKC模型相似的模型，模型中考虑了GDP和GDP的平方项，也另加入了FDI这一变量来考察其对当地的环境影响。如：Liang（2006）采用中国260个城市的1996—2000年的数据，把空气质量作为研究中的变量，通过研究，最终显示出FDI可以改善环境质量的结果。Yang et al.（2005）以中国30个省、直辖市、自治区跨度为13年的面板数据为研究对象，以COD作为被解释变量，研究FDI对中国环境的影响，研究结果表明FDI对环境产生负向影响。Caterina（2003）采用1980—1990年欧洲与非洲一些国家的数据，如波兰、埃及、突尼斯等，研究了欧洲以及非洲化肥使用状况，通过研究发现FDI加重了该地区的农业污染。Cole et al.（2009）选取中国112个城市，收集了2001—2004年水污染和空气污染指标的数据，并将FDI分为了港澳台地区以及其他地区投资，结果表明，港澳地区的FDI只影响了水污染指标，对空气质量影响不明显，其他地区的FDI则具有更小的影响。尽管对FDI来源地进行了区分，但是都表明了FDI对环境污染不显著。

（2）联立方程估计。

我们知道FDI对环境的作用机制是比较复杂的。首先，FDI与环境之间可能会相互影响，一方面FDI会通过规模、结构、技术等渠道影响环境，另一方面环境质量也会反过来影响上述因素；其次，FDI会受到研究中其他因素变动的影响，一个地区的结构、经济规模、技术水平、居民收入和一系列的政策等都会影响FDI的区位选择。因此，面对这样的复杂情况，在研究中最好采用多方程回归的办法，但目前只有较少研究中采用了这种方法。

He（2005）选取了中国29个省份，使用其1978—2003年的数据，在环境指标上以工业二氧化硫排放量作为研究对象，构建的联立方程按照Grossman等（1995）的理论作为基础，并加方程先进技术对环境的影响，构成联立方程组来检验FDI的经济规模效应、结构效应以及技术溢出效应。研究结果表明：第一、三种效应都会影响当地的环境；第二、三种效应对环境的影响的方向不同，技术效应对环境表现出正效应，但是规模效应却表现为显著的负环境效应；最后，结果显示每增加1%的FDI流入量，工业SO_2排放量将增加0.099%，对环境产生了较小的负面影响。于峰和齐建国（2007）同样构建了方程组，并以二氧化硫为环境指标，研究FDI对环境的影响，通过研究发现FDI的增多促使经济规模的扩张并引起经济结构的变动，导致结构逐渐转向污染型产业，加重了环境污染。尽管FDI的技术效应有利于减少污染，但并不能消除其他两种效应引起的负面作用，所以，FDI存量对环境污染具有正向影响。

He（2008）以1993—2001年中国80座城市的数据，以二氧化硫作为环境指标，分别用三种效应对FDI影响的方程进行联立构成方程组，加入规模、结构、技术和环境等变量对模型进行改进与完善，这个模型对以上因素的时间滞后影响加以考虑。最终结果表明FDI降低了二氧化硫的排放量。Bao et al.（2008）利用中国主要的29个省份1992—2004年的数据，检验了规模效应、结构效应和技术效应，由于模型加入了FDI平方项，发现了FDI与污染呈倒“U”型曲线关系。在经济发展较好的省份，FDI的增加将会引起污染水平下降，而在经济发展水平较低的省份，FDI的增加将会带来相反的作用，即增加了污染。Zhou等（2008）利用1998—2005年中国各个省份的面板数据，以二氧化硫排放量与化学需氧量作为环境指标构建方程组。在该模型中，不仅仅考虑了规模、结构和技术因素，还把整个系统中的其他因素考虑进来，结果显示，由于FDI技术扩散力度较强，相对于其他变量来说对环境的影响更显著。郭红燕和韩立岩（2008）通过建立5个方程组的联立方程组模型，研究FDI对环境的影响。研究结果表明，增加FDI存量使经济规模逐步扩大进而导致污染加重，反映出

FDI的规模效应对环境的影响是负的，但是能够通过结构转型和改进技术促使污染减少，表明FDI对环境具有正向效应。

总之，对于FDI的环境影响问题，由于其问题的复杂性，牵涉变量较多，且存在内生性问题，使用联立方程估计是一个较为准确的方法。

（3）协整检验和格兰杰因果检验。

潘申彪和余妙志（2005）采用1986—2003年江苏、浙江、上海两省一市的数据，用于验证FDI规模的增加和环境污染这两者间的格兰杰因果关系，结果显示除浙江省以外，其他地区两者间格兰杰因果关系显著。李延勇（2008）选用Johanson协整检验的方法对FDI对于环境影响的路径（规模、结构与技术三种效应途径）分别与环境污染作协整检验。其中，环境污染指标采用三废总污染量综合指数，检验结果表明FDI的规模效应和三废总污染量这两个变量间变动方向一致，表明二者之间是正相关关系，即FDI的增加导致更严重的污染；FDI的技术效应和三废总污染量这两个变量间变动方向相反，表明二者之间是负相关关系，说明了FDI的技术水平越高，造成的污染就越少。李国柱（2007）把我国从总体上划分为东、中、西三个地区，并利用面板数据检验二氧化硫总量增加与FDI增长之间的格兰杰因果关系，检验结果表明，在东部、西部地区，FDI的流入是导致二氧化硫排放量增加的格兰杰原因，而在中部地区，FDI的流入并不是二氧化硫排放量增加的格兰杰原因。

总之，使用协整检验去检验FDI与环境污染之间的关系的文献大部分认为FDI与污染存在协整关系，并且FDI是污染物排放量增加的格兰杰原因。

（4）面板数据回归模型。

Wheeler（2001）运用这种方法考察FDI对美国、中国、巴西和墨西哥这四个国家大气质量的影响作用，研究结果表明，在FDI不断上升的同时，以上4个国家的空气质量都下降了，说明FDI对环境具有负面影响。刘渝琳等（2007）运用我国各个省份2000—2005年的数据，对FDI和环境污染之间的相互关系进行考察研究，同样发现FDI会导致环境污染加重。除此之外，温怀德等（2008）也是利用我国各个省份2000—2006年的数据对FDI在环境污染方面的影响进行研究，最终结果显示FDI会加重环境污染程度。在杨海生等（2005）的研究中，针对我国30个省、直辖市、自治区，并采用这些省1990—2002年的面板数据考察FDI对环境的影响，最终也得出FDI会加重环境污染的结论。

邓柏盛和宋德勇（2008）在研究经济增长对环境影响的基础上，采用面板数据模型也研究了FDI对环境污染的影响，研究结果表明，大部分FDI流入第二产业，使得第二产业的污染加重，对生态环境产生了不利的影响。陈凌佳（2008）对中国112座重点城市进行考察，利用其2001—2006年的数据对FDI在我国总体上以及各个区域内部产生的环境影响做出分析。研究结果表明，FDI加重了所在区域的环境污染。Zheng（2009）在采用中国35座城市1997—2006年的数据的基础上，融入居民收入等新的变量进行分析，研究结果表明人均FDI越高时，污染会越轻，即FDI对于生态环境存在正面作用。

总之，目前的实证研究有以下不足之处：首先，当前研究主要以气体污染物作为污染测量指标，对固体液体污染物排放研究较少。污染物的选择在一定程度上影响了模型的解释能力，不同的污染物通常会表现出不同的结果。环境污染是多种污染共同作用的结果，在研究FDI的环境效应时要综合考虑多种指标的影响并对其进行全面分析。其次，大多数FDI环境效应的研究常采用传统面板计量回归分析，其假设条件中包含变量间的空间相互独立这一条件，这与现实条件存在明显差异，在实际经济生活中，一个地区的环境质量往往受到邻近地区的影响，环境污染具有空间上的相关性，并会受其他因素的影响而加强这种关联，因此，在研究中不能忽略这种空间相关性，一旦忽略，会使结论和相应的建议缺乏可信度。最后，很少有实证类文章考虑变量存在门槛效应，本书在FDI、环境规制和我国生态环境三个变量的统一研究框架内，考察环境规制对其他两个变量关系的门槛效应，力图从空间溢出效应和非线性影响双重检验FDI环境效应，为我国更加合理地利用FDI提供科学依据。

1.4.4　文献评述

通过梳理已有的文献，笔者认为目前国内外学者对于FDI环境效应的研究主要集中在FDI与环境污染的研究起源、对外直接投资的环境效应研究以及FDI对环境影响的测算研究。从理论视角看，关于FDI环境效应的多渠道作用的相关文献较少，且其中的绝大多数研究集中在规模、结构和技术三个影响因素。本书则不仅把环境规制纳入FDI环境效应的统一研究框架，而且把环境规制的门槛效应对FDI环境效应的影响也纳入理论分析范畴。其次，FDI对我国环境效应的研究大多集中于全国层面，较少有文献考虑研究对象的异质性将会对两者之间的关系产生影响，这些研究对象的异质性主要包括不同区域、不同行业和FDI的不同来源地等；再次，关于FDI对东道国环境影响的实证研究大多集中于构建线性计量回归模型，较少学者会考虑FDI环境效应的非线性特征，并采用非线性计量回归作为检验手段，尤其是缺乏在考虑环境规制作为门槛变量时对FDI环境效应影响的实证研究。最后，绝大多数研究假设所考察的经济变量在空间地理层面是同质的，这与现实显然不符合，因此忽略了经济变量空间维度的依赖性及其空间溢出效应所得到的检验结果难以令人信服。由此可见，在现有理论的基础上加强对FDI对环境效应的作用机理探讨，从异质性的角度出发继续拓展FDI对我国环境效应的研究，并从空间溢出效应和非线性影响双重检验FDI环境效应，以及如何通过引入更“优质”的FDI以达到改善我国环境绩效是本书应研究的重点。

第2章 理论基础与FDI环境效应作用机制

随着全球市场的开放度和贸易自由化程度越来越高，国家或地区间的资本流动的主要形式——外商直接投资（Foreign Direct Investment，FDI）的规模日益扩大。FDI的流入，一方面为东道国带来了经济利益，另一方面也对该地区的环境造成了不同程度的影响。先进的生产技术、成熟的管理经验等都促进了东道国的生产效率和技术水平的提高，降低了污染物排放强度，但同时也可能利用产业转移把高污染企业通过FDI转移到东道国，从而把环境压力转移到东道国。可见，资本的转移虽然增加了东道国的经济增长机会，但也提高了环境压力转移的风险。FDI与生态环境的相关理论研究，具体是围绕边际产业扩张理论、产品生命周期理论、波特假说以及环境规制、FDI和环境污染三者之间关系的研究。本章也将围绕上述几个理论研究展开文献回顾，并作相应评述，在此基础上分析FDI对东道国环境的作用机理并且建立本书的FDI环境效应作用机制理论模型和相关研究假设。

2.1 FDI与生态环境的相关理论研究

国际直接投资对投资国和东道国都有着重要影响。一方面，投资国为了获取利益和开拓市场，就把部分在国内不具有比较优势的高污染、高能耗产业的生产转移到东道国进行；此外，东道国在承接产业转移的过程中也承担了转移带来的污染风险。“边际产业扩张理论”和“产品生命周期理论”对这种跨国转移的现象进行了解释。然而，波特假说完全与“边际产业扩张理论”和“产品生命周期理论”的内涵相反，该观点认为较高的环境规制水平和环保标准倒逼企业不得不升级生产技术和增加相关研发投入，从而减轻污染程度。

2. 1. 1　边际产业扩张理论

边际产业扩张理论（边际比较优势论）是在大卫·李嘉图的比较优势理论和要素禀赋理论的基础上对日本 FDI 进行实证研究形成的。小岛清在边际产业扩张理论中提出，应该按照本国比较成本优势较弱的产业到比较优势较强的产业的顺序依次实施对外直接投资。此外，要素的密集程度和国家的资本与劳动力两种要素之比有很强的关系，不同国家的对外 FDI 具有异质性。发达国家的一些落后产业在一些经济不发达的国家或地区，可能依然有竞争优势。而这些落后产业在发达国家可能作为第一梯队对外转移，因为这样做，对投资国最为有利。发达国家的环保诉求和环保意识越发提高，经济生活的规划遵守可持续发展和循环经济原则。为此发达国家为了实现可持续发展目标制定了很高的环境规制，从而大幅度提高环境资源的使用成本，以期达到改善资源环境的目标。在这样的背景下，发达国家的高污染、高能耗的产业变得难以为继，沦为边际产业，为了继续生存只能通过 FDI 的形式转移到环境规制水平较低的国家或地区。

自 1950 年以来，日本进入快速发展阶段，具体表现为科学技术突飞猛进、经济规模极速扩大以及产业结构发生巨变。其间，日本的制造业发展最为突出，在 70 年代，以重工业和化工产业为主的制造业的产值约占其国内生产总值的四分之一，其中金属产业、电力、造船等产业的发展更令人为之侧目。随着日本以及区域范围内经济的发展，日本初期有两次大规模的对外直接投资，第一次是在日本国内经济迅速发展的时期，确立了“投资立国”政策，并在此政策的引导下，日本将本国已经失去竞争优势的轻纺产业转移到其他国家。第二次是在区域内经济快速发展的趋势下，将本国的高污染、高能耗的化工等产业进行对外转移，从而促使日本国内的产业升级和结构优化。由此可见，日本的历次对外直接投资均是从落后产业开始转移，从国际范围来看，其他的发达国家同日本一样，也是通过这种方式进行国内产业调整和发展的。据此可以得出，发达国家把劣势产业的跨国转移作为本国产业结构优化的重要方式。

2.1.2 产品生命周期理论

弗农（R. vemon）提出，产品生命周期导致国家间的产业转移是利用产品所处的不同生命周期阶段来反映投资国的对外投资。不过，该理论无法全面揭示国家间直接投资的运转机理。该理论认为：产品的生命周期是从创新研发新产品到该产品被市场淘汰的整个阶段，它经历了创新、成熟、衰退和替代的四个阶段。随着产品在市场上的推广和在技术上的改进，该产品由最初的新产品阶段逐渐进入成熟阶段，而随着市场需求的变化，该产品不适应市场而最终被淘汰。在整个周期过程中，产品在不同阶段表现出不同的特征，也经历了从技术密集型向劳动密集型的转型，同时对生产要素的使用需求有所改变。因此在产品的成熟以及衰退阶段，这些产业往往会向所需生产要素丰富的发展中国家转移。这表明，在整个产品生命周期中，那些进入衰退期的产业将会流入低梯度的国家或地区。

产品生命周期理论强调，跨国公司的产品优势会随着产品处于生命周期的不同阶段而发生动态改变。那些失去成本、技术和生产要素上优势的处于衰退期的高污染、高能耗的产业不同于那些高附加值、无污染的高新技术产业，在降低成本的内因决定下和保护环境降低污染的外因推动下，促使了这些产业的跨国转移。在当今社会，成本和价格的竞争优势能形成市场竞争力。对发达国家来说，其合理的生产要素价格为技术密集型产业提供了有利的发展条件，因此企业有着利于产品研发和创新的优势。而对发展中国家来说，其丰富的自然资源要素、优惠的投资政策和较低的环境规制水平为承接发达国家的高污染、高能耗的淘汰产业提供了可能。由此可见，产品生命周期理论不仅决定了FDI的市场方向，还为国际分工提供了分析框架。

2.1.3 波特假说

“波特假说”强调的观点是：提高环境规制水平和执行更加严格的环保标准，将会逼迫区域内的企业进行技术创新和清洁生产，进一步减少污染排放。创新动态过程贯穿产业的各个环节，从长期的、动态的角度看，用创新活动替代环境成本的增长，对产业的可持续发展和增强产业竞争力有重要意义。

环境规制的目的是解决环境负外部性问题，以环境成本内在化为前提进行生产和消费活动，使其达到最优组合。成本外部化就是社会要支付额外的环境成本费，增加了环境要素使用的社会成本，从而经济主体将偏离生产中利润最大化和社会福利最大化的原则，过度使用环境资源，加剧污染程度，在国际上也会产生全球性的环境问题。

从另一个角度来看，环境要素的稀缺性也决定了利用环境要素要付出高昂的成本，环境规制可以理解成一种环境要素的付费机制。因此，环境成本内在化就是要求企业为所使用的环境要素支付费用，从而影响企业生产成本和利润，通过这个关系的传递过程，企业将环境规制考虑在决策当中。那么，那些污染密集型产业自然受到影响，产业的污染密集度间接地体现了潜在增加的成本和还没有得到内部化的外部成本。产业的环境成本内在化程度受多方面影响，不仅仅是政府的管制程度，还包括市场压力、技术创新的补偿和企业意愿等，而环境成本、企业的收益及成本向消费者转移的程度又共同决定了产品竞争力的大小。因此环境规制影响着产品的竞争力，但不能一概而论，因为不同产业对环境规制水平的反应不同，然而，环境要素成本的内在化程度必然会影响产品的总成本。

由此可见，环境规制水平对不同产业的影响是不同的。短时期内，严苛的环境规制水平对高规制成本行业的企业是一种挑战，然而从长期来看，能够促进高规制成本企业的长远发展。因为外资企业普遍有较高的环保执行标准，而社会对环境友好产品的认可度越来越高，企业必定要发挥优势以获得更高的认同度从而获得更多的市场份额，实现更好的发展。

“波特假说”坚信严厉的环境管制会使企业进行技术创新，减少污染，增加产出和降低成本。创新活动改进了污染处理技术，提高了产品质量，最终使环境治理成本降低，提升了市场竞争力，弥补了环境规制的内部化成本。具体表现为环境规制的提高减少了污染，促进了技术创新，提高了资源有效利用效率并形成了产品补偿效应。而且加工过程中的技术进步和资源利用率的提高也产生了加工过程中的补偿效应，使得一系列的创新活动在生产过程中得以实现，同时也降低了企业成本，增强了市场竞争力。可见，波特假说十分强调企业创新的积极作用。

“污染天堂”假说的核心是由于国家间环境规制水平的差异而造成跨国的污染产业转移，低环境规制水平的国家将会是污染产业转移的目的地。而波特认为，环境规制水平较低的国家或地区，若实施更严格的环境规制和更高的环境标准，那么辖区内的企业将大力提高先进技术，降低环境成本，从而给这些国家带来更高质量的经济发展。由此可知，外资企业在严格的环境管制下，会受其影响并逐步提高环境治理能力，加强管理和控制，适应高水平的环境管制，并将其引入投资东道国，发挥示范和带头作用。

总之，“波特假说”的基本思想指出，从长期角度看，提高环境规制是必然趋势，适应这个原则的结果只能是优胜劣汰，因此，清洁产品在国际上将具有竞争力优势。

2.1.4 环境规制、FDI与环境污染之间的关系

(1) 环境规制和环境污染的关系。

在环境规制对环境影响的研究中，环境管制与环境污染之间的关系一直是研究的重点（Chen et al.，2013；Xu，2014）。Langpap，Shimshack (2010) 和 Cole et al. (2013) 分别考察了美国和日本，发现发达国家的环境规制对环境的影响不容忽视，环境规制在控制环境污染方面起着重要作用。Chen et al. (2018) 在研究环境规制对中国环境质量的影响时发现，在一定的经济水平上，严格的环境规制有助于减少环境污染。此外，环境

规制对污染密集型产业转移的影响也是研究的重点（Fu et al.，2011）。Dean等（2009）的研究表明，污染密集型产业转移到中国，是由于中国的环境规制水平较低。Kumar和Foster（2009）的研究表明，污染密集型产业转移到新德里周边地区，是因为这些地区没有严格的环境规制。Wu et al.（2018）同样指出，相对宽松的环境规制会促进劳动密集型产业或低端污染密集型产业集聚，从而造成FDI“污染天堂”效应。然而，Ederington et al.（2004），Lin和Liu（2013）得出了相反的结论，表明环境规制并不会影响污染密集型产业的转移。

（2）环境规制和FDI。

近年来，学者们不仅仅局限于研究FDI与环境之间的关系，还更多地着眼于探究怎样才能保留FDI带来的经济效应等正面效果，并在最大程度上消除FDI带来的负环境效应，这体现在国家或区域的环境规制对FDI的影响上，从研究方法角度看，环境规制对FDI影响的研究分为理论研究和经验研究两种。

理论研究方面，根据市场结构建立两种基本理论模型——市场完全竞争下的理论模型和非完全竞争模型。前者的环境规制效果更明显，随着环境规制越发严苛，资本会随之转移到国外。Long和Siebert（1991）、Oates和Schwab（1998）通过一般均衡模型分析也得出类似的结论，即环境规制提高会使要素资本流向环境规制低的国家或地区。Markusen（1995）、Plunger（2004）在不完全竞争市场模型分析中，假设在非完全竞争市场中，有两个国家、两种要素投入、一种商品产出、规模报酬递增以及不同的环境规制标准，利用一般均衡模型分析企业投资的选择，结论是企业将在环境规制低的国家投资。Long和Siebert（1991）、Oates和Schwab（1998）也用一般均衡模型得出了相同的结论。

在经验分析实证研究方面，国内外学者们的研究方法均采用计量经济学的主流模型方法，包括时间序列回归分析、协整回归分析、格兰杰因果检验以及自相关异方差稳健标准误的使用等。国外学者关注最多的研究内容是环境规制对FDI流入量的影响，一般有三种观点（Elliott and

Zhou，2013）。

观点一：环境规制并不是影响FDI选择投资地区的最主要因素。Dean（1992）认为环境规制并没有直接影响FDI的区位选择。Stafford（1985）发现相对于市场、原材料和劳动力等因素，环境规制对FDI区域选择的影响并不显著。Wheeler和Mody（1992）通过研究美国跨国公司对分公司或子公司的选址，认为环境规制对FDI区位选择几乎不产生影响。Jaffer（1995），Smarzynska和Wei（2001）的研究结论也支持Wheeler和Mody的观点。List和Millimet（2003）以县域层面为研究对象，发现变量环境规制的系数并不显著。Elliott等（2008）将日本向马来西亚和印度尼西亚等岛国的FDI作为研究对象，考察环境规制对FDI的影响，结果表明东道国的环境规制和FDI流入之间没有显著关系。List（2001）也认为环境规制对FDI的流入没有影响。Cole（2004）指出资本积累是吸引国外污染密集型产业流入的重要因素，但是吸引FDI的不仅仅是低水平的环境规制。Dean（2009）通过对中国环境规制对外企选址的影响，进而检验污染避难假说。研究发现，较低的环境规制吸引来自港、澳、台的高污染企业的直接投资，但是对其他国家或地区的企业影响并不显著。Manderson和Kneller（2012）发现，环境规制并不是FDI区位选择的决定性因素。傅京燕（2006）认为企业进行产业布局时，考虑的首要因素是竞争优势，而形成竞争优势的直接原因是先进技术而不是环境规制。王一冰（2006）、黄顺武（2007）、陈红蕾（2006）的研究均表明我国的环境规制对FDI的影响不显著。

观点二：环境规制水平对FDI的区位选择有较大的影响，具体表现为与环境规制低的地区或国家相比，环境规制高的地区FDI流入量较少，环境规制对FDI的流入有消极的影响（List and Cole，2000；He，2006；Lin and Sun，2016；Mulatu，2017；Wang et al.，2017；Li et al.，2017）。世界银行2000年年度报告指出发达国家的高环境规制增加了企业生产成本，使高污染行业通过FDI的形式流向低环境规制国家或地区，这些国家往往是发展中国家，表现为这些国家或地区成为所谓的“污染避难所”。Martin

(2000) 分析了我国29个省份1987—1998年面板样本数据，回归结果显示环境规制和FDI之间的关系整体不显著，但中部和西部地区两者的关系表现为显著负相关。Naughton (2014) 利用1990—2000年，28个经济合作与发展组织 (OECD) 国家的面板数据研究环境规制对FDI的影响，发现严格的环境规制可能会减少FDI流入。Xing和Kolstad (2002) 发现低环境规制国家或地区仅对美国的重污染行业 (化工业、电镀业等) 有吸引力，对其他环境污染小的行业几乎没有影响。对于中国来说，严苛的环境规制会对我国吸引FDI造成负面影响，但环境规制不是最主要的影响因素 (熊英、徐翔，2007)。刘志国和陈果 (2009) 利用我国193个地级市3年期短面板数据，实证分析企业FDI的区域分布与环境规制之间的关系及影响强度，结果表明导致我国区域FDI分布不均的主要因素是环境规制，环境规制对FDI不仅有负效应且我国中西部地区表现更为敏感。Liu和Chen (2008)、Chen (2009) 利用省级面板数据研究发现，严格的环境规制会减少FDI流入，环境规制对FDI流入有显著的抑制作用。无论是长期还是短期，环境规制对FDI都有消极影响 (Xu et al., 2016)。Kim和Adilov (2012) 研究FDI与二氧化碳排放之间的关系，发现宽松的环境规制可能会吸引FDI。Cheng等 (2018) 也得到了类似的结果，FDI倾向于流向环境规制更宽松的城市。

观点三：FDI和环境规制间存在极化现象，即东道国的环境规制越严苛，越吸引外国直接投资。一些学者和经济学家反对“污染天堂”假说，认为越严苛的环境规制政策越有利于当地吸引外国的直接投资。Lu et al. (2010) 认为，采取严格的环境规制可以刺激企业创新，从而促进FDI流入。Wu et al. (2010) 指出，环境规制并没有阻碍FDI的流入，反而起到了促进FDI流入的重要作用，且这种作用随着环境规制力度的加大而显著增强。换言之，环境管制政策的提高，提高了准入门槛，使得进驻企业的市场竞争力明显提高，从竞争优势上抵消了企业因为规制而增加的成本，环境规制反而对FDI的流入有积极的影响 (Guo and Tao, 2009; Deng and Sang, 2015)。Bouwe等 (2006) 运用斯塔克伯格模型分析环境规制对FDI

的影响，结论表明：若东道国更加严苛的环境规制造成本土企业的成本增加量大于外资企业成本的增加量，那么将引起更多的FDI流入该东道国。

（3）环境规制门槛效应。

综合环境规制相关的文献梳理，不难看出，环境规制对区域的环境绩效、技术进步以及FDI的进入等都有直接的影响。同时，环境污染也会受到环境规制的影响。然而，关于FDI、环境规制和环境污染三者之间关系的研究很少。根据现有相关文献的研究结果的梳理，笔者认为，环境规制门槛效应通过两个方面影响FDI的环境绩效：

第一，环境规制水平的高低对企业绿色环保技术创新的作用不同。Porter和Linder（1995）提出，实行科学合理的环境规制对企业进行技术创新有积极作用，可以提高环境生产技术水平；张成等（2011）在研究中指出只有在环境规制强度达到足够高的水平时才可以促使企业进行环境技术的创新，两者之间呈现"U"型曲线关系。FDI企业由于施行高要求的环境规制会不断提高自身的环境技术水平，在此过程中，也提高了FDI企业对东道国技术溢出的可能性，从而对投资地区的环境质量产生更多的积极影响。

第二，不同地区间环境规制的差异将会对进入东道国的外国企业产生两个方面的影响，一是影响了外资企业进入的领域，二是影响外企的生产技术改进与创新。通过"污染天堂"假说得知，东道国环境规制强度越低，越容易吸引外国三高产业进入，而且在环境规制水平较低的情况下，企业所承担的排污成本也比较低，因此，FDI企业将有更大的可能性把成本低廉的高污染排放生产技术作为自己的选择。Dean et al.（2009）基于1993—1996年中国外资企业数据对环境规制和FDI流入量之间的关系做了研究，结果表明，环境规制水平越低越容易吸引港澳台地区的高污染型FDI产业的进入。Hao et al.（2018）以美国为研究对象，通过考察美国对其他22个国家的投资情况，分析环境规制和FDI流入的关系，结果表明，低水平的环境规制导致了高污染、高耗能的FDI产业流入。这些研究也反映了以上的观点，当东道国环境规制处于较低水平时，更可能吸引大量的三高产业的进入，从而导致东道国产生大量的污染物排放，只有当东道国环境规制水平达到一定的强度时，才会对高污染型产业的进入产生一定的遏制作用，才能激发企业的创新创造性，促进东道国绿色环保技术的发展，提升能源资源等利用效率，从而减少东道国的污染物排放量，改善东道国的生态环境。

笔者认为，当环境规制处于不同的水平时，即处于不同的门槛阈值内时，环境规制将对 FDI 的环境绩效产生不同的影响，也就是说，FDI 环境效应会受到不同的环境规制强度的影响，而会对东道国的环境产生不同的结果——“污染天堂”抑或是“污染光轮”。

2.2　FDI 对东道国环境影响的理论分析及研究假设

对相关主题的文献梳理归纳，笔者发现与本研究主题 FDI 在我国的环境效应最为接近的是对国际贸易与环境绩效的研究，在此方面研究中最有代表性的学者是 Copeland 和 Taylor。从 1994 年至今的 20 多年间发表和该主题相关的高水平论文 20 多篇，分别从理论分析和实证检验等多角度对贸易与环境问题做了深入细致的研究。该团队于 1994 年开始相关研究，其第一篇论文从污染转移视角分析了国际贸易与国际分工之间的关系，研究结论认为污染产业将会被转移到发展中国家或者经济欠发达地区。截至 2001 年，他们的文章中的理论分析将最初的两部分一般均衡模型做了相关的丰富与完善，其中 1995 年将污染税内生化处理，1997 年在考虑到国际贸易对要素市场的影响基础上加入资本流动的影响，2001 年建立了研究国际贸易与环境污染的一般均衡分析理论框架，成为后来学者们关于这方面研究的理论分析的范式和基础。当然，该理论分析框架可以从国际贸易与环境污染之间的关系拓展到经济发展水平与环境污染之间的关系。Copeland 和 Taylor 最著名的著作是 2003 年出版的 *Trade and the Environment* 一书，该书关于贸易和环境的理论分析得到了学界的普遍认可。从 FDI 的定义出发，FDI 的核心是跨境的资本抑或其他生产要素的投入，因此 Copeland 和

Taylor的贸易和污染分析框架中的变量国际贸易可以由FDI替代，并用于分析FDI和环境污染之间的关系。本节按照*Trade and the Environment*书中的分析逻辑框架，从理论层面分析FDI对东道国环境的影响机制，并在此基础上提出有针对性的研究假设，以便为后文的空间计量检验和门槛计量检验提供理论支撑和检验前提。

需要说明的是，*Trade and the Environment*书中的研究内容是市场开放的情况下，国家间的对外贸易对东道国环境污染的影响。在该书中，将贸易对东道国的环境影响分为三个主要途径，分别是经济规模效应、技术水平效应和产业结构效应。在控制其他两个效应不变时，贸易引起的经济规模的增加将会恶化东道国的环境绩效；同理，通过贸易而使得东道国的相应技术水平的提升将降低该国的环境污染物排放量。最后，考量国际贸易对东道国的环境效应，还需要看三个效应的合力结果的大小和方向。

本节根据*Trade and the Environment*的理论分析架构，建立了环境效应的理论模型。有所不同的是，本节另加入了影响因素——环境规制（污染税），并且放松了其严格外生的假设。

2.2.1 生产函数

为了分析的简化和逻辑推理的严谨性，本节做如下假设：一国的经济是完全开放的，且世界市场价格是外生的；该国仅有两个产业X和Y，并只生产两种商品x和y；为了方便推导，假设X产业是污染型，Y产业为非污染型，生产商品y时无污染物排放，为简便起见将商品y的价格设定为1（$P_y = l$），将商品x的价格设定为P_x。为了便于理解，可以将产业X看成第二产业，将Y产业视为第一产业或者第三产业。

假定只有两种生产要素资本和劳动力（K和L），两种要素价格分别为利息率r和工资w。假设产业X对于产业Y属于资本密集型：

$$\frac{K_x}{L_x} > \frac{K_y}{L_y} \tag{2-1}$$

继续假设企业的污染排放仅仅降低了消费者福利，不影响企业的生产成本等，并且两个产业的规模报酬均保持不变。商品 y 的生产函数为：

$$y = H(K_y, L_y) \tag{2-2}$$

H 为单调递增函数，即 $H'_i > 0$，$H''_i < 0$，$i = 1, 2$。

由于 X 产业需要考虑污染物排放，这里用 z 表示生产商品 x 时的污染物排放量，假设生产 x 的企业有减少污染物排放量的意愿，但是同样需要生产要素投入来获得更加先进的生产技术（减排技术）t_p，为了更直观地使污染物排放和 x 生产函数联系起来，此处假设 z 为除了要素 K 和 L 第三种要素投入，继续假定生产 x 需要以上三种生产要素的投入，并且其生产函数符 Cobb-Douglas 生产函数形式：

$$x = (t_p z)^{\alpha} (F(K, L))^{1-\alpha} \tag{2-3}$$

F 函数可以理解为使用要素 K，L 生产所得 x 用于销售的产量，但有一部分产出用于降低污染物排放，如式（2-3）所示，$1-\alpha$ 为销售部分，α 为用于减排部分，$t_p > 0$ 且 z 为污染物排放量。设 F 函数单调递增，即 $F'_i > 0$，$F''_i < 0$，$i = 1, 2$。当 t_p（减排技术）更为先进时，K 和 L 的投入量不变，却可以得到更多的 x 的产量，换言之，保持原有 x 的产量，污染物排放量却减少了。需要注意的是，虽假定 z 为除了 K 和 L 的第三种生产要素，但 z 是 x 的伴生品，当 x 生产时才会有 z 的出现，因此，假设多增加一单位 x 的产量最多也增加一单位的 z，即 z 不可能大于 x。

单位产出的污染强度 e 定义为：

$$e \equiv \frac{z}{x} \leqslant 1 \tag{2-4}$$

因此，t_p 的提高将降低单位污染排放强度 e。

为了便于理解，t_p 也可视作是 X 产业的专有生产技术，t_p 的效率提升或技术进步可以在同样产量的 x 时所需要的要素 K 和 L 更少了。

2.2.2　成本最小化

企业作为经济人，它们的目标是追求利润最大化，抑或是其对偶问题，即生产成本的最小化。从污染排放视角，生产企业会执行政府的环境规制要求，假如，无环境规制的限制，表现为污染税为0或者非常少，则企业每生产一单位的 x 将带来一单位污染物排放，因此，需要假定政府的环境规制（污染税）在一个有效的水平上。

通常情况下，政府征收污染税是根据企业排污量大小制定的，或者选择限制企业的最高排放量。为了简单起见，在此不考虑由于信息不对称造成的道德风险和逆向选择或者是政府腐败对企业污染物排放造成的影响。假设政府对 x 按照每单位征收污染税额为 τ，换言之，企业将以每单位 τ 来购买单位污染排放 z。此时对于 X 产业的生产企业，投入的三种生产要素分别为：资本、劳动及污染物排放，三要素的价格分别为 r、w 和 τ。此时设要素资本和劳动投入量的边际产出相同，对于 X 产业的生产企业的生产函数 F，将其单位生产成本设定为 c^F，考虑三要素投入之后的生产成本表述为：

$$c^x(w, r, \tau) = \min_{\{z, F\}} \{\tau z + c^F(w, r)F: (t_p z)^\alpha F^{1-\alpha} = 1\} \tag{2-5}$$

如图2.1，x 的产出为1时成本函数表示为 $X=1$，成本函数最多到达与 $z=F$ 线交点 A 处，因为排污量 z 不能高于产量1。在点 A 处为无任何治污手段时的成本，当收取排污税费时，此时企业的生产成本转移到 B 点。

如上所述，企业成本最小化为：

$$\frac{z\tau}{\alpha} = \frac{Fc^F}{1-\alpha} \tag{2-6}$$

由前面的假设条件该国为自由开放的小国家，可以得到零利润的条件为：

$$px = c^F F + \tau z \tag{2-7}$$

结合式（2-3）的生产函数表达式，可得：

$$\begin{cases} \tau z = px\alpha \\ c^F F = px(1-\alpha) \end{cases} \tag{2-8}$$

污染排放强度 e 可以表述为：

$$e = \frac{z}{x} = \frac{\alpha p}{\tau t_p} \leqslant 1 \tag{2-9}$$

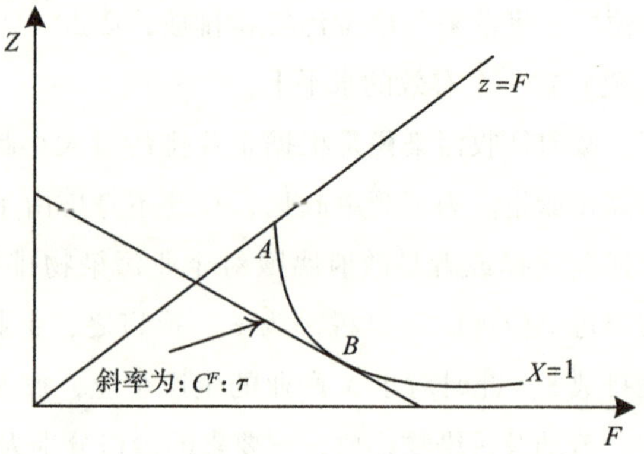

图 2.1　生产函数

因此影响企业污染物排放强度有两个因素：先进的生产技术和政府的污染税征收力度。

2.2.3　总需求供给函数

由上述分析，全社会总产出 G 由三要素 K、L 和 z 共同决定。

$$G(p^x, p^y, K, L, z) = \max_{\{x, y\}} \{p^x x + p^y y: (x, y) \in T(K, L, z)\} \tag{2-10}$$

如图 2.2 所示，在技术可行性边界和世界市场价格的条件下，最优产出为 A 点位置，G_0 点表示此时生产要素利用不充分，而在 G_2 点则表示超出了生产可能性边界。

由霍特林引理可得：

$$\frac{\partial G(p^x, p^y, K, L, z)}{\partial p^x} = x \tag{2-11}$$

$$\frac{\partial G(p^x, p^y, K, L, z)}{\partial p^y} = y \tag{2-12}$$

满足在要素市场上的条件：

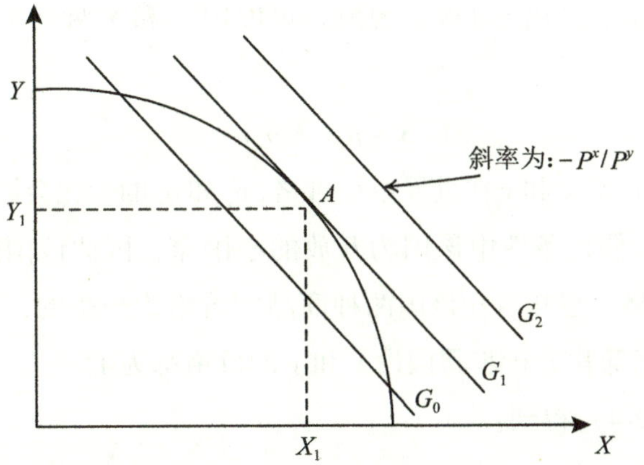

图 2.2 生产可能性条件 G_1

$$\frac{\partial G(p^x,\ p^y,\ K,\ L,\ z)}{\partial K}=r \tag{2-13}$$

$$\frac{\partial G(p^x,\ p^y,\ K,\ L,\ z)}{\partial L}=w \tag{2-14}$$

根据假设污染排放 z 作为投入要素，则其最优解可表示为：

$$\frac{\partial G(p^x,\ p^y,\ K,\ L,\ z)}{\partial z}=\tau \tag{2-15}$$

2.2.4 FDI 对东道国环境的作用机理及研究假设

根据前文的文献综述和理论基础分析可知，经济活动主要通过三个效应影响环境质量，分别为规模效应、技术效应和结构效应。FDI 作为当前最主要的跨境经济活动，在对东道国的环境影响渠道上，同样主要通过三个影响渠道，在此基础上结合上文的分析，增加第四个影响渠道——环境规制（污染税），建立 FDI 对东道国的环境影响渠道分析模型。安排如下：先定义 FDI 的结构、技术、规模和税收环境效应；其次，在控制其他三个效应不变时，分析单个效应的改变将会对东道国环境的影响的方向及强度大小；最后，总结 FDI 对东道国的作用机理，并提出有针对性的研究假设。

一国的经济总产出 S（经济规模）可以用 X 和 Y 两个产业的产量之和描述为：

$$S = p_x x + p_y y \tag{2-16}$$

p_x 和 p_y 是产品 x 和 y 在世界市场价格，p_x 和 p_y 的变化会影响该国家 x 和 y 的产量，由于假设条件中该国为开放的小国家，因此该国国内价格不影响世界市场价格，意味着在该国两种商品的价格为外生的，此时为了研究 x 的产量，为了简化分析步骤假设 x 和 y 的价格都为 1。

结合式（2-4）得到：

$$z = ex = \frac{\alpha}{\tau t_p}\varphi_x S \tag{2-17}$$

其中，φ_x 为污染经济的产业结构，用污染产业与总经济规模之比表示，即 $\varphi_x = px/S = x/S$。由式（2-17）可知，污染物总排放量由四个影响因素共同决定，分别是：污染产业 X 与总产出之比的经济结构影响 φ_x 、经济规模取决于经济规模 S 、先进的生产技术抑或治污技术 t_p 和污染税收（环境规制）τ。

式（2-17）的微分形式为：

$$\hat{z} = \hat{S} + \hat{\varphi}_x - \alpha\,\hat{t}_p - \hat{\tau} \tag{2-18}$$

其中“^”表示按百分比变动幅度，$\hat{z} = \frac{\mathrm{d}z}{z}$，等式右边四项类似。

在式（2-18）中，$\hat{S}$ 为规模效应，表示其他三个影响因素控制不变时，经济规模的变化幅度所引起的污染物排放量的变化方向与大小。

$\hat{\varphi}_x$ 是产业结构变化幅度，为污染产业 X 占总产出之比的变化率，同样控制其他三个影响渠道不变，则 $\hat{\varphi}_x$ 与污染物排放总量的变化方向一致。

$\hat{t}_p$ 表示先进的生产技术，当其他三个条件不变时，生产技术改善将有助于总污染量的减少。

式（2-18）最后一项 $\hat{\tau}$ 表示政府征收的污染税，政府提升污染税税率会使得生产 x 的企业减少要素 z 的投入量，因此在其他条件不变时，总污染排放量将会减少。需要特别说明的是，此处假设污染税为外生变量，由政府控制，在后文分析 FDI 的环境效应时将放松环境规制外生这一假设。

(1) 规模效应。

为了便于分析 FDI 对东道国环境影响的规模效应，在其他三个效应不变的情况下，仅仅分析经济规模的改变，所以在两部门的生产领域且产业结构不变，即 x 和 y 将同比例改变，同时控制变量技术水平 t_p^0 和污染税 τ^0 均保持不变。

产业 x 和 y 同比例变化表示为：

$$\begin{cases} x_1 = \lambda x_0 \\ y_1 = \lambda y_0 \end{cases} \tag{2-19}$$

因此，此时的总产出为：$S_1 = \lambda p_x x_0 + \lambda p_y y_0 = \lambda x + \lambda y$。

由公式 $z = \varphi_x S/(\tau t_p)$ 可知，当其他因素不变，S 的改变会引起污染排放量 z 的同样方向及幅度的改变。

如图 2.3 所示，污染密集型产品 x 在世界市场的初始价格为 p_0，同时用 q 来表示产业结构，为 $q = p_0(1-\alpha)/p_y = p_0(1-\alpha)$，东道国的初始均衡点在点 A 处，两部门的产量分别为 x_0 和 y_0，污染物排放的初始量用 z_0 表示，由于在新的均衡点 B 的产量分别为 x_1 和 y_1，总污染物排放量也从 z_0 点变为 z_1。

(2) 结构效应。

为了重点考察产业结构因素对环境污染的作用机理，同样，控制其他条件不变，加入污染产业 X 的产出与总产出这两者之间的比例，减小产业 Y 以保持现有的经济规模，由于现实经济生活中资源的有限性，在资源进入污染产业 X 时会导致产业 Y 缩小，同时假设技术水平和税收水平保持不变，分别为 t_p^0 和 τ^0。

经济规模总量不变，仅仅改变产业结构可用下式表示：

$$S = p_x x_0 + p_y y_0 = p_x x_1 + p_y y_1,\ 且\ x_1 > x_0,\ y_1 > y_0 \tag{2-20}$$

据 $z = \varphi_x S/(\tau t_p)$ 可知，在不改变其他条件时，z 会随着 φ_x 的增加而增加。

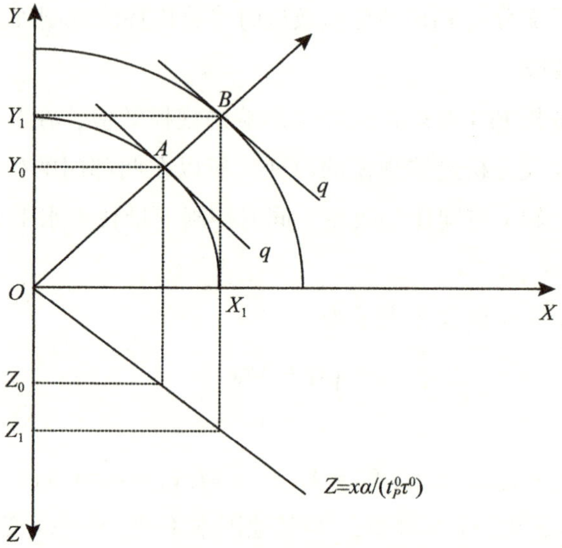

图 2.3　规模效应

据图 2.4 可知：在点 A 时，产出水平为 x_0 和 y_0，污染物排放量为 z_0。经过产业结构改变后，在不改变经济规模的情况下，且保持技术和税收水平不变时，在 B 点达到新的均衡状态，由于污染产业 X 的产出的比重加大，此时产出水平为 x_1 和 y_1，污染物排放量增长至 z_1。

（3）技术效应。

据式 $z=\varphi_x S/(\tau t_p)$ 可知，在不改变其他条件下，z 会随着 t_p 的增加而下降。

据图 2.5 可知，技术水平的提高能够使 z 曲线绕原点上移，在保持同样的经济规模、不变的产业结构和一致的税收水平的条件下，此时总排放量下降了。

如图 2.5 所示，初始的均衡点为点 A，产出水平分别为 x_0 和 y_0，污染物排放量为 z_0，此时的技术水平为 t_p^0，随着技术水平的提升，升至点 t_p^1 之后，污染物排放量降至 z_1，与原排放量 z_0 相比，污染水平有所下降。

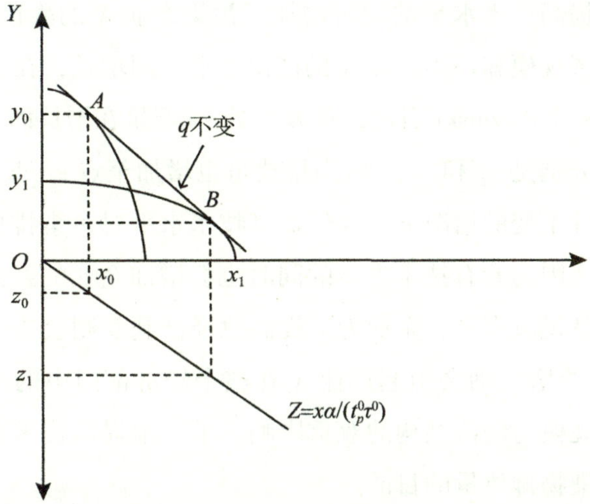

图 2.4 结构效应

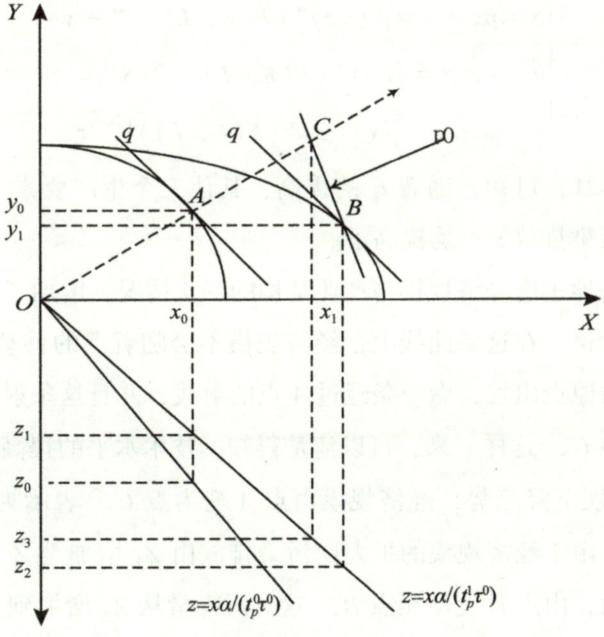

图 2.5 技术效应

可是，在提高技术水平的同时增加了污染产业 X 的生产可能性边界，此时会导致经济规模和污染产业 X 的产出水平一同增长，在 B 点达到新的均衡状态。按照 Rybczinski 引理，在 B 点处，x 产量在增长而 y 的产量在下降，这时产出分别是 x_1 和 y_1，污染排放量也增加至点 z_2 处。由此我们可知，在其他条件不变的情况下，仅仅提高技术水平对污染排放量的影响不一定为正效应，因为专有技术进步的同时也会增加企业的经济规模，此时保持同样的污染税收水平，企业为了提高总经济利益则会支付污染税增加 x 产量。x 产量的增加则会引起产业 X 在整个经济部门中的结构比例的增加，受到经济规模与经济结构的双重影响，单一地提高技术水平并不一定能达到减少污染物排放量的目的。

以下为推导过程：

由上述 X 的生产函数和成本最优化可得：

$$\begin{cases} S = px + y = p\,(t_p z)^{\alpha}\,(F(K,\ L))^{1-\alpha} + y \\ \varphi_x = x/S = (t_p z)^{\alpha}\,(F(K,\ L))^{1-\alpha}/S \\ z = p\alpha x/\tau = p\alpha\,(t_p z)^{\alpha}\,(F(K,\ L))^{1-\alpha}/\tau \end{cases} \tag{2-21}$$

据式（2-21）可知，随着 t_p 的提高，其他三个生产要素（经济规模、产业结构和污染排放 z）均提高了。

为了更好地了解经济规模与产业结构的变化情况，增加了一条 p_0 曲线来表示初始价格，在这条曲线上，经济规模不会随着点的移动发生任何变动，另外，由原点出发，做一条经过 A 点的射线，并且这条射线和 p_0 曲线相交，交点为 C。这样一来，可以清楚得知，技术水平的提高使污染由 Z_0 变为 Z_1，出现下降趋势，经济规模由点 A 变为点 C，表示为经济规模扩大，但此时，由于经济规模的扩大使污染排放由 Z_1 增加至 Z_3，最后产业结构发生变动，由点 C 变动至点 B，这时污染量从 Z_3 增加到 Z_2，污染再一次扩大。

在以上的分析中，把环境规制水平（污染税强度）作为外生变量，但若放松污染税的外生性假设，污染税的税收水平会随着居民收入的增加而增加，在图中表示为曲线 Z 继续向原点移动，此时污染排放总量的变化将会更加复杂。

（4）污染税收或环境规制效应。

污染税收水平（环境规制水平）与技术效应都可以使曲线 Z 上移，两个影响因素存在一定的相似之处，但是，它们对污染产业 X 的产出量的影响不同，技术水平的提高扩大了生产可能性边界，而污染税收水平的提高却使得生产边界向内缩小。

由 $z=\varphi_x S/(\tau t_p)$ 可知，在不改变其他条件的情况下，Z 将随着 τ 的增加而降低。

如图 2.6 所示，在 A 点达到最初均衡状态，产出水平为 x_0 和 y_0，税收水平是 τ_0，污染排放量为 Z_0。改变税收水平至 τ_1，排放量移动至 Z_1，排污量有所下降。污染税收水平的提高使 Z 曲线绕原点上移，在不改变经济规模并保持同样的产业结构和生产技术水平时，不难看出，污染排放总量下降了。

与技术水平对产业 X 的作用不同，提高污染税收会导致生产可能性边界向内收缩，从而使经济规模和产业 X 所占比重同时下降，在 B 点处达到新的均衡状态，又由 Rybczinski 定理得知，在 B 点处的产量水平分别为 x_1 和 y_2，其中，x 和 y 的产量水平均减少了，此时较高的税收水平（环境规制水平）使污染物排放量 Z 下降至点 Z_2 处。

由此可以发现，提高污染税收水平的同时增加了企业排污成本，从而使企业减少了要素 Z 投入，从而也减少了 x 产量，进而使经济规模和产业 X 所占的比重都减少了，降低了污染排放量，表现为从 Z_1 减少至 Z_2。

由式 $z=p\alpha x/\tau$ 可知，根据成本最优化可知，要素 Z 随着 τ 的提高而下降了，又根据式 $x=(t_p z)^{\alpha}(F(K,\ L))^{1-\alpha}$ 可知，随着 x 产量的下降，并根据式 $S=px+y$ 和 $\varphi_x=x/S$ 可知，总体经济规模缩小的同时污染产业 X 所占经济的比重也降低了。

为了更好地理解经济规模与产业结构的变化情况，增加了一条曲线 p_0 来表示初始价格，在这条曲线上，经济规模不会随着点的移动发生任何变

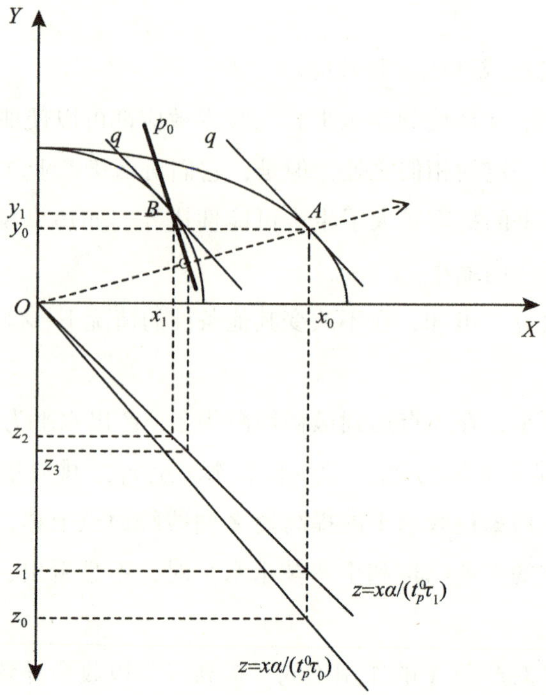

图 2.6　污染税收（环境规制）效应

动，另外，由原点出发，做一条经过 A 点的射线，并且这条射线和曲线 p_0 相交，交点为 C。这样一来，可以清楚得知，污染税收水平的提高使污染由 Z_0 变为 Z_1，出现下降趋势，经济规模由点 A 变为点 C，意味着经济规模的缩小。但是，由于经济规模的缩小使污染排放由 Z_1 降低至 Z_3，进而引起产业结构发生变动，由 C 点移动至 B 点，这时污染量从 Z_3 降低到 Z_2。

可以得出以下结论：假定技术水平不变，只提高污染税收水平（环境规制水平），这将有利于降低污染排放总量，但是会对社会的总经济规模带来负面作用或不利影响，从社会福利最大化角度考虑，则需要在多影响因素条件下考虑环污染税水平抑或环境规制水平的作用。

根据上述数理推导分析，FDI 对东道国环境的作用机制如图 2.7 所示：

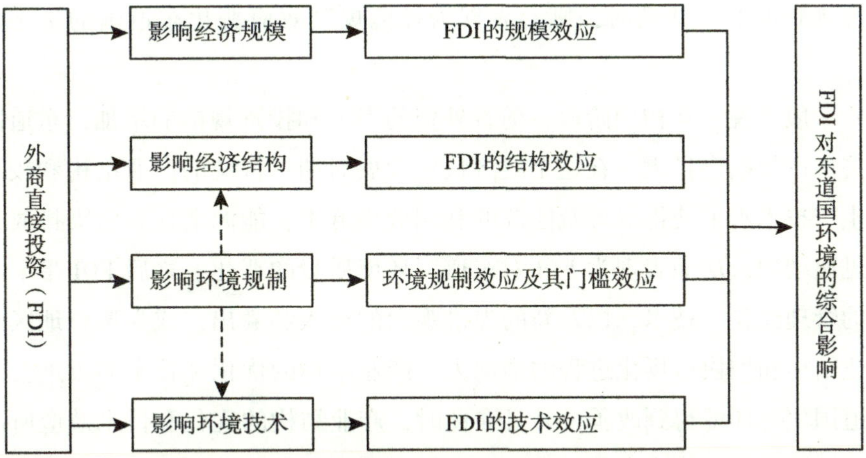

图 2.7　FDI 对东道国生态环境多渠道影响的机制图

如图 2.7 所示，FDI 可以通过四个方面影响东道国的生态环境，分别是：规模效应、产业结构效应、技术效应以及环境规制效应。需要强调的是，根据上文环境规制门槛效应的文献综述可知，环境规制水平不仅直接影响 FDI 的流入规模，同时还会影响 FDI 的产业结构和生产技术水平。具体而言，在其他条件不变只考虑单个方面的影响时分析如下：FDI 的规模效应会恶化东道国或者投资地区的生态环境；而 FDI 的结构效应会根据流入产业的不同而产生不同的结果，FDI 的产业结构集中在第一和第二产业时，则对投资地区的生态环境产生负面影响，当 FDI 的产业结构中第三产业所占比重较大时，则会对东道国环境产生正效应；FDI 技术效应对东道国的环境影响为单调的，表现为持续改善东道国的生态环境；环境规制效应的影响则较为复杂，因为本书文献综述部分阐述了环境规制强度的不同将对 FDI 环境效应产生不同的影响，结合本节 FDI 环境规制效应理论数理推导可知，环境规制不仅会影响 FDI 在投资地区的流入规模，还将对 FDI 的产业结构效应和技术效应产生影响。当环境规制达到一定的门槛时，FDI 的技术效应和结构效应均会对东道国的生态环境产生正面作用，则此时环境规制效应对东道国的生态环境产生非常好的影响。反之，当东道国环境规制水平非常低时，则会表现为环境规制效应恶化东道国的生态环境。

一般来说，在初期阶段，随着外资的引入和投资规模的增加，东道国经济生产规模会扩大。在这个经济快速发展时期，传统的产业结构和较低的生产技术水平使得资源及能源的利用效率低下，能源消耗和污染排放都将迅速增加，从而表现为 FDI 对东道国环境质量的恶化。之后 FDI 带来的新的管理经验、技术，以及新的先进观念的传入和溢出，成为调整地区间产业结构和加快市场化进程的推动力。产业结构的优化和技术的改进会使东道国生态环境得到改善，并且在此时，产业结构的优化和技术效应所产生的环境正效应将大大超过由于经济规模扩大而产生的环境负效应，因此总体上将表现出 FDI 对东道国环境的改善作用。由此看来，外资的引入对东道国污染物排放的影响总体上是先上升后下降的趋势，FDI 与东道国环境之间的关系很可能存在着类似于环境库兹涅茨曲线关系。

同时还说明，考察 FDI 对投资地区或者东道国的环境影响，应该结合投资地区的经济发展水平、生产技术水平、环境资源禀赋以及环境规制水平等相关因素，全面科学地辨别与测度 FDI 对投资地区的环境影响，为积极发挥 FDI 对东道国或投资地区环境正面作用提供更加系统完整的科学依据。

基于上述分析，本书提出以下研究假设：

研究假设一：在我国，人均收入或国民收入（GDP）和环境污染物排放量之间的关系符合环境库兹涅茨曲线关系，两个经济变量间的关系呈现倒“U”型。

研究假设二：在我国，GDP 和环境污染之间的关系不仅仅表现为 EKC 倒“U”型关系，并且随着经济水平的提高，两者之间的关系将呈现“N”型，由于经济水平发展到一定程度，受先进生产技术等因素的影响，第二个拐点后的斜率明显变小，具体关系如图 2.8 所示。

研究假设三：在不同环境规制水平下，FDI 对我国环境的影响结果不

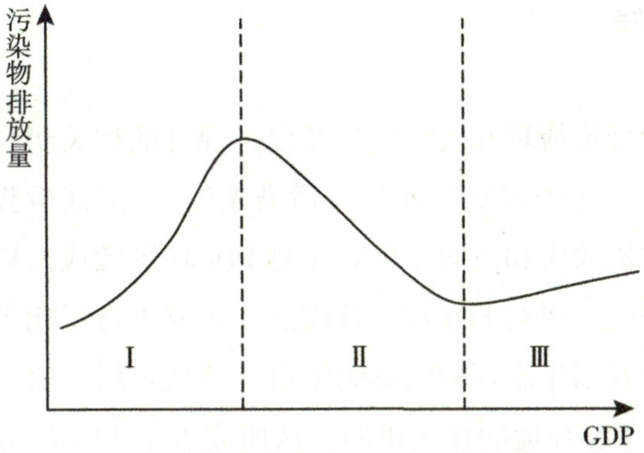

图 2.8 经济规模与污染排放关系图

同，在高环境规制水平下，FDI 对生态环境有积极影响，在低环境规制水平下则表现为消极影响，即存在环境规制门槛效应。

研究假设四：环境规制水平越高，FDI 对东道国的生态环境正效应越强。

研究假设五：基于研究对象的异质性（不同区域、不同经济发展水平、不同产业以及不同 FDI 来源地等），FDI 对投资地区的环境影响将会产生不同的结果。

许和连和邓玉萍（2012）以我国 2000—2009 年省域 FDI 和环境污染样本数据为研究对象，采用 ESDA 分析了两个经济变量的空间相关性、空间集聚性以及空间动态跃迁，并且采用空间滞后模型和空间误差模型分析了 FDI 对我国环境的影响。结果表明，FDI 对我国的环境影响整体上符合“污染光轮”假说，两者在空间上均具有显著的空间相关性且均具有空间集聚特征，而且 FDI 还具有显著的空间溢出效应。张伟等（2013）、仇方道（2013）和刘渝琳等（2015）的研究均得出类似结果。基于此，提出本书的研究假设六：FDI 和环境污染在空间维度上均具有自相关性，FDI 具有空间溢出效应。

2.3　本章小结

通过本章的理论梳理和文献综述发现，现有的相关研究无法有效地化解理论之争——“污染天堂”或是“污染光轮”，实证检验方面也没有考虑相关变量的门槛效应和空间溢出效应对 FDI 环境效应的影响或冲击。一方面，本书从理论层面对 FDI 环境效应这一研究进行了相关的拓展，梳理和分析了 FDI 对我国生态环境的影响渠道，并且采用一般均衡分析推导出 FDI 对投资地区生态环境的作用机制，从而完善了 FDI 环境效应的理论机制。本书认为，FDI 可以通过多种渠道影响东道国的生态环境（污染物排放量），换言之，FDI 的流入将会影响投资地区的经济规模、经济结构和技术水平等，这些被影响因素的综合变化结果决定了 FDI 在该地区的环境效应，具体表现为改善或恶化该地区的环境质量。另一方面，通过梳理以环境规制、FDI 和生态环境为主题的相关文献，发现环境规制对区域的环境绩效以及 FDI 的流入等都有直接或者间接的影响。FDI 的生态环境绩效究竟是改善东道国的环境质量还是引起相反的作用，这和环境规制的门槛效应直接相关，因此研究环境规制对 FDI 环境效应的影响，是本书的另一个重要内容。

第 3 章　FDI 与我国污染物排放现状

本书的研究目的是通过理论分析和实证检验，对 FDI 在我国的环境效应进行较为客观全面的考察。因此，在对 FDI 环境效应作用机制的理论分析基础上，需要对我国 FDI 和污染物排放的现状进行统计性描述。以便在考察期内，从宏观上对我国的整体区域、不同行业以及不同经济区域的 FDI 规模和污染排放量情况有较为直观的认识，并为下文的实证研究和政策建议提供相关依据和参考。

3.1　我国 FDI 现状分析

3.1.1　FDI 总体情况分析

随着经济全球化程度的加深，FDI 在发展中国家经济部门发挥了重要的作用，成为这些国家的经济引擎之一。自 20 世纪 80 年代以来，由于我国不断深化经济体制改革和扩大市场开放程度，我国的国民经济实现了飞速发展，创造了全球经济发展增速的奇迹，同时 FDI 总体规模稳步增长（如图 3.1 所示）。

同时图 3.1 展现了我国近 20 年实际利用外资的情况。可见，随着我国不断深化改革和市场开发度的提高，FDI 也在不断增长。1996 年，中国实际利用外资只有 418.5 亿美元，到 2015 年，实际利用外资额达到 2577 亿美元，20 年间增加了 2000 多亿美元。另外，在 2002 年，我国吸引 FDI 首次超过 500 亿美元，自此我国成为世界上 FDI 最大的流入国之一。由图

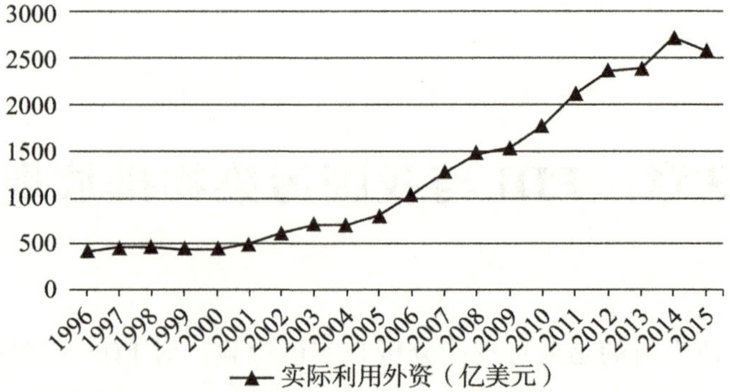

数据来源：《中国统计年鉴》相关年份统计资料和商务部统计数据。

图 3.1　1996—2015 年我国实际利用外资数额

3.1 可知，除了 1998 年、2008 年这些年份受到经济危机的冲击影响，研究观察期其他年份 FDI 规模仍呈明显且稳定增长趋势。

3.1.2　FDI 的区域分布

我国大陆区域经济的产生，应该说是依据其经济发展水平与地理位置相结合长期演变而形成的，我国大陆区域整体上可划分为三大经济区。其中，本书对我国经济区域的划分按照我国发改委的划分标准。东部地区：北京、天津、河北、辽宁、上海、江苏、浙江、福建、山东、广东和海南；中部包括：山西、吉林、黑龙江、安徽、江西、河南、湖北和湖南；西部地区：内蒙古、广西、四川、重庆、贵州、云南、山西、甘肃、青海、宁夏和新疆。图 3.2 表明在样本的观察期，我国的东部、中部、西部三大区域近 20 年来实际利用外资规模的变化趋势。可以看出东、中、西部地区在实际利用外资方面整体上都保持平稳增长趋势，但是东部区域实际利用的外资额远远高于中西部地区，中部又高于西部地区，但差别不明显，这都表明了三大地区之间外资分布的差异。从年份看，除了 1998 经济危机的冲击使利用外资额有下降趋势，2001 年之前三大地区总体上保持平稳增长趋势，2001 年及之后年份是中国利用外资的快速增长期，究其原因主要是中国加入 WTO 扩大了我国的对外开放程度，有利于对 FDI 的利用程度。但在 2014 年东部地区有小幅度下降，中、西部仍保持较快的增速。在此期间，东部增长了 4 倍左右，而中部地区增长了近 8 倍，西部地区增长了近 10 倍。

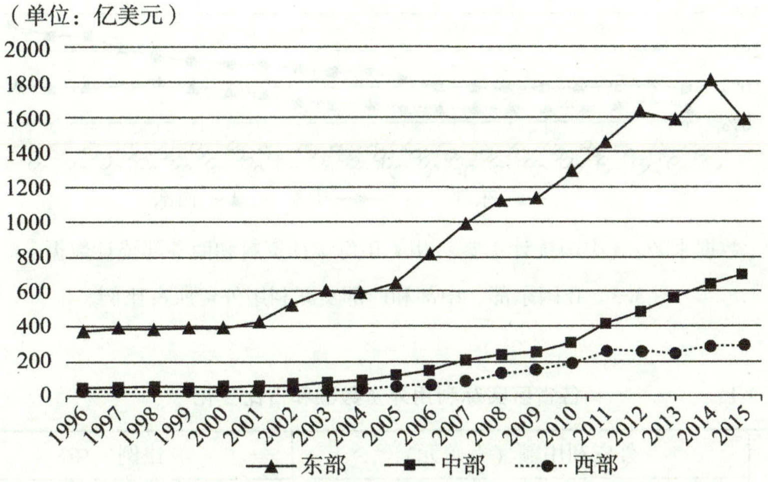

数据来源：相应年份《中国统计年鉴》。

图 3.2 1996—2015 年我国东部、中部和西部实际利用外资数额

图 3.3 是在研究时段中三大地区近 20 年实际利用外资占比的变动趋势。从图中得知，三大地区的实际利用外资占比为阶梯状，东部利用外资额占比达 70%左右，在三大地区中占比最高，远高于中、西部地区；中部地区利用外资占比不足 20%，而西部地区的外资占比不到 10%，中部较高于西部，但近年来中、西部的差距越来越不明显。东、中、西部发展存在着不同的趋势，东部地区在 20 年间从 81%下降到 67%，中部和西部地区有一定的增长，中部地区增长到 18%，西部地区增长到 14%。从整体看，实际利用外资水平在地区间分布是不平衡的，但是这

种差距是在不断缩小的。

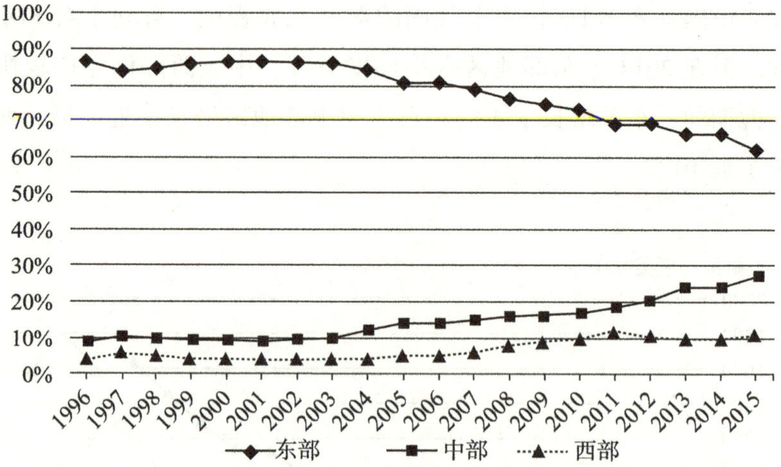

数据来源：《中国统计年鉴》相关年份统计资料和商务部统计数据。

图 3.3　我国东部、中部和西部实际利用外资所占比例

表 3-1　　各省区实际利用外资数额和占比变化

	外资利用额（万美元）					比例（%）				
	1996	2000	2005	2010	2015	1996	2000	2005	2010	2015
北京$_A$	155300	246000	353000	636358	1300000	3.71	5.44	4.41	3.60	5.04
天津$_A$	200637	256000	332900	1084872	2113400	4.79	5.66	4.16	6.13	8.20
河北$_A$	123652	102376	191300	383074	618000	2.95	2.26	2.39	2.16	2.40
辽宁$_A$	167142	255219	359042	2075010	684414	3.99	5.64	4.49	11.72	2.66
上海$_A$	394094	316029	685000	1112143	1845900	9.42	6.98	8.56	6.28	7.16
江苏$_A$	521009	642550	1318339	2849800	2427000	12.45	14.20	16.48	16.10	9.42
浙江$_A$	152050	161300	772300	1100175	1700000	3.63	3.56	9.65	6.22	6.60
福建$_A$	408451	380386	260775	580279	768400	9.76	8.41	3.26	3.28	2.98
山东$_A$	259041	297119	897100	916833	1630000	6.19	6.57	11.21	5.18	6.32
广东$_A$	1162400	1223720	1236400	2026100	2687500	27.77	27.04	15.45	11.45	10.43

续表

	外资利用额（万美元）					比例（%）				
	1996	2000	2005	2010	2015	1996	2000	2005	2010	2015
海南$_A$	78960	43100	68401	151213	200600	1.89	0.95	0.85	0.85	0.78
山西$_B$	13802	22500	27516	71421	287000	0.33	0.50	0.34	0.40	1.11
吉林$_B$	45155	33701	66115	128042	212747	1.08	0.74	0.83	0.72	0.83
黑龙江$_B$	54841	83085	145000	266151	554509	1.31	1.84	1.81	1.50	2.15
安徽$_B$	50661	31847	68845	501446	1362000	1.21	0.70	0.86	2.83	5.28
江西$_B$	30100	22724	242300	510084	947000	0.72	0.50	3.03	2.88	3.67
河南$_B$	52566	53999	123000	624700	1608600	1.26	1.19	1.54	3.53	6.24
湖北$_B$	68878	94400	218500	405015	894800	1.65	2.09	2.73	2.29	3.47
湖南$_B$	70344	68200	207235	518441	1156000	1.68	1.51	2.59	2.93	4.49
内蒙古$_C$	5424	11236	118600	339000	337000	0.13	0.25	1.48	1.92	1.31
广西$_C$	66618	52500	37900	91200	172200	1.59	1.16	0.47	0.52	0.67
四川$_C$	22511	43700	88700	612299	1007000	0.54	0.97	1.11	3.46	3.91
重庆$_C$	21878	24436	52127	304246	377183	0.52	0.54	0.65	1.72	1.46
贵州$_C$	3138	2501	10800	29546	41941	0.07	0.06	0.13	0.17	0.16
云南$_C$	6537	12812	17352	132902	299000	0.16	0.28	0.22	0.75	1.16
陕西$_C$	33008	28842	62839	182006	462100	0.79	0.64	0.79	1.03	1.79
甘肃$_C$	9002	6235	2044	13521	11000	0.22	0.14	0.03	0.08	0.04
青海$_C$	1113.6	5309	26600	21930	5500	0.03	0.12	0.33	0.12	0.02
宁夏$_C$	555	1283	6712	8100	18600	0.01	0.03	0.08	0.05	0.07
新疆$_C$	6390	1923	4800	23742	45250	0.15	0.04	0.06	0.13	0.18

数据来源：资料来源与各省历年统计年鉴和《2016年中国外商投资报告》；A、B、C分别指代我国的东、中、西三大经济区。

在表3-1中，显示了30个省、直辖市、自治区实际利用外资额和该地区观察年份占比的变化。在观察期内，除了甘肃省，其他省区在实际利用外资额方面都有不同程度的提升。从实际利用外资方面看，东部沿海省份地区的实际利用外资水平高于中、西部地区，如在 2010 年，江苏、广东等沿海地区利用外资额高达百亿元以上。中部和西部地区的 FDI 的利用呈现出整体水平较低、增长速度较快的趋势。如安徽、河南地区 2015 年利用外资额比 1996 年增长了 10 倍以上。从地区分布来说，在 1996 年，广东以 27.77%的占比居于各个地区的外资利用额首位，其次为江苏（12.45%）、福建（9.76%）、上海（9.42%）和山东（6.19%），以上五个省市都属于东部地区；在 2015 年，占比最高的地区仍属于东部地区的五个省市，分别是广东、江苏、天津、上海和浙江，其中广东省以 10.43%位居第一，其他省市的占比分别为：9.42%、8.20%、7.16%、6.60%。通过上表数据和考察中、西部其他省市自治区的情况，可见，随着中、西部地区结构优化和产业升级，FDI 也逐渐向中、西部扩张。

3.1.3　产业间 FDI 描述

图 3.4 展示了 2006—2015 年 FDI 流入第一、二、三产业的实际所占比例变化趋势。由图 3.4 可见，FDI 流入第二产业的比例非常高，考察年份中，比例一直处于 50%以上，但一直呈现下降趋势，2015 年处于观察期最低点，占比接近 50%。第三产业的 FDI 流入量占比呈现逐年上升的趋势。具体而言，由于 2001 年我国加入世界贸易组织，我国的市场开放度增强，随着入世协议中相关第三产业的保护年限到期，国家层面更加优厚的鼓励进入政策，FDI 进入第三产业的比重逐年增长，从 2006 年占比 31.5%上升至 2015 年的 43%左右。如图 3.4 所示，在我国，第一产业 FDI 流入量的占比很小，且随着时间的变化波动幅度不大，一直都为 2%～2.5%。值得说明的是，FDI 在我国第一、二、三产业的占比变化情况和我国内资在各产业间的流入变化趋势趋同，这也侧面反映了中国产业的资金流入受我国经济结构转换升级和产业政策调整的影响。

表 3-2 展示了观察年份各个行业 FDI 实际利用 FDI 数额的变化情况。由下表可知，观察年份 FDI 进入各个行业的数额变化趋势不尽相同，属于第一产业的农、林、牧、渔业实际利用外资的规模增加幅度超过 200%；

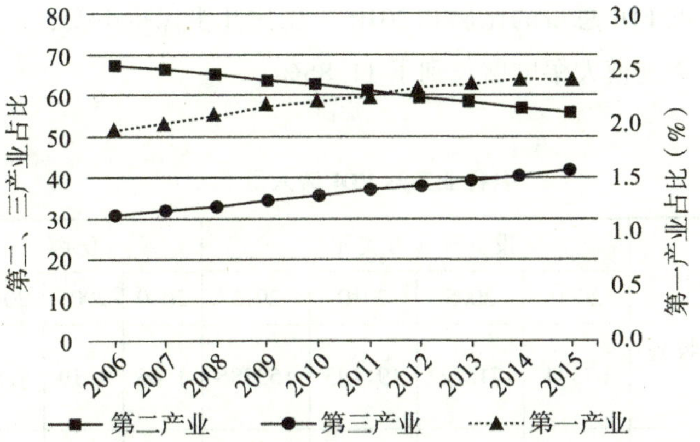

数据来源：相应年份《中国统计年鉴》。

图 3.4 中国 2006—2015 年一、二、三产业 FDI 流入量比例

制造业和建筑业均表现为不同幅度的增长，但增幅均超过了 50%；但是第二产业中的一些行业的 FDI 实际使用量却是逐年下降，如采矿业的 FDI 流入量就从 2000 年的 58328 万美元下跌至 2015 年的 24292 万美元，下降幅度超过一倍。整体上而言，在我国第三产业的实际利用外资量呈现出持续上升态势，例如：金融业的 FDI 流入量从 2005 年的 21969 万美元增长至 2015 年的 1496889 万美元，增长了 7 倍多；房地产业的增长幅度也非常惊人，2015 年规模是 2005 年的 8 倍多，FDI 进入零售业的增长幅度也很大，增长幅度超过 12 倍。表 3-2 右侧部分展示了不同观察年份，分行业 FDI 实际利用量占该年份 FDI 总量之比。2000 年，FDI 总量的 63%流入我国的制造业，制造业作为第二产业的代表行业，名副其实地成为 FDI 的最主要流入目标。2005 年，FDI 流入量所占比重最大的行业分别是：制造业（70.37%）、租赁和商务服务业（6.21%）以及房地产业（8.98%）；2010 年，制造业仍旧是 FDI 流入量占比最高的行业，然而比重已经从 2005 年的 70.37%下降为 46.9%，流入量占比增加幅度最大的为房地产业增加了 14 个百分点，占比达到了 22.68%。2015 年，制造业的 FDI 实际利用规模仍

然呈现下降态势，比 2010 年下降了 15 个百分点，房地产业的实际利用外资规模占本年度 FDI 总量的比例和 2010 年相比几乎保持不变，但是金融业的实际利用外资规模大幅度增长到了 11.85%。

表 3-2　　**各行业实际 FDI 流入量**

行业	投资额（万美元）				份额（%）			
	2000	2005	2010	2015	2000	2005	2010	2015
农业、林业、牧业及渔业	67594	71826	191195	153386	1.66	1.19	1.81	1.21
采矿业	58328	35495	68440	24292	1.43	0.59	0.65	0.19
制造业	2584417	4245291	4959058	3954290	63.48	70.37	46.90	31.32
电力、燃气及自来水等供应业	224212	139437	212477	225022	5.51	2.31	2.01	1.78
建筑工业	90542	49020	146062	155876	2.22	0.81	1.38	1.23
运输、仓储和邮政服务业	101188	181230	224373	418607	2.49	3.00	2.12	3.32
信息、计算机服务和软件产业		101454	248667	383556		1.68	2.35	3.04
批发和零售业		103854	659566	1202313		1.72	6.24	9.52
住宿和餐饮业		56017	93494	43398		0.93	0.88	0.34
金融业		21969	112347	1496889		0.36	1.06	11.85
房地产业	465751	541807	2398556	2899484	11.44	8.98	22.68	22.96
租赁以及商业服务业		374507	713023	1004973		6.21	6.74	7.96
科技研发、技术服务及地质勘探业		34041	196692	452936		0.56	1.86	3.59
水利、环境和公共设施服务业		13906	90859	43334		0.23	0.86	0.34

续表

行业	投资额（万美元）				份额（%）			
	2000	2005	2010	2015	2000	2005	2010	2015
居民服务和其他服务业		26001	205268	72131		0.43	1.94	0.57
教育		1775	818	2894		0.03	0.01	0.02
健康和社会保障行业		3926	9017	14338		0.07	0.09	0.11
体育文化与娱乐业		30543	43612	78941		0.51	0.41	0.63
公共管理和社会组织		370				0.01		

数据来源：相应年份各省市统计年鉴。

3.1.4　FDI 主要来源地描述

从投资主体来看，FDI 由五大来源地组成：第一个是来自北美发达地区国家，主要是美国和加拿大的投资，其来源地的 FDI 从 1998 年的 10%左右下降至 2015 年的 2%左右，究其原因主要是两点：(1) 2008 年次贷危机的影响比较深远，美国经济时至今日仍然受到该事件影响，这对其对外投资规模影响较大；(2) 发达国家间的水平投资规模的上升对我国吸引外资产生不利影响。第二个来源地为欧洲发达国家，包括德国、英国和法国，这些国家为老牌资本主义国家，在 1998—2015 年对我国的直接投资占比从 5%左右升至 7.5%左右，而后又呈现下降态势，欧美发达国家对话投资更注重占领中国的市场，它们往往向发展中国家和地区转移夕阳产业，且大多规模巨大。第三个来源地为全球离岸金融聚集区，包括维尔京群岛、开曼群岛、毛里求斯和萨摩亚，这些国家对我国的投资量一直比较稳定，占所有 FDI 总量的 10%左右，但是近年来规模也有所下降。第四个来源地就是地理毗邻中国大陆的中国港澳台地区，这些地区向中国大陆的投资规模所占比重最大，特别是香港地区，成为我国 FDI 最大来源地，三个地区对中国大陆的投资规模占比从 1998 年的 40%左右猛增至 2015 年的 70%左右，其中香港地区的投资量占比最大。港澳台地区投资规模所占比例如此庞大的主要原因如下：（1）便利的区位优势，相互毗邻交通便利；（2）相同文化渊源让同胞有同根同理想的意识，并且相互容易理解和包容；（3）中国大陆更大的市场和廉价的劳动力市场。第五个来源地为日本和韩国，如表 3-3 所示，日本韩国对我国的投资规模，自 1998 年至 2015 年，呈现先增后降的趋势，其中 2005 年的投资规模占当年 FDI 总规模的 20%左右。

表 3-3　　**不同来源地 FDI 额**

	1998		2000		2005		2010		2015	
	实际利用外资	比重（%）	实际利用外资	比重（%）	实际利用外资	比重（%）	实际利用外资	比重（%）	实际利用外资	比重（%）
美国	38.98	8.57	43.84	10.77	30.61	5.07	30.17	2.85	20.89	1.65
加拿大	3.17	0.70	2.80	0.69	4.54	0.75	6.35	0.60	2.24	0.18
德国	7.37	1.62	10.41	2.56	15.30	2.54	8.88	0.84	15.56	1.23
英国	11.75	2.58	11.64	2.86	9.65	1.60	7.10	0.67	4.96	0.39
法国	7.15	1.57	8.53	2.10	6.15	1.02	12.38	1.17	12.24	0.97
维尔京群岛	40.31	8.87	38.33	9.41	90.22	14.96	97.25	9.20	73.88	5.85
开曼群岛	3.24	0.71	6.24	1.53	19.48	3.23	22.42	2.12	14.44	1.14
毛里求斯	1.01	0.22	2.65	0.65	9.08	1.50	9.29	0.88	3.46	0.27
萨摩亚	1.27	0.28	2.83	0.70	13.52	2.24	17.73	1.68	19.91	1.58
香港	185.08	40.71	155.00	38.07	179.49	29.75	605.67	57.28	863.87	68.42
澳门	4.22	0.93	3.47	0.85	6.00	1.00	6.55	0.62	8.85	0.70
台湾	29.15	6.41	22.97	5.64	21.52	3.57	24.76	2.34	15.37	1.22
日本	34.00	7.48	29.16	7.16	65.30	10.82	40.84	3.86	31.95	2.53
韩国	18.03	3.97	14.90	3.66	51.68	8.57	26.92	2.55	40.34	3.19

数据来源：相应年份各省市统计年鉴。

3.2 我国环境污染现状分析

改革开放以来，由于过度追求经济增速而忽略粗放型经济模式的诟病，给我国的生态环境带来了巨大的破坏。随着我国经济的飞速发展，国民收入水平不断提高，国民综合素质不断提高，人们越来重视人与生态环境的和谐发展。特别是十八大以来可持续发展的理念已经深入我国经济社会生活的各个方面，国家和人民越来越重视生态环境质量的提升。坚持绿色发展、坚持节约资源和保护环境已经是我国现行的基本国策。当前，我国已经从高能耗、高污染和粗放型的发展模式向低消耗、低能耗、低污染的生产方式转变，局部生态环境质量已经大幅度改善，但就全国区域而言，环境污染问题依然是我国当前面临的亟须解决的问题。

3.2.1 水污染现状

我国淡水资源短缺，总量 28000 亿 m^3，人均 $2200m^3$，远远低于世界人均水平，居于世界 121 位，在全球范围内，我国是人均水资源最紧缺的国家之一，并且我国水资源地区分布不均衡，南多北少。在我国所有的城市中，有超过一半的城市处在缺水状态，有 50 多个城市甚至处在严重缺水状态，另外，我国居民用水量非常大，用水增速每年可达 10%。近年来，我国水资源污染情况也在持续加重，我国废水排放总量和工业废水排放量在 2015 年分别达到 735.32 亿吨和 199.49 亿吨（见图 3.5）。

表 3-4 显示出在 2000 年我国工业废水排放量最多的省份大多属于东部地区，在这些省份中，江苏省废水排放量居于第一，达到 201923 万吨，其他五个省份依次为浙江、广东、山东、辽宁以及河北。通过上表可以得知位于西部地区的四川省的废水排放量为 116979 万吨，排在第三位，位于中部的湖南、湖北和河南三省的废水排放量均超过 100000 万吨。2005 年和 2010 年都属东部地区的 6 个省份为废水排放量最多的前十省份，到 2015 年，在这前十省份中新增了福建省，形成有 7 个省份属于东部地区的局面，其中江苏省仍

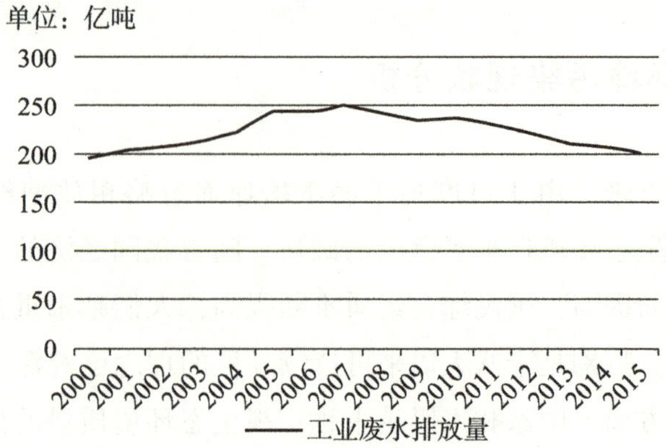

数据来源：相应年份《中国统计年鉴》

图 3.5　2000—2015 年工业生产废水排放量

为第一，而且福建省在未来一段时期会一直排在前十。另外，在这个榜单中，中、西部地区只剩下工业发展较快的河南、湖南和湖北 3 个省份。

表 3-4　　　　**中国工业废水排放量前十省份**　　　　（单位：万吨）

排名	2000		2005		2010		2015	
	地区	排放量	地区	排放量	地区	排放量	地区	排放量
1	江苏$_A$	201923	江苏$_A$	296318	江苏$_A$	263760	江苏$_A$	206400
2	浙江$_A$	136433	广东$_A$	231568	浙江$_A$	217426	山东$_A$	186400
3	四川$_C$	116979	浙江$_A$	192426	山东$_A$	208257	广东$_A$	161500
4	广东$_A$	114055	广西$_C$	145609	广东$_A$	187031	浙江$_A$	147400
5	湖南$_B$	112563	山东$_A$	139071	广西$_C$	165211	河南$_B$	129800
6	山东$_A$	110324	福建$_A$	130939	河南$_B$	150406	河北$_A$	94100
7	河南$_B$	109210	河北$_A$	124533	福建$_A$	124168	福建$_A$	90700
8	辽宁$_A$	109044	河南$_B$	123476	河北$_A$	114232	辽宁$_A$	83100
9	湖北$_B$	106733	四川$_C$	122590	湖南$_B$	95605	湖北$_B$	80800
10	河北$_A$	89600	湖南$_B$	122440	湖北$_B$	94593	湖南$_B$	76900

数据来源：相应年份各省市统计年鉴，A、B、C 分别指代我国的东、中、西三大经济区。

3.2.2 空气污染现状

在我国，煤是利用最广泛的能源，绝大部分的生产活动和居民生活的燃料都是依赖煤炭，这种能源利用结构导致我国大气污染为煤烟型大气污染。燃烧煤炭会释放大量的二氧化硫，使我国当前大气中存在的二氧化硫成分严重超标。2008年以前，我国工业二氧化硫排放量呈现不断增长的态势，多年来一直占二氧化硫总排放量的80%以上。2008年之后，我国积极落实节能减排工作，加大环保力度，并不断加强对环境的监管，我国二氧化硫排放情况有所改善，与上年相比，下降了5.9%，此外，工业烟尘和粉尘排放量也分别下降了13%和16.3%（见图3.6）。2009年，我国进一步完善节能减排工作，但由于综合因素的影响，我国大气污染情况仍然比较严重，大气环境质量仍然不容乐观。我国有113个环保重点城市，其中42.6%的城市并不能达到国家二级标准，在研究范围内的477个城市中，有52.8%的城市出现酸雨现象，其中有164个城市发生酸雨的频率达到四分之一，有55个城市发生酸雨的频率达到四分之三。从我国地区分布来看，酸雨区由西南部分地区逐渐扩张至西南区域、华南区域、华中以及华东四大区域，包括长三角、珠三角地区和多个省份。

如表3-5所示，观察废气排放量最多的省份排名情况，发现前十名中有超过一半的省份属于东部地区，并且多年来排放量都处于一个较高的水平，如山东、河北、辽宁等省份，同时，这些省份也是利用外资水平比较高的省份。例如河北省，2000年工业废气排放量为9858亿标立方米，到2015年增长至78570亿标立方米，这期间的工业废气排放增长量达到之前的8倍。而上海市由废气排放量最多排名中的第九位转变为全国的经济中心和高新技术产业区，废气排放情况得到明显改善，位于废气排放前十榜单之外。但是，山西、四川、内蒙古以及河南等所属的中、西部地区根据自身自然资源丰富、人口重大的特点不断地进行资源开发，导致工业废气排放量持续增加。2000—2015年，河南省工业废气排放量也出现了明显的增长，从2000年的7436亿标立方米增长到2015年的36286亿标立方米，

15 年间增长了近 5 倍。

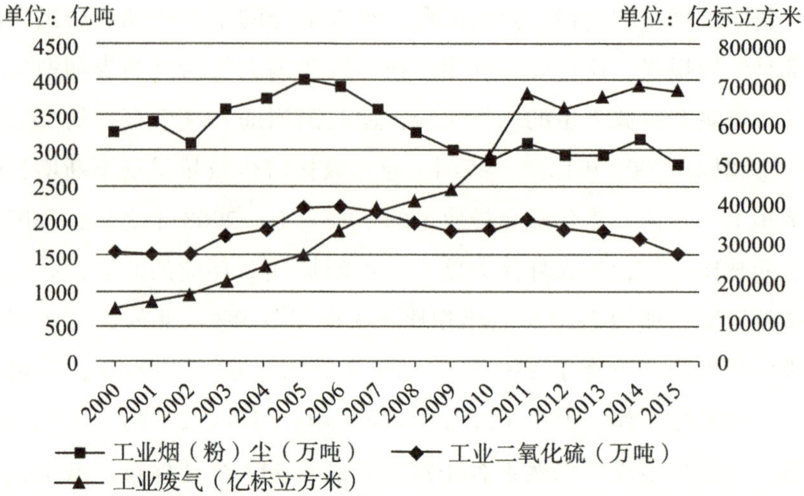

数据来源：相应省份《中国统计年鉴》。

图 3.6 2000—2015 年份主要废气污染物排放量

表 3-5 **部分年份中国工业废气排放量排名前十省份**

（单位：亿标立方米）

排名	2000		2005		2010		2015	
	地区	排放量	地区	排放量	地区	排放量	地区	排放量
1	山东$_A$	12179	河北$_A$	26518	河北$_A$	56324	河北$_A$	78570
2	河北$_A$	9858	山东$_A$	24129	山东$_A$	43837	江苏$_A$	57883
3	辽宁$_A$	9432	辽宁$_A$	20903	山西$_B$	35190	山东$_A$	56808
4	江苏$_A$	9078	江苏$_A$	20197	江苏$_A$	31213	河南$_B$	36286
5	广东$_A$	8326	河南$_B$	15498	内蒙古$_C$	27488	内蒙古$_C$	35855
6	河南$_B$	7436	山西$_B$	15142	辽宁$_A$	26955	辽宁$_A$	34017
7	山西$_B$	6635	广东$_A$	13447	广东$_A$	24092	山西$_B$	33721
8	浙江$_A$	6509	浙江$_A$	13025	河南$_B$	22709	安徽$_B$	30794

续表

排名	2000		2005		2010		2015	
	地区	排放量	地区	排放量	地区	排放量	地区	排放量
9	上海$_A$	5755	内蒙古$_C$	12071	浙江$_A$	20434	广东$_A$	30547
10	湖北$_B$	5674	湖北$_B$	9404	四川$_C$	20107	浙江$_A$	26841

数据来源：相应年份各省市统计年鉴；A、B、C 分别指代我国的东、中、西三大经济区。

3.2.3 工业固废现状

表 3-6 分别选取了四个观察年份的全国固体废弃物产生量最多的十个省份，从中不难发现排名前十位的省份绝大多数聚集在矿产资源富饶的中、西部地区，例如山西、四川、河南、内蒙古等省和自治区在四个观察年份均“榜上有名”。这些地区大量产生固废的原因是：矿产资源和自然资源丰富的区域，由于比较利益的原因，常常伴随着大量固废产出量极大的行业，这些行业包括矿产开采业、煤炭洗采业、石油化工以及煤炭化工业等。同时，这也反映出这样一个特点，中、西部地区在我国产业链分工中扮演的角色属于原材料供应地，且近年来随着经济的快速发展，这些基于矿产资源，例如煤、铁、铅等，石油和天然气资源，作为支柱产业的地区的固废必然产生量会更大。以内蒙古为例，2005 年该自治区工业固体废弃物产生量为 7363 万吨，2015 年该区的固废产生量猛增为 26669 万吨，10 年增长了 3 倍多。作为三大经济区中经济最发达的东部地区，由于区位优势明显、交通发达、人才资源丰富以及非常完备的产业环境和硬件设施，这些因素促使东部地区逐步形成了以加工贸易、机械制造业以及高新技术产业为主的产业集群，这些行业属于产业结构中排污量比较小的行业，并且由于技术优势的作用，东部地区虽然对我国经济贡献很大，但是在固废这一项上表现为排放量比较少。

表 3-6　　部分年份中国工业固体废弃物产生量排名前十省份

（单位：万吨）

排名	2000		2005		2010		2015	
	地区	产生量	地区	产生量	地区	产生量	地区	产生量
1	山西$_B$	7694.5	河北$_A$	16279	河北$_A$	31688.2	河北$_A$	35372
2	辽宁$_A$	7562.5	山西$_B$	11183	山西$_B$	18270.3	辽宁$_A$	32434
3	河北$_A$	7027.9	辽宁$_A$	10242	辽宁$_A$	17272.9	山西$_B$	31794
4	山东$_A$	5407.3	山东$_A$	9175	内蒙古$_C$	16996	内蒙古$_C$	26669
5	江西$_B$	4796.2	内蒙古$_C$	7363	山东$_A$	16038.5	山东$_A$	19798
6	四川$_C$	4714.2	江西$_B$	7007	四川$_C$	11239.2	青海$_C$	14868
7	河南$_B$	3625	四川$_C$	6421	河南$_B$	10713.8	河南$_B$	14722
8	云南$_C$	3187.4	河南$_B$	6178	江西$_B$	9407.3	云南$_C$	14109
9	江苏$_A$	3038.2	江苏$_A$	5757	云南$_C$	9392.4	安徽$_B$	13059
10	湖北$_B$	2817.8	贵州$_C$	4854	安徽$_B$	9158.2	四川$_C$	12316

注：数据来源于对应年份《中国统计年鉴》；A、B、C 分别指代我国的东、中、西三大经济区。

3.3 本章小结

本章分别从国家、地区、行业三个层面对我国 FDI 现状和污染排放的情况进行了较为系统的统计描述性分析。从外资利用水平的统计结果来看，总体上我国实际利用外资水平在不断提高，但近年来增速逐渐放缓；从地域分布上来看，三大经济区吸引 FDI 的水平都在逐年提高，但地区间实际利用外资水平不平衡，主要集中在东部沿海地区经济发展较好的省份，不过近年来中、西部地区吸引 FDI 的能力也在提升，更多的 FDI 也逐渐向中、西部扩张；从行业上看，工业行业吸引 FDI 的能力最强，是引进 FDI 的主要领域，当前服务业的占比也有所增加；总体而言，在我国不同区域和不同行业，FDI分布上存在明显的差异。污染排放研究结果显示，我国污染排放量随着FDI的增长也不断增加；但是三废污染物排放呈现出不均衡特征，东部地区的废气废水排放量大于我国其他地区，并且随着时间的推移有向中、西部地区扩散的趋势；工业三废中的固体废弃物排放量最多的地区主要集中在矿产资源富饶的中、西部地区，东部排放量较少。由此可见，地区间污染物排放量的分布情况与地区吸引FDI额的区域分布状况并不一致。

根据前文的文献综述和理论分析可知，我国污染物排放量的增加或减少受到区域经济发展水平、产业结构、环境规制强度以及自然资源禀赋等多个因素的影响，由于FDI投资的目标区域与进入行业不同，FDI对环境的影响结果可能大不相同，而且环境规制的强度以及环境规制执行的质量也会导致FDI有不同的环境效应。因此，根据本章的FDI和污染物排放量的现状统计描述分析，将很难判断出FDI对我国的环境污染产生何种影响。这在一定程度上佐证了上文的初步判断，即FDI对我国污染物排放量的影响不只是“污染天堂”假说或“污染光轮”假说中提到的单一情形。因此，我们需要更加深入细致系统地实证检验FDI对我国环境产生的影响。

第 4 章　基于空间溢出效应 FDI 对我国环境影响的实证检验

我国自改革开放以来 FDI 规模迅速扩大，为我国带来了丰富的资本以及先进的技术和管理经验等，但是 FDI 促进经济高速发展的同时也引发了严重的生态环境问题。多年来，我国“三来一补”“两头在外”的引资模式显示出效率低、能耗高的特征，频繁受到质疑和非议，未能达到当初提出的“以市场换技术”的目标（高春亮等，2007），此外，FDI 大量流入制造业等第二产业，集聚水平逐步提高导致我国环境问题严峻，产生一系列环境恶化现象，如空气质量下降（张宇、蒋殿春，2013）以及水污染严重等。FDI 的引入加大了我国环境治理难度，污染转移、溢出以及污染攀比等现象日趋严重。

环境库兹涅茨曲线（EKC）是研究环境污染的一个经典理论模型，也是研究者的首选，该理论模型揭示出环境污染物排放量与经济收入水平之间呈现出倒“U”型关系。关于 EKC 曲线的研究主要围绕两个方面：一是以经典 EKC 模型为基础，引入人均国民收入的三次方项，通过改进模型来研究污染程度与经济增长之间的关系，检验二者之间的关系是否存在“N”型的曲线特征（马树才等，2006 ；孙晓雷、何溪，2015；计志英等，2015）。二是在经典的 EKC 模型基础上引入若干解释变量和控制变量，从而检验这些新加入变量对环境污染的影响，如国外学者研究的贸易强度对环境污染的影响（Grossman and Krueger，1994），能源价格的影响（De Bruyn 等，1998），产业结构（Suri 和 Chapman，1998）以及收入差距对环境污染的影响（Torras and Boyce，1998）；也有国内学者研究对外贸易和

FDI 对环境污染的影响（邓柏盛、宋德勇，2008），贸易开放度的影响（刘子飞，2014；占华、于津平，2015），以及贸易规模对环境污染的影响（阚大学、吕连菊，2015）。

总体而言，目前的研究有以下不足之处：首先，当前研究主要以气体污染物作为污染测量指标，对固体液体污染物排放研究较少。污染物的选择在一定程度上影响了模型的解释能力，不同的污染物通常会表现出不同的结果。环境污染是多种污染共同作用的结果，在研究 FDI 的环境效应时要综合考虑多种指标的影响并对其进行全面分析。其次，大多数 FDI 环境效应的研究通常采用传统面板计量回归分析，其假设条件包含变量间的空间相互独立，这与现实条件存在明显差异。在实际经济生活中，一个地区的环境质量往往受到邻近地区的影响，环境污染具有空间上的相关性，并会受其他因素的影响而加强这种关联，因此，在研究中不能忽略这种空间相关性，一旦忽略，会使结论和相应的建议缺少可信度。因此，本书采用熵权法构造出我国各地区环境污染综合指数并应用空间计量的方法，以此克服先前研究中的不足。通过计算我国各省域环境污染综合指数与各省直辖市及自治区的 FDI 存量，分析 FDI 与环境污染地理分布以及污染溢出和动态转移的空间效应，着重研究 FDI 的区域集聚分布对环境污染的影响。另外采用空间计量的方法综合考虑多区域之间的经济环境的联系，这是由于现实当中一个地区的污染不仅是由当地内部决定的，还受到其他相关联区域的污染物排放的影响，同时构建三种不同的空间权重矩阵来检验模型的稳健性。本书将引入多种影响因素扩展 EKC 模型，如区域教育水平、人口密度、环境规制强度、科学技术研究投入和产业结构等，对 FDI 空间上的集聚效应做进一步研究，分析其对环境污染的影响力度，并且对本书提出的相关研究假设做出实证检验。

4.1　FDI 对环境污染影响的理论分析

Grossman 和 Krueger（1991）利用北美自由贸易区的国家间跨部门空

气质量指数数据，研究经济收入水平和空气污染物排放量之间的关系，结果表明收入水平在某一临界值范围内，二氧化硫等空气污染物排放量与收入水平呈正相关。一旦收入水平超过这个临界值，空气污染物排放量开始减少，两者的关系在图形上呈现倒“U”型曲线，即广为熟知的环境库兹涅茨曲线（EKC）。Grossman 和 Krueger（1991）在此理论基础上，从结构效应、技术效应和规模效应分析了 FDI 对东道国环境影响的不同途径。环境库兹涅茨曲线引起了国内外学者的广泛关注，其中较有代表性的研究为 Antweiler，Copeland 和 Taylor（2001），他们以 Grossman 和 Krueger（1991）的研究为基础，实证检验了在比较优势背景下，通过自由贸易而产生的环境效应，他们得出的结论是：贸易自由化将有利于发达国家的环境资源，但是对发展中国家或地区的环境资源产生负面影响，这些国家或地区可能沦为“污染天堂”。

总之，发达国家之间的自由贸易，由于贸易规模扩大而带来的环境负效应，可能被随之而来的技术效应产生的环境正效应所抵消，因此可以认为贸易自由化改善了发达国家的环境。但对于发展中国家或地区，由于他们在国际贸易或国际分工中处于劣势地位，这些国家由于国际贸易产生的规模效应，其所带来的环境负效应大于技术溢出所带来的环境正效应，结果表现为国际贸易自由化加剧了这些国家或地区的环境污染。本书的 FDI 的环境效应分析也是建立在 Antweiler et al.（2001）提出的理论分析基础之上，考察在生产性污染跨区域溢出的情况下，各省的环境污染状况及 FDI 对各省的环境影响程度，为下一节的实证检验提供理论依据。

4.1.1　FDI 对环境污染影响的一般均衡分析

假设一国有 i 个省份，这些地区只生产两种商品 X_i 和 Y_i，其中 Y_i 为资本密集型商品，X_i 是劳动密集型商品。假设只有两种要素投入：劳动 L_i 和资本 K_i。两种商品有固定的价格比，假设以 X_i 的价格为标准，X_i 的价格为 1，则 Y_i 的价格为 p_i。工资和利率分别由 w 和 r 来表示，则 $c^{x_i}(w, r)$ 表示 X_i 商品的单位成本函数，Y_i 的生产函数为 $Y_i = F_i(K_{Y_i}, L_{Y_i})$。

资本密集型商品 Y_i 在生产环节中会产生一定的污染排放，生产商此时需投入一定的资源来增加处理污染的设备或改进为新的环保型生产技术，这一资源投入的成本记作 A_i。假设企业投入资源的比例为 θ_i，进行节能减排，即

$$\theta_i = \frac{A_i}{Y_i} \tag{4-1}$$

进一步假设：对于 Y_i 行业排放污染物的量 P_i 与 Y_i 产出呈等比关系，用函数关系表示为 $P_i = e(\theta) Y_i$。θ_i 的增加将会加剧环境污染并占用更多商品 Y_i 的投入，因此 $e(\theta)$ 可理解为污染排放强度函数。此时商品 Y_i 的生产函数为：$Y_i = (1 - \theta_i) F_i(K_{Y_i}, L_{Y_i})$。

在开放经济体系下，第 i 省引入大量外资（FDI），此时该省的生产要素资本由内资和外资组成，内资企业和外资企业将共同供给商品 Y_i。FDI 的流入一方面可能会加剧该地区的环境污染，另一方面 FDI 的先进技术和管理经验等的溢出可以提高东道国或地区内资企业的生产效率，改进生产工艺，从而减少污染排放和降低治污成本。此时用 FDI_i 对 A_i 的影响程度来判断 FDI 对环境污染的综合影响。假设外资企业的产量为 F_i，本土企业的产量为 K_{di}。治污成本越高，产量 F_i 就越小，A_i 是 F_i 的减函数。

为了方便计算，设第 i 省每生产一单位 Y_i 商品，其污染物排放量(E_i)由排污治理成本(A_i)决定，即 $E_i = E_i(A_i)$。在经济开放背景下，当环境污染发生跨境转移，各地的环境污染不仅受当地污染排放的影响，并且还受到邻近区域污染的跨境溢出影响。考虑到气候地理的影响因素，如风向和水流等，设相邻的两个省均发生了环境污染跨境溢出，Q_{ij} 表示 i 省产生的污染物转移到 j 省的比例，Q_{ji} 表示 j 省的污染转移到 i 省的比例，对每单位污染排放政府征收 τ 单位费用，跨区域产生的单位环境污染排放量分别为：

$$PQ_i = (1 - Q_{ij}) \cdot E_i(A_i) + Q_{ji} \cdot E_j(A_j) \tag{4-2}$$

$$PQ_j = (1 - Q_{ji}) \cdot E_j(A_j) + Q_{ij} \cdot E_i(A_i) \tag{4-3}$$

4.1.2　市场均衡分析

由上述假设可知，在 i 省生产商品 Y_i 的利润函数为：

$$\pi^{Y_i}=p_i(1-\theta_i)(K_{di}+F_i(A_i))-\tau\cdot PQ_i\cdot(K_{di}+F_i(A_i))-wL_{Y_i}-\gamma K_{Y_i} \tag{4-4}$$

将式（4-1）和式（4-2）代入式（4-4），为了算利润最大化，对 A_i 求一阶导数，可得：

$$p_i\cdot F'_i(A_i)-p_i-\tau\cdot(1-Q_{ij})\cdot E'_i(A_i)\cdot K_{di}-\tau\cdot(1-Q_{ij})\cdot E'_i(A_i)\cdot F_i(A_i)-\tau\cdot(1-Q_{ij})\cdot E_i(A_i)\cdot F'_i(A_i)-\tau\cdot Q_{ji}\cdot E_j(A_j)\cdot F'_i(A_i)=0 \tag{4-5}$$

当已知两省跨境污染转移的比例，即 Q_{ij}、Q_{ji} 已知，可得：

$$A_i=A_i(p_i,\ F_i,\ K_{di},\ A_j) \tag{4-6}$$

$$c^{Y_i}(w,\ r)=p_i\cdot(1-\theta_i)-\tau\cdot PQ_i \tag{4-7}$$

当 w 和 r 确定时，

$$K_i=c_r^{Y_i}(w,\ r)\cdot(K_{di}+F_i)+c_r^{X_i}(w,\ r)\cdot X_i \tag{4-8}$$

$$L_i=c_w^{Y_i}(w,\ r)\cdot(K_{di}+F_i)+c_w^{X_i}(x,\ r)\cdot X_i \tag{4-9}$$

式（4-8）及式（4-9）为要素出清条件，K_i、L_i、p_i 为外生已知，$Y_i=K_{di}+F_i$，

此时

$$Y_i=Y_i(p_i,\ K_i,\ L_i) \tag{4-10}$$

$$X_i=X_i(p_i,\ K_i,\ L_i) \tag{4-11}$$

设第 i 省的总经济规模为 S_i：

$$S_i=p_i(K_{di}+F_i)+X_i \tag{4-12}$$

则 i 省污染物总排放量表示为：

$$TP_i=PQ_i\cdot(K_{di}+F_i)=PQ_i\cdot\varphi_i\cdot S_i \tag{4-13}$$

商品 Y_i 在 i 省经济中所占的比重用 φ_i 表示，对式（4-13）对数线性化，得：

$$\widehat{TP}_i = \widehat{PQ}_i + \hat{\varphi}_i + \hat{S}_i \tag{4-14}$$

由式（4-2）和式（4-6）可得：

$$PQ_i = PQ_i(p_i,\ F_i,\ K_{di},\ A_j,\ e_i) \tag{4-15}$$

对式（4-15）对数线性化，得：

$$\widehat{PQ}_i = \varepsilon_{PQ_ip_i} \cdot \hat{p}_i + \varepsilon_{PQ_iF_i} \cdot \hat{F}_i + \varepsilon_{PQ_iK_{di}} \cdot \hat{K}_{di} + \varepsilon_{PQ_iA_j} \cdot \hat{A}_j + \varepsilon_{PQ_ie_i} \cdot \hat{e}_i \tag{4-16}$$

由式（4-8）、式（4-9）、式（4-10）、式（4-11）可知 φ_i 也是 $(p_i,\ K_i/L_i)$ 的函数，将 φ_i 进行对数线性化：

$$\hat{\varphi}_i = \varepsilon_{\varphi_ip_i} \cdot \hat{p}_i + \varepsilon_{\varphi_i\frac{K_i}{L_i}} \cdot \frac{\hat{K}_i}{L_i} \tag{4-17}$$

同样 S_i 也是 $(p_i,\ K_i/L_i)$ 的函数，也将其对数线性化：

$$\hat{S}_i = \varepsilon_{S_ip_i} \cdot \hat{p}_i + \varepsilon_{S_i\frac{K_i}{L_i}} \cdot \frac{\hat{K}_i}{L_i} \tag{4-18}$$

将式（4-16）、式（4-17）、式（4-18）代入式（4-14），可得

$$\widehat{TP}_i = \beta_1 \cdot \hat{p}_i + \beta_2 \cdot \hat{F}_i + \beta_3 \cdot \hat{K}_{di} + \beta_4 \cdot \hat{A}_j + \beta_5 \cdot \hat{e}_i + \beta_6 \cdot \frac{\hat{K}_i}{L_i} \tag{4-19}$$

系数分别为：

$$\beta_1 = \varepsilon_{PQ_ip_i} + \varepsilon_{\varphi_ip_i} + \varepsilon_{S_ip_i},\ \beta_2 = \varepsilon_{PQ_iF_i},\ \beta_3 = \varepsilon_{PQ_iK_{di}},$$
$$\beta_4 = \varepsilon_{PQ_iA_j},\ \beta_5 = \varepsilon_{PQ_ie_i},\ \beta_6 = \varepsilon_{\varphi_i\frac{K_i}{L_i}} + \varepsilon_{S_i\frac{K_i}{L_i}}$$

从式（4-19）中可以看出，首先，i 省的污染排放总量受到由商品供给和需求决定的市场均衡价格 p 以及本土企业生产量的影响，即各省辖区内的内资企业与外资企业的生产规模与区域内的环境污染排放量密切相关，区域内企业的生产规模用该区域内 GDP 实际水平和省域 FDI 存量作为代理变量。其次，i 省污染排放的总量受邻近省份 j 省的污染跨区域转移量的影响，同时还受相邻省域治污成本 A_j 强度 e 的影响。一般而言，不同的企业性质和行业属性决定其污染强度不同，一个地区的产业结构水平可以用污染强度作为代理变量。再次，环境污染程度受到 K/L 比值大小的影响，且 K/L 在一定程度上反映了区域技术进步水平，因而地区环境质量与

技术进步有关。因此，公式（4-19）为验证 FDI 对环境污染的影响奠定了理论基础，下文的计量模型也以此为基础。

4.2　探索性空间数据分析（ESDA）

本书研究所采用的样本数据不包含港澳台及西藏地区的中国大陆其他 30 个省、直辖市和自治区。首先，本书通过 2000—2015 年各省的实际利用外资均值和环境污染物排放量均值的空间四分位分布地图，初步检验省际环境污染物排放量和 FDI 的空间聚集程度；然后，利用空间自相关 Moran 指数及莫兰散点图检验两个变量是否具有空间集群现象；最后，利用 LISA 显著性水平来检验两变量的空间分布特征及显著性水平。

如图 4.1 所示，当前我国外资水平最高的地区有 6 个，分别为：广东、福建、江苏、山东、天津及辽宁，这些地区位于第四等级；河北、北京、河南、湖北、湖南、四川、云南及浙江，这些地区位于四分位图的第三等级，属于利用外资水平较高的地区；而位于第一等级的区域则属于利用外资水平最低的地区，包括新疆、甘肃、青海、内蒙古、宁夏、山西及贵州。由此可见，大量的外资集中在我国的沿海地区，西部利用外资数量很有限，在我国 FDI 的区域分布呈现不均衡状态。

本书通过构造综合污染指数来表示不同区域的污染物排放强度，通过图 4.2 描述的污染物排放量的四分位空间分布图，可见，处于污染排放强度的第四等级的地区有 7 个，分别为：内蒙古、山东、河北、山西、河南、四川及贵州，意味着这些地区的污染物排放强度最大，污染最严重；位于第三等级的地区包括：辽宁、江苏、浙江、广东、广西、湖南、重庆及陕西，这些地区的污染物排放较为严重。由该空间四分位分布图可见，我国的污染物排放也是呈现空间不均衡状态，环渤海地区污染物排放集中，污染强度最大。

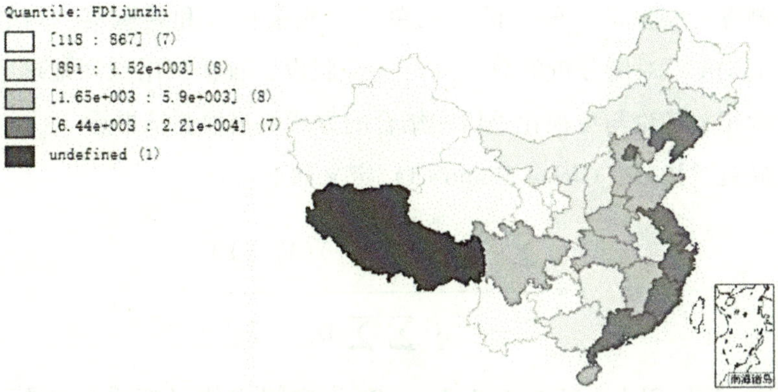

图 4.1　2000—2015 年实际利用外资四分位图

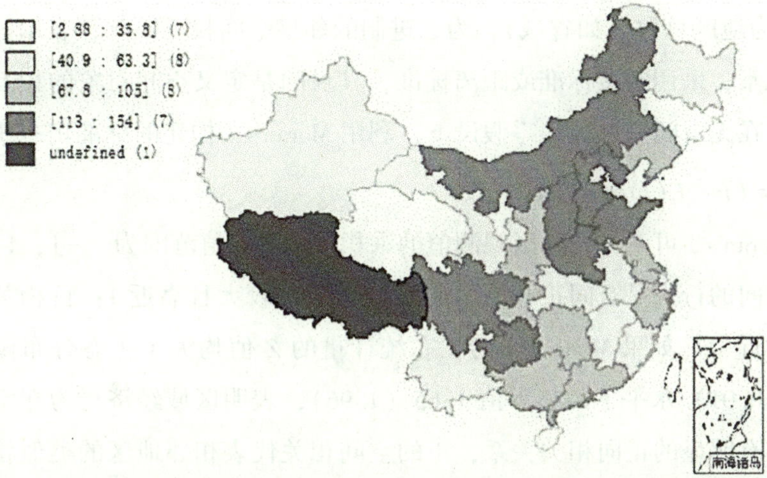

图 4.2　2000—2015 年污染物排放量均值空间分布四分位图

4.2.1　探索性空间数据分析的相关概念

空间计量经济学不同于传统计量经济学的研究手段，其首先利用探索性空间数据分析（Exploratory Spatial Data Analysis，ESDA）识别和判断所研究变量的样本数据是否具有空间相关性，或以某种空间分布呈现，例如：行业的空间集聚及区域间的经济溢出行为。ESDA 主要包含两个统计指标的测算：变量的空间上的全局莫兰自相关检验和局域莫兰自相关检验，且 ESDA 不对所分析的数据进行先验假设，直接利用空间地理学和空间统计学相关理论与可视化手段相结合的方式汇报检验结果。

全局莫兰指数（Global Moran's I）定义如下：

$$I = \frac{\sum_{i=1}^{n}\sum_{j=1}^{n} W_{ij}(Y_i - \bar{Y})(Y_j - \bar{Y})}{S^2 \sum_{i=1}^{n}\sum_{j=1}^{n} W_{ij}}$$

其中，I 为 Global Moran's Index，W_{ij} 为空间权值（权重）矩阵。$S^2 = \frac{1}{n}\sum_{i=1}^{n}(Y_i - \bar{Y})^2$，$\bar{Y} = \frac{1}{n}\sum_{i=1}^{n} Y_i$，$Y_i$ 表示第 i 个地区的观测值（如 FDI 流入量），为地区总数（如省域），为二进制的邻接空间权重矩阵，表示其中的任一元素，采用邻接标准或距离标准，其目的是定义空间对象的相互邻接关系。在无空间相关性的零假设下，利用 Moran's I 构建的标准正态统计量为：$Z = (I - E(I))/\sqrt{Var(I)}$。

Moran's I 可看作各地区观测值的乘积和，其取值范围为［-1，1］。若各地区间的行为是空间正相关，则其数值应当较大且靠近 1；负相关则较小并靠近-1。如果 Moran's I 的正态统计量的 Z 值均大于正态分布函数在 0.05（0.01）水平下的临界值 1.65（1.96），表明区域经济行为在空间分布上具有明显的正向相关关系，正的空间相关代表相邻地区的类似特征值出现集群（clustering）趋势。

莫兰（Moran）散点图用四个象限代表了地区邻居间四种类型的空间关系：在象限一的观测对象意味着被同样是高值的区域所包围；在象限二的观测对象意味着低观测值对象被高观测值对象包围；第三象限代表区域内的观测对象是低观测值并被低观测值的对象包围；第四象限则表示高观测值区域被低值区域包围。

空间局域自相关指标（Local Indicators of Spatial Association，LISA）是

探索性空间数据分析的重要构成内容之一（Anselin，2003）。在 Moran's I 空间自相关分析中，由于是一个综合性评价，会造成一部分区域经济行为的正相关和另一部分区域相同的经济行为负相关的抵消，造成 Moran's I 估计数值不准确，不仅无法准确揭示各个方向的局域空间相关性，而且计算结果可能显示为不具备空间相关性。而局域空间自相关检验（LISA）能解释不同区域同一性质的经济行为的聚集的具体空间位置和集聚的显著程度，因此进一步采用局域空间关联指标 LISA 集群图及显著性水平来检验这种分布格局。局域空间自相关 Local Moran's I 的定义为：$I_i = \sum_{j=1}^{n} W_{ij}(X_i - \overline{X})(X_j - \overline{X})$，其中，$I_i$ 为 Local Moran's Index，W_{ij}为空间权值（权重）矩阵。

本书使用 Geoda 软件对以上介绍的两个指标进行测算，首先在该软件中构建基于地理邻近空间权重矩阵，用于对变量的空间相关性的分析。具体为：将需要分析的 30 个省级区域，按照国际象棋后邻近（queencontiguity）的方式创建一个维度为 30 的 0 和 1 的稀疏方阵，对角线元素为 0，邻近单位为 1，本书为了消除孤岛效应，把海南省设置与广东省相邻。采用的统计样本是全国 30 个省级区域（未包含西藏）2000—2015 年的数据，相关数据来源于历年《中国统计年鉴》。

4.2.2 污染物排放与 FDI 的 Moran 指数检验

如表 4-1 所示，2000—2015 年我国实际利用外资额的莫兰指数，绝大多数年份通过了 5%的显著性检验，这说明我国 30 个省域外资流入的空间分布具有正相关性，即具有空间上的集聚现象；各个省域的环境污染排放量的 Moran 指数也均为正值，只有 2010 年未通过 10%的显著性检验，其余年份均通过 10%显著性检验，说明环境污染物排放的空间分布也具有正的相关性，也具有空间集聚现象。

表 4-1　2000—2015 年 FDI 与污染物排放量的 Moran 指数表

年份	FDI			污染物排		
	Moran	Z 值	P 值	Moran	Z 值	P 值
2000	0.101	1.54	0.07	0.183	1.85	0.04
2001	0.129	1.55	0.07	0.164	1.67	0.05
2002	0.113	1.43	0.09	0.151	1.60	0.06
2003	0.163	1.95	0.04	0.130	1.48	0.07
2004	0.213	2.36	0.02	0.138	1.39	0.09
2005	0.237	2.51	0.02	0.154	1.69	0.05
2006	0.265	2.90	0.01	0.152	1.59	0.05
2007	0.373	3.84	0.003	0.156	1.58	0.05
2008	0.371	3.93	0.002	0.143	1.50	0.06
2009	0.353	3.48	0.007	0.122	1.35	0.09
2010	0.285	2.81	0.01	0.122	1.25	0.11
2011	0.281	2.92	0.01	0.176	1.68	0.05
2012	0.296	3.12	0.006	0.164	1.69	0.04
2013	0.309	3.18	0.007	0.159	1.68	0.04
2014	0.318	3.08	0.007	0.150	1.7	0.03
2015	0.323	3.03	0.012	0.163	1.75	0.04

注：采用地理邻近空间权重矩阵，随机性检验中，采用 999 次 permutation。

数据来源：根据 Geoda 的回归结果整理而得。

然而，Moran 指数仅能反应省域 FDI 具有显著的空间相关性，不能区分不同省域的空间集聚形式，此时利用 Moran 散点图可以解释省域 FDI 不同的集聚形式。Moran 散点图包含四个象限，意味着四种不同的空间关联模式：在第一象限中，意味着 FDI 为高流入地区并且被同样的 FDI 高流入地区包围，简记为 HH；在第二象限中的区域意味着低 FDI 流入的地区被FDI高值区域所包围，简记为LH；第三象限则是FDI低值区域被同样是低值区域所包围，简记为LL；第四象限意味着FDI高值区域被低值区域包围，简记为HL。在第一和第三象限的区域，代表这些地区为空间正相关，第二、四象限则表示空间负相关性。污染物排放量的空间分布关系同上。

图4.3和图4.4为我国省域FDI和污染物综合指数的Moran散点图，由图可知，大部分省域都位于第一和第三象限。省域FDI的集群检验中，2000年有6个省域位于第一象限，2005年为5个省份，2010年则为7个省份，截至2015年在第一象限的省域为6个，第三象限也有明显的跃迁现象，2000年位于第三象限的省域为15个，2005年有16个省份位于第三象限，2010年则为16个，2015年仍然有15个省份处于莫兰散点图的第三象限。从这四个观测年份的莫兰散点图可知，位于第一和第三象限的省份之和与总体的比重分别为：70%、70%、77.7%和70%。环境污染综合指数的散点图显示2000年有11个省份位于第一象限，2005—2009年第一象限均有12个省域，2011年和2015年均有8个省份地区在第一象限。2000年的省域污染排放位于散点图第一和第三象限的比例为66.6%，2005年为60%，2009年为53.4%，2015年则为43.3%。2011—2015年的污染物排放的空间集聚现象有所减弱，但是2000—2015年的省域污染物整体还是有较强的空间集聚现象，大部分省域受相邻区域的空间集群特性的影响，即高FDI流入地区会有辐射效应，低流入地区也会有地域的集中趋势。同样，高环境污染往往被高污染地区包围，低污染地区之间周边往往也是低污染区域。

4.2.3 空间动态跃迁分析

通过对Moran散点图的进一步分析，我们可以发现省际FDI和环境污染的动态跃迁规律，本书选取2000年、2005年、2010年、2015年的数据作为研究对象，利用Arcview等软件分析得到散点图对应的区域地图，汇

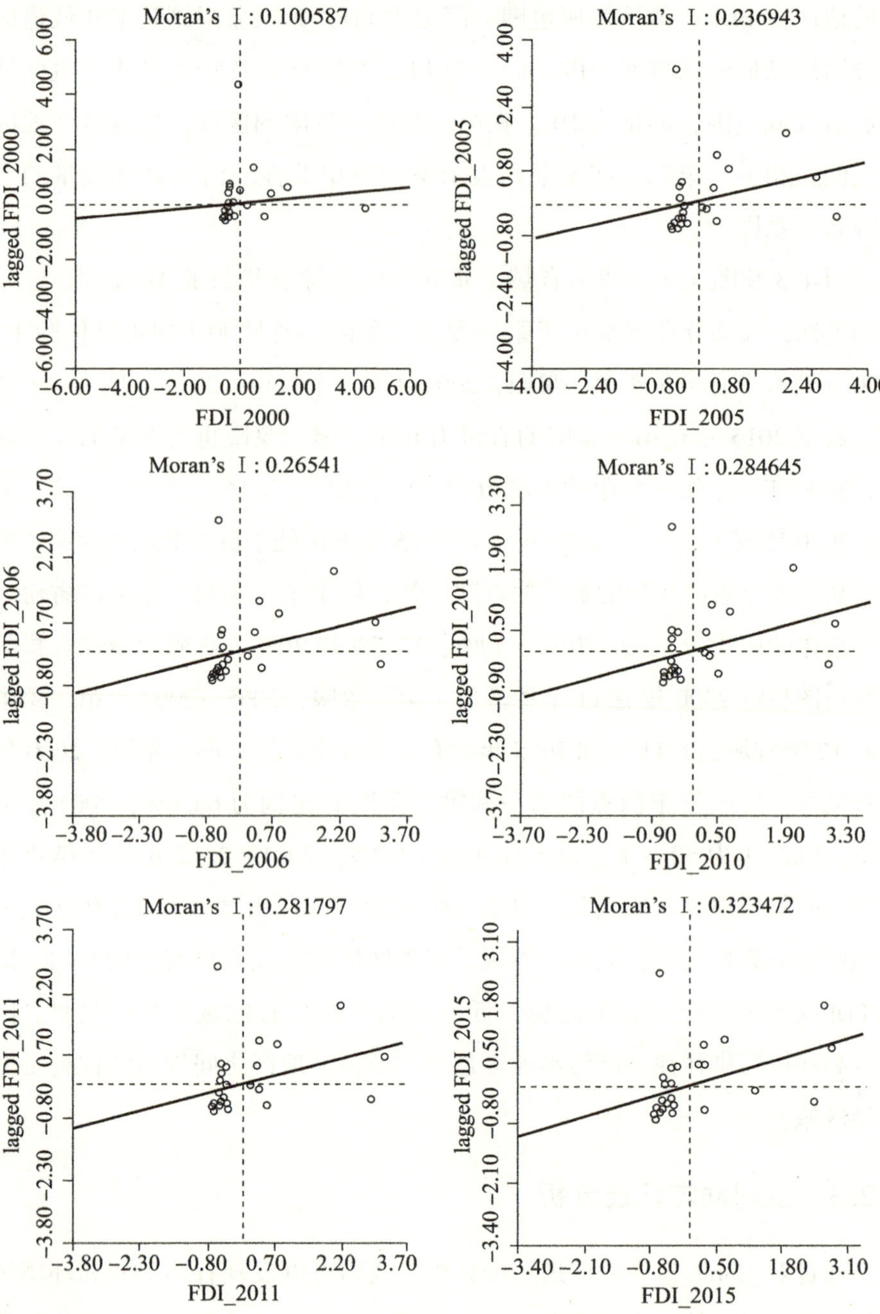

图 4.3　2000、2005、2006、2010、2011 和 2015 年省域 FDI 的 Moran 散点图

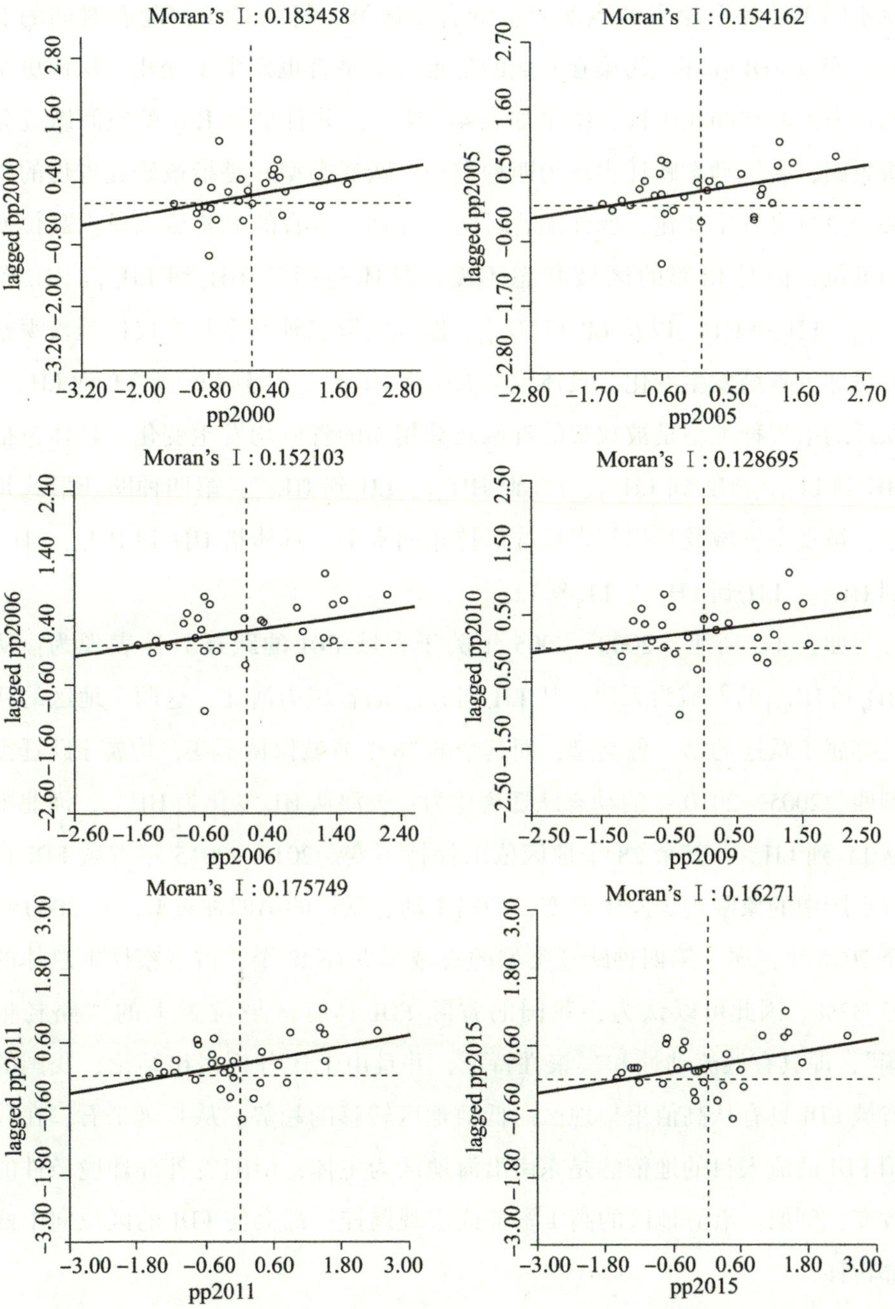

图 4.4　2000、2005、2006、2009、2011 和 2015 年省域污染物排放 Moran 散点图

总不同年份各个象限的点所对应的省份区域，目的是研究随着时间的变化，变量 FDI 和环境污染在省域的集聚类型是否也发生了变化，从而更全面地考察其空间相关性，结果如表 4-2 所示。并且借鉴 Rey 的空间跃迁分析思路，省域动态跃迁表现为四种类型：跃迁类型一是指被研究省份的相关变量自身发生变化，例如随着时间的推移，本省的 FDI 流入量由高位变为低位，但是相邻的区域状态不变，具体包括从 HH_t 到 LH_{t+1}、HL_t 到 LL_{t+1}、LH_t 到 HH_{t+1} 以及 LL_t 到 HL_{t+1}；跃迁的第二种类型是指仅仅是被观察省份邻近省域发生变化，具体包括 HH_t 到 HL_{t+1}、LH_t 到 LL_{t+1}、LL_t 到 LH_{t+1}；跃迁的第三种类型是被观察的省域及其相邻的省域均发生变化，具体包括 HH_t 到 LL_{t+1}、HL_t 到 LH_{t+1}、LL_t 到 HH_{t+1}、LH_t 到 HL_{t+1}；第四种跃迁形式是指，被观察省域及其相邻省域均保持相同水平，具体指 HH_t 到 HH_{t+1}、HL_t 到 HL_{t+1}、LH_t 到 LH_{t+1}、LL_t 到 LL_{t+1}。

如表 4-2 所示，2000—2005 年关于省域 FDI 的跃迁具体表现为：从 HH_t 到 HL_{t+1} 的省域为天津，从 LH_t 到 LL_{t+1} 的省域为河北，这两个地区的跃迁都属于跃迁的第二种类型，而其余的 28 个省域保持不变，均属于跃迁类型四。2005—2010 年的动态跃迁规律为：天津从 HL_t 变化为 HH_{t+1}，河北则从 LL_t 到 LH_{t+1}，其余 28 个地区依旧保持不变。2010—2015 年省域 FDI 在散点图中的象限均未发生改变，均属于动态跃迁的第四种类型。从 2000 年至 2015 年，属于第四种跃迁类型的省域至少有 28 个，占观察样本总体的 93.33%。因此可以认为，我国的省际 FDI 具有区域位置上的“路径依赖”，即具有低流动性和集聚性特征，并且由上述分析得出结论，我国的省域 FDI 具有从高值聚集地区向低值地区转移的趋势。从长远来看，在我国 FDI 的流入目的地依然是东南沿海地区为主体，但随着外部环境条件的改变，例如：沿海地区的高工资抑或宏观调控，都会使 FDI 的区位向中西部转移。

表4-2 我国30个省、直辖市、自治区“FDI与污染物”的Moran散点的跃迁

		Ⅰ（HH）	Ⅱ（LH）	Ⅲ（LL）	Ⅳ（HL）
FDI	2000	鲁、苏、津、沪、浙、闽	冀、皖、赣、湘、桂、琼	黑、吉、内蒙古、晋、豫、鄂、陕、渝、贵、滇、川、宁、甘、青、新	辽、京、粤
	2005	鲁、苏、沪、浙、闽	皖、赣、湘、桂、琼	黑、吉、内蒙古、冀、晋、豫、鄂、陕、渝、贵、滇、川、宁、甘、青、新	京、津、辽、粤
	2010	鲁、苏、津、沪、浙、闽	冀、皖、赣、湘、桂、琼	黑、吉、内蒙古、晋、豫、鄂、陕、渝、贵、滇、川、宁、甘、青、新	辽、京、粤
	2015	鲁、苏、津、沪、浙、闽	冀、皖、赣、湘、桂、琼	黑、吉、内蒙古、晋、豫、鄂、陕、渝、贵、滇、川、宁、甘、青、新	辽、京、粤
污染物排放	2000	辽、内蒙古、冀、晋、豫、鲁、苏、渝、贵、湘、桂	京、津、陕、鄂、皖、沪、滇、琼	新、甘、青、赣、闽、浙、黑、吉、宁	川、粤
	2005	辽、内蒙古、冀、晋、豫、鲁、苏、陕、贵、湘、桂	黑、吉、京、宁、渝、鄂、皖、滇、琼、闽、沪	津、赣、甘、青、新	川、粤、浙
	2010	辽、内蒙古、冀、晋、豫、鲁、浙、陕、贵、湘、桂、苏	黑、吉、京、宁、渝、鄂、皖、滇、琼、闽、沪、青	津、甘、赣、新	川、粤
	2015	内蒙古、辽、冀、鲁、苏、豫、晋、陕	京、宁、渝、鄂、皖、滇、琼、沪、青、甘、桂、黑、吉	津、浙、闽、赣、湘	新、粤、贵、川

数据来源：根据Goada的分析结果整理而得。

同样如表 4-2 所示，2000—2005 年关于省域环境综合污染指数的跃迁具体表现为：HH_t到 LH_{t+1}的地区为重庆，LL_t到 HL_{t+1}的地区为浙江，LH_t到 HH_{t+1}的地区为陕西，这三个地区的跃迁都属于跃迁类型一。属于跃迁类型二的地区有四个：天津（LH_t 到 LL_{t+1}）、福建、黑龙江和吉林（LL_t 到 LH_{t+1}）。其余 23 个地区均保持不变，属于跃迁第四种类型。2005—2010 年的环境综合污染指数的动态跃迁变化的省份较少，只有两个地区且都属于第二种跃迁类型，浙江从 HL_t跃迁至 HH_{t+1}，青海从 LL_t到 LH_{t+1}，其余的 28 个省市保持不变，属于跃迁类型四。2010—2015 年，从 HH_t至 LL_{t+1}的地区有浙江和湖南，属于跃迁类型三。贵州从 HH_t 至 HL_{t+1}，福建从 LH_t 至 LL_{t+1}，这俩地区的跃迁属于第二类。新疆和广西的跃迁形式则属于类型一，分别从 LL_t到 HL_{t+1}和 HH_t到 LH_{t+1}，其余 24 个地区保持不变。环境污染从 2000 年至 2015 年间，大多数省份保持相同的空间分布形式，保持处于相同象限的省域至少有 23 个，与样本总量的比值为 76. 66%。同样我们可以得出结论，省域的环境污染也具有“空间依赖”特性。

4. 2. 4　省际 FDI 与污染排放的 LISA 检验

Moran 指数主要描述和反映变量的全域空间自相关程度，在本书中该指数主要描述省际 FDI 和环境污染这两个变量的空间整体分布状况，并检验在空间层面是否具有聚集效应，但不能反映具体省域的集聚状况，需要用 LISA 指数进一步描述和验证。

本书分别对 2000—2015 年我国各省利用外资量做 LISA 检验，由于篇幅受限，本书仅展示 2000 年、2004 年、2006 年、2009 年、2012 年和 2015 年的 FDI 省域 LISA 集群及显著性。

通过 LISA 集群及显著性水平图，如图 4. 5 所示，我国的省域 FDI 在空间分布上明显存在两个聚集区域：一个是高值聚集区域并且以福建为中心，与周边沿海地区共同组成了 FDI 高流入地区。另一个是以甘肃为中心的 FDI 低流入量的聚集区域。再一次说明，我国省域外资流入量存在着空间不均衡性，分布上呈现出显著的集聚特征。可见，区域的外资

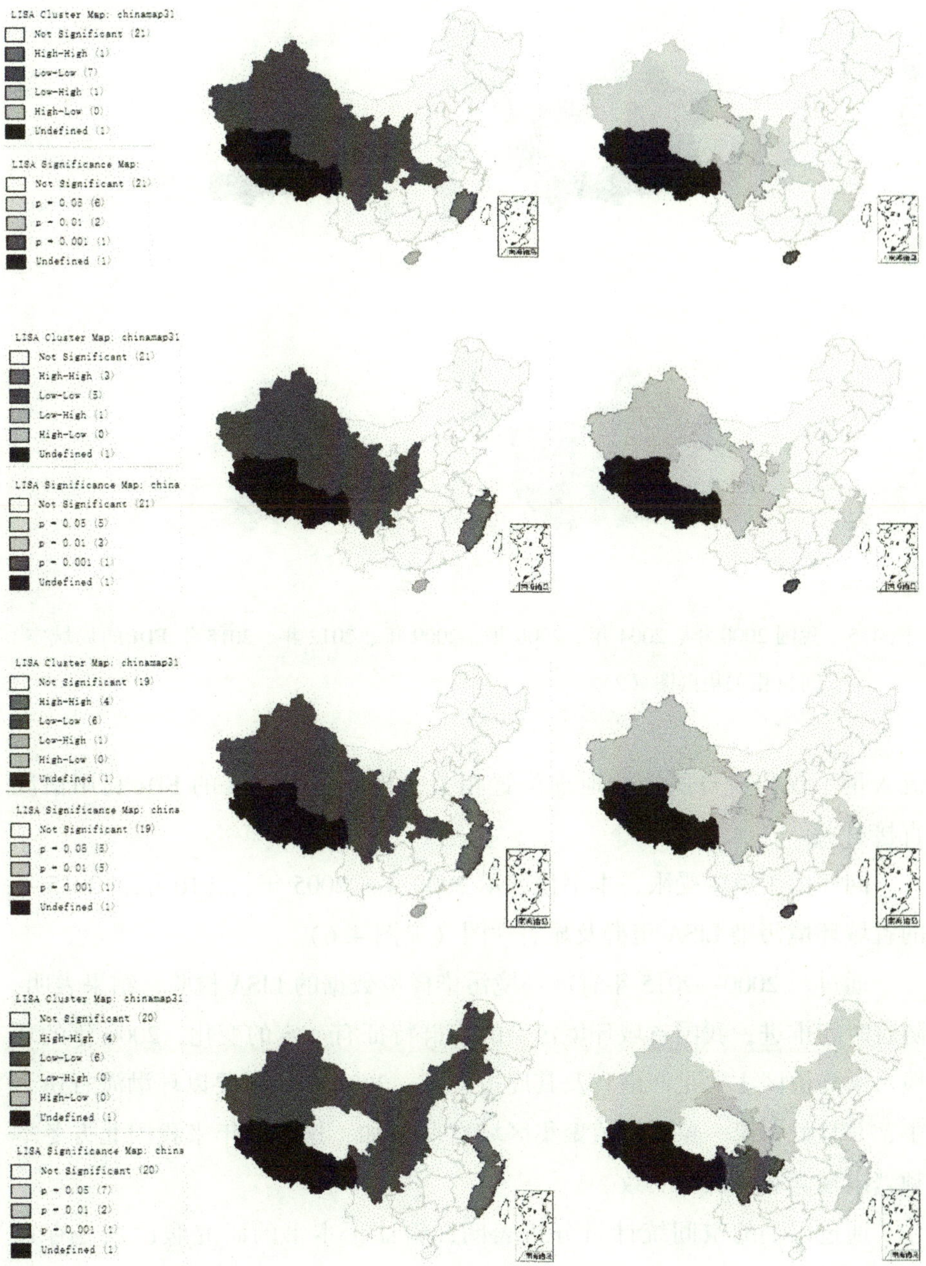

图 4.5 我国 2000 年、2004 年、2006 年、2009 年、2012 年、2015 年 FDI 的局域空间自相关集群图（1）

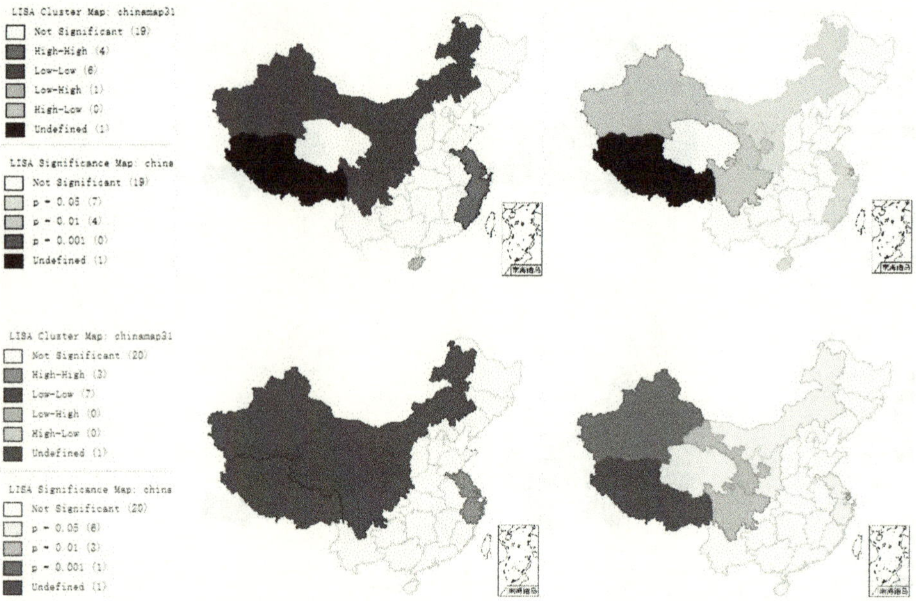

图4.5 我国2000年、2004年、2006年、2009年、2012年、2015年FDI的局域空间自相关集群图（2）

流入量不仅与自身所处的地理位置相关，也和周边地区的FDI利用情况直接有关。

同样由于篇幅受限，本书仅展示2000年、2005年、2010年和2015年的省域环境污染LISA集群及显著性图（见图4.6）。

通过对2000—2015年省域环境污染样本数据的LISA检验，结果表明，随着时间推进，我国省域环境污染的集群特征有一定的变化，2000年的环境污染高值区主要是河南省及其周边省域，2005年后主要以环渤海省份为主，并且处于第一象限高值聚集区域有所增加，这和近年来我国北方冬季频繁出现雾霾的区域一致。

通过以上的空间统计量分析表明，验证了本书的研究假设六是存在的——我国省域环境污染和FDI均存在较强的空间依赖。因此有必要将变量的空间相关性和空间溢出效应纳入计量模型中，建立空间计量模型分析FDI对我国环境的影响。

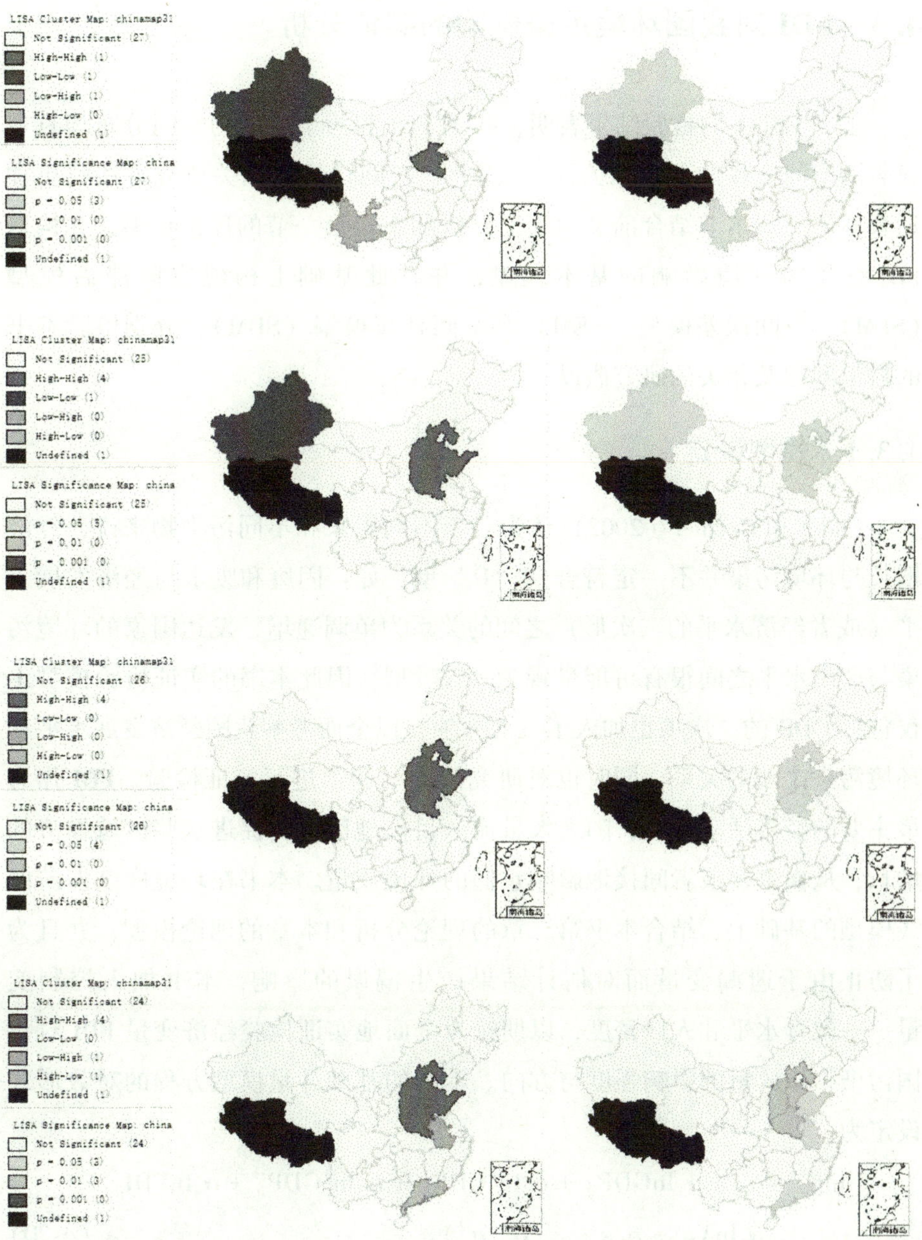

图 4.6 我国 2000 年、2005 年、2010 年、2015 年环境污染的局域空间自相关集群图

4.3 FDI对我国环境污染影响的实证分析

上文ESDA的检验结果表明，我国FDI和污染排放的空间分布均具有显著的空间依赖性（自相关性），因此，空间计量的相关研究方法将更加适合本研究。本节结合前文的理论分析和本章第一节的理论模型，先构造FDI对我国环境影响的基本模型，并在此基础上构建空间滞后模型（SLM）、空间误差模型（SEM）和空间杜宾模型（SDM），分别检验本书的科学问题及相关的研究假设。

4.3.1 模型设定

Fridel和Getzner（2002）认为对于不同国家和不同污染物来说，经济增长与环境污染并不一定符合倒“U”型，如：固废和废水与经济发展水平（或者经济水平的三次形）之间的关系为单调递增，发达国家的环境污染与产出水平之间很有可能呈现为“N”型，因此本书的实证检验模型不仅包括GDP的二次项也加入了三次方项，以全面考察我国经济发展水平和环境污染之间的关系，同时也对研究假设一和二进行实证检验。FDI作为最主要的经济活动之一，随之大量流入目标地区，将促进这些区域经济的增长，从而直接或者间接地影响它们的环境质量。本书在环境库兹涅茨曲线模型的基础上，结合本书第二章的理论分析和本章的理论模型，并且为了防止由于遗漏变量而对估计结果产生偏误的影响，本书加入控制变量——教育水平和人口密度，以期较为全面地实证检验经济变量FDI对我国污染物排放量的影响强度与方向。本书的基础计量模型方程的对数形式设定为：

$$\ln p_{it} = \alpha_0 + \alpha_1 \ln GDP_{it} + \alpha_2 \ln^2 GDP_{it} + \alpha_3 \ln^3 GDP_{it} + \alpha_4 \ln FDI_{it} + \alpha_k \ln X_{itk} + \varepsilon_{it} \varepsilon_{it} \sim (0,\ \sigma_i^2)。 \quad (4\text{-}20)$$

在式（4-20）中，下标i和t分别代表第i省的第t年的相关变量数据，p为环境污染物排放综合指数，GDP为区域的总产出水平，FDI表示FDI，

X_k为影响环境污染综合排放的其他控制变量，ε_{it} 为随机扰动项且服从正态分布。

根据 ESDA 的分析结果可知，省域 FDI 与被解释变量污染物排放量均存在较强的空间相关性，空间上存在集聚效应和路径依赖，因此需要构建空间计量模型来检验 FDI 的环境效应。并且根据被观测对象的空间相关性的不同冲击形式，空间计量模型又分为空间误差模型（Spatial Error Model, SEM）和空间滞后模型（Spatial Lag Model, SLM）。

空间误差模型（SEM），强调邻近地区的误差项的冲击对本区域的被解释变量的影响程度和方向，其计量模型的对数形式设定为：

$$\ln p_{it} = \alpha_0 + \alpha_1 \ln GDP_{it} + \alpha_2 \ln^2 GDP_{it} + \alpha_3 \ln^3 GDP_{it} + \alpha_4 \ln FDI_{it} + \alpha_k \ln X_{itk} + \varepsilon_{it}$$

其中 $\varepsilon_{it} = \lambda \sum_{j=1}^{n} W_{ij}\varepsilon_{jt} + \mu_{it}$，$\mu_{it} \sim (0, \sigma_i^2)$。 (4-21)

式（4-21）中，λ 为空间误差系数，衡量了相邻区域环境污染综合排放 P 的误差对本省区域的被解释变量 P 的影响强度大小和方向；W_{ij}为空间权重矩阵（下文会详细解释说明）；μ_{it} 为服从正态分布的随机误差向量。

空间误差模型通过考察误差项对其他地区的影响，来研究被观察值的空间依赖性，与此不同，空间滞后模型（SLM）则通过考察邻近省域的综合排放量 P 对本省域的溢出效应，即对本区域的污染物综合排放 P 的影响强度和方向。其模型的对数表达式为：

$$\ln p_{it} = \rho \sum_{j=1}^{n} W_{ij} \ln p_{jt} + \alpha_0 + \alpha_1 \ln GDP_{it} + \alpha_2 \ln^2 GDP_{it} + \alpha_3 \ln^3 GDP_{it} + \alpha_4 \ln FDI_{it} + \alpha_k \ln X_{itk} + \varepsilon_{it}$$

其中 $\varepsilon_{it} \sim (0, \sigma_{it}^2)$。 (4-22)

在式（4-22）中，W_{ij}为空间权重矩阵（在下文变量说明部分会详细解释）；ρ 为空间回归系数，反映其他省的污染物排放对本省综合污染物排放量 P 的影响方向和大小；ε_{it} 为随机误差项。

由上述内容可知，根据被解释变量的空间相关性的不同冲击方式，可用 SLM 和 SEM 模型进行有效估计。但是，区域环境污染物排放很有可能在空间上同时受到两种形式的冲击影响，即受到误差项的冲击还受到溢出效应的影响。因此，本书借鉴 Lesage 和 Pace（2010）的研究思路，构建同时具有被解释变量的空间滞后项和自变量的空间滞后项的 SDM 模型，来捕捉空间溢出效应和外部性效应。空间杜宾模型如下：

$$\ln p_{it} = \rho \sum_{j=1}^{n} W_{ij}\ln p_{jt} + \alpha_0 + \alpha_1 \ln \mathrm{GDP}_{it} + \alpha_2 \ln^2 \mathrm{GDP}_{it} + \alpha_3 \ln^3 \mathrm{GDP}_{it} + \alpha_4 \ln \mathrm{FDI}_{it} + \alpha_k \ln X_{itk} + \beta_1 W_{ij} \ln \mathrm{GDP}_{jt} + \beta_2 W_{ij} \ln^2 \mathrm{GDP}_{jt} + \beta_3 W_{ij} \ln^3 \mathrm{GDP}_{jt} + \beta_4 W_{ij} \ln \mathrm{FDI}_{jt} + \beta_k W_{ij} \ln X_{jtk} + \varepsilon_{it}$$

其中 $\varepsilon_{it} = \lambda \sum_{j=1}^{n} W_{ij}\varepsilon_{jt} + \mu_{it}$，$\mu_{it} \sim (0,\ \sigma_i^2)$。　(4-23)

在式（4-23）中，ρ 依然表示空间滞后系数，反映其他省的污染物排放对本省综合污染物排放量 P 的影响方向和大小；$\beta_1 \sim \beta_4$ 及 β_k 表示解释变量和控制变量的空间滞后系数；其余参数与 SLM 与 SEM 的解释相同，此处略。

4.3.2　变量选取与数据说明

鉴于数据的可得性、可靠性及全面性，本书选择 2000—2015 年省级面板数据，由于港澳台地区的数据未统计，因此将其排除，选取我国 30 个省、直辖市、自治区作为研究样本，相关原始数据主要来自各省历年统计年鉴、《中国工业经济统计年鉴》、《中国科技统计年鉴》、《中国环境年鉴》、万得数据库以及中国国家统计局。

关于 FDI 不同来源地的实证检验，本书按照四个来源划分：（1）北美发达国家，包括美国和加拿大，并标记作 FDI_1；（2）欧洲发达国家，包括德国、英国、法国，记作 FDI_2；（3）地理毗邻及文化渊源交融的港澳台地区，记作 FDI_3；（4）东亚发达国家，包括日本和韩国，记作 FDI_4。

污染物排放综合指数（P）：现有的研究大多采用污染物排放总量、污染浓度、人均污染排放量、每单位产出的污染排放量或综合污染指数来衡量环境污染，总量指标和人均指标易受区域经济社会发展差异的影响，难以客观反映环境质量。污染浓度的长期数据通常很难获得，单位产出污染物只能反映一种污染物对环境的影响。最重要的是，前四种指标只考虑某一种污染物。在本研究中，考察的是省级层面的整体环境污染水平，因此上述指标均存在缺陷，难以全面反映环境污染。然而，综合污染指数可以弥补这些指标的不足，最大限度地反映整个环境的污染程度。在现有研究的基础上，考虑数据的可获得性，我们选择了六种不同的环境污染物并借助 Ma et al.（2010）的熵值法构建环境污染综合指标，包括工业废水排放总量、COD、二氧化硫排放量、烟粉（尘）排放量、废气排放总量、固体废物排放总量。具体计算步骤如下：

第一步：将原始数据进行标准化处理

$$P''_{ij}=\frac{X_{ij}-\min(X_{ij})}{\max(X_{ij})-\min(X_{ij})} \tag{4-24}$$

在式（4-24）中 X_{ij}代表的是第 i（$i=1, 2, \cdots, m$）个省份的第 j（$j=1, 2, \cdots, n$）个污染指标数值。

第二步：将标准化数据进行转换

$$P'_{ij}=P''_{ij}+1 \tag{4-25}$$

第三步：计算第 i 个省份的第 j 个污染指标的比重

$$P_{ij}=P'_{ij}/\sum_{i=1}^{m}P'_{ij} \tag{4-26}$$

第四步：计算第 j 个指标的熵值（e_j）和变异系数（g_j）

$$e_j=-\frac{1}{\ln m}\sum_{i=1}^{m}P_{ij}\ln P_{ij} \tag{4-27}$$

$$g_j=1-e_j$$

第五步：在综合评价体系下，计算第 j 个指标的权重

$$W_j=g_j/\sum_{j=1}^{n}g_j \tag{4-28}$$

第六步：计算综合环境污染指数

$$P_i = \sum_{j=1}^{n} W_j P_{ij} \tag{4-29}$$

在式（4-29）中，P_i代表 i 省份的环境污染指数，P_i值越大，i 省份的环境污染越严重。

产出水平（GDP）：GDP 能代表不同地区的经济水平，而环境污染的强度直接和经济发展水平挂钩（Grossman and Krueger，1991）。本书将 2000 年各省名义 GDP 作为基期，用 GDP 平减指数进行平减，以消除价格指数的影响，从而获得各省实际 GDP。

产业结构（Industry-structure）：本书采用各省的工业增加值与对应省份名义 GDP 的比值来代表产业结构，数据来源于《中国工业经济统计年鉴》与各省历年统计年鉴。

环境规制（SFZC）：现有的文献中，至少有五个代理变量可以用来代理环境规制水平，包括有污染治理投资占企业生产总值的比例、污染治理设备的运行成本、环境规制下的污染排放量、单位产出污染排放强度的变化以及环境规制综合指标。由于前四个代理变量过于简单，不能全面反映环境规制水平，仅用单一指标来衡量环境规制的整体水平是不科学、不准确的。因此，本书再次参考 Ma et al.（2010）的熵值法，选取废水排放去除率、二氧化硫去除率、烟尘去除率以工业固体废物综合利用率等指标，构建衡量环境规制水平的综合指标体系。具体计算步骤如下：

第一步：将原始数据进行标准化处理

$$Q''_{ij} = \frac{Y_{ij} - \min(Y_{ij})}{\max(Y_{ij}) - \min(Y_{ij})} \tag{4-30}$$

在式（4-30）中 Y_{ij}代表的是第 i（$i=1, 2, \cdots, m$）个省份的第 j（$j=1, 2, \cdots, n$）个污染去除率指标数值。

第二步：将标准化数据进行转换

$$Q'_{ij} = Q''_{ij} + 1 \tag{4-31}$$

第三步：计算第 i 个省份的第 j 个污染去除率指标的比重

$$Q_{ij} = Q'_{ij} / \sum_{i=1}^{m} Q'_{ij} \tag{4-32}$$

第四步：计算第j个指标的熵值（r_j）和变异系数（d_j）

$$r_j = -\frac{1}{\ln m}\sum_{i=1}^{m} Q_{ij}\ln Q_{ij} \qquad (4\text{-}33)$$

$$d_j = 1 - r_j$$

第五步：在综合评价体系下，计算第j个指标的权重

$$K_j = d_j / \sum_{j=1}^{n} d_j \qquad (4\text{-}34)$$

第六步：计算综合环境污染指数

$$\mathrm{SFZC}_i = \sum_{j=1}^{n} K_j Q_{ij} \qquad (4\text{-}35)$$

在式（4-35）中，SFZC_i代表i省份的环境规制指数，SFZC_i值越大，i省份的环境规制越严格。

外国直接投资（FDI）：FDI作为经济活动最主要的形式之一，其对生态环境的影响主要通过三种效应。由于数据仅有以美元标价的历年省域FDI流量，因此需要转化为人民币计价的FDI存量。具体步骤如下：首先，根据每年的美元汇率换算各省人民币计价的FDI流量；其次，借鉴张军等人（2004）的永续盘存法计算FDI存量，公式为：$\mathrm{FDI}_{i,t}=(1-\delta)\ \mathrm{FDI}_{i,t-1}+\mathrm{fdi}_{i,t}$，其中，$\mathrm{FDI}_{i,t}$代表第$t$年$i$省FDI存量，$\mathrm{fdi}_{i,t}$代表第$t$年$i$省FDI流量，$\delta$代表FDI折旧率，设为9.6%；再次，基期从2000年各省FDI流量计算得到，具体公式为：$\mathrm{FDI}_{i,2000}=\mathrm{fdi}_{i,2000}/(g_i+\delta)$，其中：$\mathrm{fdi}_{i,2000}$表示2000年第$i$个省份该年的FDI流量，$\delta$为折旧率依然按照张军等人（2004）的取值9.6%，g_i表示第i个省份2000年到2015年的人均GDP增长率，公式为：$g_i=\sqrt[1/15]{(2015\text{年人均gdp}/2000\text{年人均gdp})}-1$。

为了避免或降低遗漏变量所造成的估计结果的偏误，本书在空间计量模型中加入了影响环境的其他控制变量（X_k），具体包括：

研发强度（R&D）：本书采用研究与发展试验经费的存量与对应省份的名义GDP的比值来代表研发强度，关于研究与发展试验经费的存量的计算，本书同样采用上述计算FDI存量的方法计算获得。

平均教育水平（Teach）：平均教育水平由六周岁以上人的持续的平均教育年限来衡量，具体计算公式如下：

$$EDU_{i,t} = prim_{i,t} \times 6 + midd_{i,t} \times 9 + high_{i,t} \times 12 + univ_{i,t} \times 16 \tag{4-36}$$

其中，prim，midd，high 和 univ 分别代表小学教育水平人口数量与六周岁以上总人口数量的比值、初中教育水平人口数量与六周岁以上总人口数量的比值、高中教育水平人口数量与六周岁以上总人口数量的比值以及大专及以上教育水平人口数量与六周岁以上总人口数量的比值（Barro and Lee，1993）。

人口密度（peopledens）：由每平方千米上人口的数量来衡量。

空间权重矩阵（W）：由于本书研究对象为我国30个省、直辖市、自治区，为了度量区域间社会经济生活的联系程度，本书空间矩阵为30×30阶对称矩阵，由于对角线元素 $i=j$，因此均设定为0。为了全面实证检验FDI环境效应，本书分别构建三种空间权重矩阵。第一种为地理邻近权重矩阵 W_{cont}，采用二元queen相邻原则，如果 i 省与 j 省交界毗邻，且 $i \neq j$，那么矩阵 W_{cont} 中该元素设定为1，否则设定为0，其中为了更加符合现实社会情况，设置海南和广东相邻，W_{cont} 中两省对应的元素设定为1。第二类空间权重矩阵为各省会距离的倒数的平方构成的空间权重矩阵 W_d，具体而言，对于任意两个省份 $i \neq j$，矩阵元素 $W_d = 1/d_{ij}^2$，d_{ij} 表示两个不同省会间的欧几里得距离，同样当 $i=j$，则矩阵 W_d 对应元素为0。关于各个省份的省会间欧几里得距离及相邻状况分析，本书根据国家测绘局公布的中国区域数据，通过Arcview3.3和Geoda10.0.1软件分析整理。由于前两种权重矩阵都隐含了一个假设，若 $i \neq j$，则两省域空间相互作用影响相同，不能体现不同经济发展地区之间的不同辐射与影响。据此，本书借鉴李靖等（2010）构建经济距离空间权重矩阵的思路，构建第三种权重矩阵，即混合空间权重矩阵 W_{mix}，它既考虑了地理距离角度的影响，也考虑了区域间不同经济水平的影响作用，有效地克服了两个地区之间的相互影响强度相同的设定，能真实地反映出地区间由于经济发展水平不同而引起的溢出效应强度差异的现实存在，例如北京对河北的经济影响强度大于后者对前者的影响强度，公式为：$W_{mix} = W_d \cdot \text{diag}\left(\frac{\overline{gdp_1}}{\overline{GDP}}, \frac{\overline{gdp_2}}{\overline{GDP}}, \frac{\overline{gdp_3}}{\overline{GDP}}, L, \frac{\overline{gdp_{30}}}{\overline{GDP}}\right)$，其中 $\overline{gdp_i} = \frac{1}{t_1 - t_0 + 1}\sum_{t_0}^{t_1} gdp_{it}$，$\overline{GDP} = \frac{1}{n(t_1 - t_0 + 1)}\sum_{i=1}^{n}\sum_{t_0}^{t_1} gdp_{it}$，$\overline{gdp_i}$ 代表 i 省 GDP 的平均值，$\overline{GDP}$表示 30 个省份的 GDP 平均值，t 表示不同年份。需要特别说明，本书采用的三类空间权重矩阵全部做行标准化处理，矩阵中行元素之和为 1。

4.3.3 FDI 环境效应的空间计量检验

（1）估计方法说明。

由于最小二乘估计方法（OLS）有严苛的假设，其中之一就是球形扰动项（iid）假设，即残差项无自相关、同方差及正态分布，由于本章的三个空间计量模型的变量可能存在空间相关性，若再采用最小二乘法进行估计，则估计结果会出现偏差甚至无效（Anselin，1987）。Anselin（1988）建议对于空间计量模型采用最大似然估计方法（ML）来估计空间误差模型（SEM）、空间滞后模型（SLM）及空间杜宾模型（SDM）的参数。因此本书采用最大似然估计（ML）的方法对本书的三个空间模型的参数进行估计，这将有效避免用 OLS 所产生内生性问题所引起的估计偏误，而且还能科学地估计各省间相关变量的空间依赖和空间溢出程度。

本书的空间相关性检验的方法除了 ESDA 中的单变量 Moran's I 检验，还包括 Moran_test、Lmlag_test、Lmerror_test、Robust-Lmlag_test 和 Robust-Lmerror_test。对于空间计量模型的选择判断，遵循以下原则：若 Lmlag_test 和 Lmerror_test 两个统计量均不显著，则应该使用普通面板回归分析；若统计量 Lmlag_test 比 Lmerror_test 显著，并且统计量 Robust-Lmlag_test 显著而 Robust-Lmerror_test 不显著，则应该使用空间滞后模型（SLM）；相反地，如果 Lmerror_test 显著性比 Lmlag_test 更高，且 Robust-Lmerror_test 显著但 Robust-Lmlag_test 不显著，则应该选择空间误差模型（SEM）（Anselin 等，

1993)；若Lmlag_test和Lmerror_test两个统计量均显著，且Robust-Lmerror_test和Robust-Lmlag_test也均同样显著，则应该考虑使用更加广义的空间杜宾模型（SDM）（Elhost，2010）。

（2）空间自相关检验。

首先用OLS的方法对传统面板中环境综合污染排放量、FDI、产出水平GDP及其他变量的系数进行估计以及残差项的空间相关性检验，据此判断使用空间模型回归是否会更加有效准确。表4-3列出了利用OLS对传统面板的参数估计值以及空间自相关LM检验和Moran检验。Moran统计量为正且通过了1%的显著性检验，表明研究变量存在空间自相关，若继续用OLS回归会产生内生性偏误。LM（SEM）和LM（SLM）检验也通过了1%的显著性检验，再次证明模型中的影响因素间有显著的空间联系，且空间滞后模型和空间误差模型均能准确和有效地估计模型涉及的参数。采用三个不同的空间矩阵的Hausman检验结果均通过了1%的显著性检验，表明应该采用固定效应模型而不是随机效应模型。在空间模型回归分析中，本书将同时检验三种固定效应——时间固定效应模型、空间（截面）固定效应模型和双重固定效应模型。

表4-3　　**普通面板OLS估计结果与空间自相关统计量估计**

解释变量	被解释变量P		
lnGDP	0.953** (2.546)	$Hausman_1$	31.077***
ln^2GDP	-0.105** (-2.286)	$Hausman_2$	37.04***
ln^3GDP	0.004** (2.301)	$Hausman_3$	38.076***
lnIndust_structure	0.139*** (7.416)	Moran	5.931***

续表

解释变量	被解释变量P		
lnR&D	-0.079*** (-9.47)	Lmlag_test	0.311
lnFDI	-0.002 (-0.377)	Robust Lmlag_test	23.4132***
lnSFZC	-0.33*** (-6.72)	Lmerror_test	11.175***
lnTeach_year	-0.382*** (-8.157)	Robust Lmerror_test	34.277***
lnPeopledens	0.04*** (6.851)	observations	480
Constant	-7.323*** (-7.001)		
R^2	0.6364		
Adjust R^2	0.6294		

注：$Hausman_1$ $Hausman_2$ $Hausman_3$表示用不同空间权重矩阵时的检验结果；括号中的数值表示相应的Z统计量，“***”“**”“*”分别代表1%、5%、10%的显著水平；数据来源：根据Matlab 14.0的回归结果整理而得。

（3）空间滞后模型与空间误差模型估计结果及分析。

本书同时检验三种固定效应——时间固定效应模型、空间（截面）固定效应模型和双重固定效应模型。然而，只有在第一种情况下，解释变量和控制变量的系数估计值均显著，检验其余两种固定效应模型时，绝大多数的变量的系数估计值均不能通过10%的显著性检验。这样的结果与现实情况是吻合的，因为长期以来，在经济发展水平决定政治晋升的背景下，各省的首要目标几乎一样，均把发展经济作为第一任务，并不随区域的不同而改变这种倾向，因此表现为空间（截面）固定效应和双重固定效应模型的估计结果均不显著。时间固定效应模型的估计结果之所以显著，主要是因为一些制度性因素，例如贸易壁垒、环保政策或者节能减排要求等，均会对解释变量 FDI、环境规制、GDP 等产生重要影响。而这些制度性影响因素存在明显的随时间变化的趋势，那么就必须对这些随时间而变化的政策性因素加以排除或控制，否则会让这些受影响的变量成为内生变量，估计结果将会出现严重偏误。为了保障检验的稳健可靠性，本书分别采用地理距离权重矩阵、距离权重矩阵和混合权重矩阵进行回归验证。表 4-4 汇报了三种不同空间权重矩阵下 SLM 和 SEM 时间固定模型估计结果。

表 4-4　　**FDI 环境效应 SLM 和 SEM 模型估计结果**

解释变量	SLM			SEM		
	(1)	(2)	(3)	(1)	(2)	(3)
lnGDP	0.754**	0.739**	0.745**	0.693**	0.705**	0.907**
	2.22	2.28	2.21	2.04	2.09	3.01
ln^2GDP	-0.082**	-0.0799**	-0.08**	-0.07*	-0.076*	-0.102**
	-1.97	-2.02	-1.98	-1.79	-1.84	-2.85
ln^3GDP	0.004**	0.003**	0.003**	0.003**	0.003**	0.005**
	2.18	2.19	2.19	1.99	2.04	2.98
lnIndust_structure	0.117***	0.105***	0.118***	0.111***	0.11***	0.128***
	6.523	6.01	6.68	6.29	6.38	7.27
lnR&D	-0.07***	-0.06***	-0.066***	-0.07***	-0.07***	-0.072***
	-8.939	-8.505	-8.65	-9.62	-8.99	-9.47
lnFDI	-0.035***	-0.03***	-0.03***	-0.03***	-0.03***	-0.03***
	-5.521	-5.24	-5.132	-4.98	-5.02	-5.13
lnSFZC	-0.315***	-0.259***	-0.318***	-0.315***	-0.323***	-0.29***
	-7.039	-6.01	-7.17	-7.00	-7.26	-6.58
lnTeach_year	-0.153**	-0.146**	-0.15**	-0.167***	-0.17***	-0.159***
	-3.11	-3.15	-3.18	-3.35	-3.38	-3.35

续表

解释变量	SLM			SEM		
	(1)	(2)	(3)	(1)	(2)	(3)
lnPeopledens	0.03***	0.037***	0.03***	0.033***	0.032***	0.033***
	5.44	7.07	5.64	5.89	5.90	6.01
ρ/λ	0.083*	0.221***	0.22***	0.156**	0.154**	0.23**
	1.83	5.229	5.15	1.96	2.09	3.10
LOG L	561.7	567	558.7	514	539	530.8
R^2	0.7066	0.7333	0.712	0.705	0.704	0.706
Adjust R^2	0.7054	0.7169	0.701	0.705	0.704	0.706

注：表中（1）、（2）、（3）分别表示地理权重矩阵、距离权重矩阵和混合权重矩阵的回归结果。表系数下对应的数值表示对应的Z统计值，“***”“**”“*”分别代表1%、5%、10%的显著水平；数据来源：根据Matlab 14.0的回归结果整理而得。

通过表4-4，SLM和SEM在三种不同权重矩阵的情况下估计结果的比较，可见各个变量的回归系数符号均保持一致，SLM模型和SEM模型的分析结论基本一致，但是根据最大似然估计统计量和R^2的比较，空间滞后模型的解释能力更好。空间滞后模型的滞后项系数ρ用来捕捉跨区域空间溢出的强度，表4-4中该估计量显著为正，说明环境污染在省域间存在较强的空间溢出和空间依赖。换言之，随着邻近省份的环境污染强度增加，会对邻近省域的环境质量造成负面影响。另外，还表现出环境污染的区域集聚现象。究其原因，是由于地方政府间的相互模仿行为，例如只追求经济发展而降低行政区域内环境规制的“晋升锦标赛”和“逐底竞争”，继而会导致污染产业向辖区内转移等。空间误差模型的误差项的估计系数λ显著为正，说明环境污染受到其他省域的误差冲击显著为正。省际污染物排放量有较强的空间依赖，其他省域的误差冲击会对本地区的环境污染带来负面影响，误差项中包括了被忽略掉的因素，例如环境禀赋、省域自身经济发展水平、产业结构、技术进步、资源配置、从业者的综合素质、行政管理水平等。

从表 4-4 可见，FDI 的估计系数均显著为负，表明 FDI 对我国的环境质量有改善作用，整体而言“污染光轮”的假说在我国成立。换言之，总体上 FDI 通过四种途径（结构效应、规模效应、规制效应和技术效应）的综合作用显著地改善了我国的环境质量。究其原因如下：FDI 的非物化知识溢出，例如先进的经营理念、管理制度以及先进的生产技术，这些无形的生产要素的投入有助于提高区域内的生产效率，降低原有的物质要素投入水平，从而表现为环境污染物的排放量减少。目前在我国通过 ISO14000 认证的企业中，75%的企业是三资企业。其次，在中央政府越来越严格的环保政策法规体制下，地方政府越来越重视引资结构并且更倾向于引入清洁型 FDI，这在一定程度上优化了区域内的产业结构，继而减少了资源消耗量和污染物排放量。

由于实际 GDP 的二次型显著为负，三次型显著为正，因此产出水平与污染物排放量之间呈现曲线“N”型关系。曲线的第一个阶段和环境库兹涅茨曲线具有一样的经济意义，即随着经济水平的提高环境污染也会随之恶化，当经济水平越过第一个顶点后，环境污染会改善，当经济水平达到另一个拐点时，环境污染又会恶化，但其估计系数绝对值很小，意味着恶化的程度很弱。在我国经济收入和环境污染之间的关系如研究假设二中图 2.8 所示，两者之间先呈现倒“U”型关系的原因如下：首先，随着收入的提高，结构效应和技术效应产生的环境正效应比规模效应带来的负效应更大；其次，随着人均收入水平的增长，人们的生活需求得到满足，这将对自然资源的需求减弱；再次，随着收入水平的提高，居民的消费结构也会发生改变，更多青睐于绿色环保产品的消费，这样的消费结构能有效地降低污染排放；最后，在生产领域，厂商由于受到市场传导机制的影响，更加关注清洁能源的利用和环保技术的研发投入，这也将对节能减排起到正面作用。在第二个拐点后两者之间的关系呈现弱“U”型，这意味着随着收入达到更高的水平，环境质量反而不如收入水平的第二个阶段。究其原因：首先，规模效应的环境负效应超过了技术效应和结构效应所带来的环境正效应；其次，环保研发投入或环保相关设施等没有带来利润回报激励，根据理性人假设，社会相关投入必定会减少；再次，更高的收入带来的是盲目且过度地消费，从而导致生产规模快速增长而产生的环境负效应；最后，经济的快速发展，可能会让一些非环境友好型产业急剧增加。

观察其他控制变量的估计结果，得出以下结论：产业结构的估计系数显著为正，说明其与环境污染之间为正相关关系。说明随着第二产业比重的提高，环境污染将会随之加剧，这可能是由于我国目前仍然处于经济转型期，第二产业中多数还是建筑业和化工业等能源消耗高的行业。研发强度（R&D）的估计系数为负，且通过了1%的显著性检验，这说明增加科研经费有助于提高清洁性技术水平抑或提高企业的相关生产效率等，从而有效缓解环境污染压力。环境规制的估计系数也为负，且通过了1%的显著性检验，这表明随着人们对环境质量的要求越来越高及政府的环境污染管制水平的强度加大，能源消耗和污染物排放量越来越少，同时再次验证环境规制对节能减排有显著效果。平均受教育时间的估计系数在5%的检验水平显著为负，这表明随着接受教育年限的增加，大众的素质会相应提高，例如随着人们环保意识的提高，将会对消费市场的产品产生导向作用，人们会增加环保节能绿色产品的消费，减少或者拒绝高能耗商品，这样的终端导向将会反向优化生产领域的产业结构等，最终表现为降低了环境污染水平。最后一个控制变量人口密度显著为正，这与常识得出的结论一致，区域的人口密度越大，能源消耗也将越多，表现为增加了环境污染排放量。

（4）空间杜宾模型估计结果及分析。

Wald和LR检验是从空间杜宾（SDM）模型出发，观察能否简化为空间误差模型或者空间滞后模型，因为空间杜宾模型是后两者的更一般形式。Wald和LR统计量服从自由度为K的卡方分布，由表4-5结果可见，Wald（SEM）、Wald（SLM）、LR（SEM）和LR（SLM）检验的结果均显著地拒绝原假设，接受备择假设H_1空间杜宾模型（SDM）较之SLM和SEM模型更加有效。因此本书将采用更加广义的SDM模型对相关变量的参数进行估计检验，并和上文空间滞后和空间误差模型的回归结果作对照，来检验回归估计结果的稳健性。

表 4-5　　在三种不同空间权重矩阵下 Wald 检验和 LR 检验结果

	(1) 邻近权重矩阵	(2) 距离权重矩阵	(3) 混合权重矩阵
Wald (SEM)	64.62***	58.80***	17.16**
Wald (SLM)	61.798***	64.93***	18.34**
LR (SEM)	66.823***	61.65***	16.79**
LR (SLM)	67.783***	63.99***	18.25**

注："***""**""*"分别代表 1%、5%、10%的显著水平。

数据来源：根据 Matlab 14.0 的回归结果整理而得。

表 4-3 中三种权重矩阵下的 Hausman 检验结果均表明固定效应模型比随机效应模型更高效准确，并且当回归模型的截面个体和时期为特定范围时，固定效应模型是更优的选择（Baltagi et al.，2005）。因此，本书分别在三种不同空间权重的基础上，分别对三种固定效应模型进行回归分析，结果表明时间固定效应模型的 R^2 统计量及 LOG Likehood 统计量明显大于空间固定模型和双重固定效应模型，并且时间固定效应模型的变量估计系数均显著有效，因此时间固定效应 SDM 模型较之其他两种固定效应为更优选择。表 4-6 中分别列举了采用三种不同的空间权重矩阵的 SDM 时间固定效应模型的估计结果。

和表 4-4 对比可见，在第一种空间矩阵（地理临近）的回归中，FDI 的估计系数不显著，但是当采用其余两种空间权重时，FDI 的估计系数为负，且通过了 1%的显著性检验，估计结果和前面的空间滞后模型和空间误差模型估计结果高度吻合，这也再次验证了总体上 FDI 对我国的环境质量有改善作用，"污染天堂"假设在我国不成立。观察表 4-6 中其他变量的回归系数，尽管采用了不同的空间权重矩阵，估计结果和表 4-4 中解释变量的估计系数的符号和显著性均高度一致，同样再次验证了实证结果的稳健可靠性。在空间杜宾模型的三个回归结果中被解释变量的空间滞后项均不显著，但是解释变量的空间滞后项显著，对于SDM模型而言，这样的回归结果较好，这充分说明变量间的空间联系主要来自不同截面地区的溢出效应。

由于表4-6的解释变量和控制变量的估计系数的符号和显著性水平和SLM模型和SEM模型的估计结果一致，对于估计结果的经济解释相同，此处省略。进一步分析变量的空间滞后项的估计系数和显著性水平，研究省域经济活动对其他省域的环境污染的溢出效应。由表4-6可见，工业结构（Indust structure）、环境规制（SFZC）以及人口密度（people density）的滞后项目显著为正，这说明这些控制变量的空间滞后项恶化了其他省域的环境质量。究其原因如下：工业结构的滞后项加剧了其他地区的环境污染，主要是因为工业结构按照第二产业生产总值占地区生产总值的比重表示，其中第二产业中比重最大的部分依旧是建筑业、化工业和轻工业制造业，均属于高能耗产业，这些产业加剧和环境污染强度并产生空间溢出。环境规制（SFZC）的空间滞后项显著为正，说明环境规制对污染企业有挤出效应，这些污染企业会迁移到其他环境规制较低的地区，从而加剧其他地区的环境污染。

而研发强度（R&D）和FDI的空间滞后项显著为负，说明这些变量的溢出效应有效地改善了其他区域的环境质量。究其原因如下：对于研发强度（R&D）滞后项而言，当一个地区投入强度增加，除了提高了本地区的相关行业的技术水平，还将为邻近地区带来技术溢出，从而提高了这些地区的相关行业生产效率，降低了能源消耗，进而降低了环境污染强度。对于FDI的空间滞后项而言，邻近区域的外资企业数量和规模增加，相关行业的技术人员的跨区域流动变得频繁，通过这些经过专业培训的外资企业的技术型人员将先进的非物化知识和技术传播，表现为区域间的技术溢出效应（Cheng et al.，2004）；其次，行业内的激烈竞争将促进外资企业与上下游关联企业加强联系，从而表现为垂直型技术溢出，上下游企业与外资企业的发展水平越接近，溢出效应将越明显（Girma et al.，2010）。

表4-6 **FDI环境效应SDM模型估计结果**

解释变量	SDM		
	(1)	(2)	(3)
lnGDP	0.757**	0.727**	0.823***
	2.52	2.39	2.766
$\ln^2$GDP	−0.091**	−0.08**	−0.09**
	−2.51	−2.17	−2.50
$\ln^3$GDP	0.004**	0.003**	0.004***
	2.82	2.33	2.66
lnIndust_structure	0.124***	0.193***	0.135***
	5.92	9.39	6.36
lnR&D	−0.122***	−0.086***	−0.095***
	−14.69	−10.14	−10.31
lnFDI	0.01	−0.03***	−0.023***
	1.54	−5.40	−4.00
lnSFZC	−0.26***	−0.173***	−0.214***
	−6.22	−4.03	−4.98
lnTeach_year	−0.21**	−0.117**	−0.16***
	−3.76	−2.12	−2.89
lnPeopledens	0.04***	0.05***	0.039***
	7.10	8.77	7.25
WlnGDP	1.89***	0.82	−0.186
	3.30	1.00	−1.18
W$\ln^2$GDP	−0.24***	−0.138	0.171
	−3.52	−1.37	0.96
W$\ln^3$GDP	0.009***	0.007*	−0.004
	3.69	1.69	−0.65

续表

解释变量	SDM		
	(1)	(2)	(3)
WlnIndust_structure	0.326***	0.175***	0.128**
	7.40	4.42	2.27
WlnR&D	-0.04*	-0.157***	-0.17***
	-1.77	-6.27	-4.62
WlnFDI	-0.118***	-0.18***	-0.19***
	-8.47	-8.48	-8.59
WlnSFZC	0.158*	0.488***	0.392**
	1.67	3.89	2.56
WlnTeach_year	-0.33***	-0.18***	-0.19***
	-3.34	-5.70	-4.25
WlnPeopledens	0.07***	0.129***	0.139***
	5.62	6.98	6.44
WlnP	0.033	0.08	-0.007
	0.64	1.25	-0.168
LOG L	639.57	636.7	640
R^2	0.787	0.785	0.788
Adjust R^2	0.786	0.784	0.787

注：表中（1）、（2）、（3）分别表示地理权重矩阵、距离权重矩阵和混合权重矩阵的回归结果。表中系数下对应的数值表示对应的 Z 统计值，“***”“**”“*”分别代表1%、5%、10%的显著水平。

数据来源：根据 Matlab2014B 的回归结果整理而得。

（5）空间杜宾模型的效应分解。

基于球形扰动项（IID）假设，经典线性回归模型的回归估计结果解读简单明了，但是无法估计空间溢出效应，而空间杜宾模型（SDM）是以空间相关性（依赖性）和变量间的空间反馈效应等特征为基础的。模型中的空间滞后项 WX 和 WY 包含了空间溢出效应，其系数提供的信息更加丰富且复杂，也更符合现实经济社会的空间外部性特征，这就需要特殊的方法来解读经济变量间的空间反馈效应（Anselin et al.，2010）。

LeSage 和 Pace（2009）明确表示，采用空间杜宾模型的变量估计系数去度量和捕捉经济行为的空间效应，极可能导致错误的研究结论，究其原因，最主要的问题在于对 SDM 模型中相关偏导数的理解。在空间杜宾模型中，通过偏导数矩阵可区分直接效应和间接效应，如果某一空间单元的某一解释变量发生了变化，不仅会影响到这一空间单元的被解释变量本身，而且还会影响到其他单元的被解释变量。其中，对自身的影响被称为“直接效应”（direct effect），对其他单元的影响被称为“间接效应”（indirect effect）。偏导数矩阵中每个对角元素代表着“直接效应”，而每个非对角元素代表着“间接效应”，两者相加则为总效应（total effect）。表 4-7 给出了 SDM 模型的效应分解结果。可见，各个解释变量的直接效应的估计结果和表（杜宾结果）的系数估计结果的方向、大小及显著性水平基本保持一致，并且多数经济变量（经济活动）有显著的空间溢出效应。

据表 4-7 的效应分解结果可知，变量 FDI 对污染物排放量的直接效应、间接效应和总效应的统计量估计值均为负，且均通过 5%显著性检验。从三种不同空间权重矩阵的效应分解结果可知，FDI 对流入地区的环境污染有显著的改善作用，并且也显著地降低了邻近区域的污染物排放量。具体而言，在地理相邻空间权重下，FDI 对环境污染的直接效应的系数估计值为-0.04，间接效应的估计系数为-0.12，总效应估计系数为-0.22，可以解读为当 FDI 流入量每增加 1%，我国的污染物排放量将降低 0.22%。其中流入省域的污染物排放量降低 0.04%，邻近省域的污染物排放量减少 0.12%。其他两种空间权重矩阵的 FDI 分解效应的解读同上，每增加 1% FDI 流入量，我国的污染物排放量分别减少 0.19%和 0.21%。FDI 对我国环境污染的效应分解结果再次验证了 FDI 的“污染光轮”假说。FDI 效

表 4-7　　**时间固定效应 SDM 模型效应分解**

	地理邻近空间权重矩阵			欧氏距离空间权重矩阵			混合空间权重矩阵		
	Direct_effect	Indirect_effect	Total_effect	Direct_effect	Indirect_effect	Total_effect	Direct _effect	Indirect_effect	Total_effect
lnGDP	0. 77** 2. 52	1. 99** 3. 49	2. 76*** 4. 08	0. 75** 2. 36	0. 99 1. 11	1. 73* 1. 71	0. 84** 2. 755	-1. 89 -1. 21	-1. 05 -0. 67
ln^2GDP	-0. 09** -2. 53	-0. 25*** -3. 71	-0. 34*** -4. 32	-0. 08** -2. 16	-0. 16* -1. 47	-0. 24* -1. 96	-0. 09** -2. 49	0. 175 0. 99	0. 08 0. 45
ln^3GDP	0. 0042** 2. 84	0. 01* 3. 9	0. 014** 4. 65	0. 004** 2. 32	0. 008* 1. 79	0. 012** 2. 29	0. 004** 2. 64	-0. 004 -0. 68	-0. 0006 -0. 08
lnIndust _struct	0. 126*** 5. 9	0. 34*** 7. 64	0. 46*** 8. 40	0. 19*** 9. 39	0. 21*** 4. 5	0. 41*** 6. 89	0. 135*** 6. 463	0. 125** 2. 23	0. 26*** 4. 08
lnR&D	-0. 122*** -14. 83	-0. 04** -1. 96	-0. 167*** -6. 64	-0. 09*** -11. 09	-0. 177*** -5. 99	-0. 267*** -9. 17	-0. 09*** -10. 23	-0. 17*** -4. 6	-0. 26*** -7. 06
lnFDI	-0. 04*** -5. 90	-0. 12*** -8. 48	-0. 22*** -8. 30	-0. 03*** -5. 90	-0. 19*** -7. 48	-0. 23*** -8. 30	0. 023*** -4. 04	-0. 19*** -8. 34	-0. 21*** -9. 4

续表

	地理邻近空间权重矩阵			欧氏距离空间权重矩阵			混合空间权重矩阵		
	Direct_effect	Indirect_effect	Total_effect	Direct_effect	Indirect_effect	Total_effect	Direct _effect	Indirect_effect	Total_effect
lnSFZC	-0.26^{***}	0.16^{*}	−0.10	-0.26^{**}	0.16^{*}	−0.099	-0.21^{***}	0.39^{**}	0.18
	−6.44	1.63	−0.99	−6.42	1.68	−0.96	−5.04	2.6	1.15
lnTeach_year	-0.21^{***}	-0.14^{***}	−0.35	-0.1^{*}	-0.05^{***}	-0.15^{***}	-0.166^{**}	-0.09^{***}	-0.25^{***}
	−3.76	−3.48	−1.48	−1.94	−5.48	−5.09	−2.93	−4.24	−3.74
lnPeople_dens	0.04^{***}	0.08^{***}	0.121^{***}	0.05^{***}	0.14^{***}	0.19^{***}	0.04^{***}	0.14^{***}	0.17^{***}
	7.47	5.66	8.06	9.37	6.39	8.07	7.14	6.49	7.88

注：表系数下对应的数值表示对应的 T 统计量，“***”“**”“*”分别代表 1%、5%、10%的显著水平。

数据来源：根据 Matlab2014B 的回归结果整理而得。

应分解的直接效应的解释和前文解释相同，此处不再赘述。FDI的间接效应显著为负，究其原因FDI可以通过外资企业的技术型人员的流动，将外企先进的非物化知识和技术传播至其他区域，从而表现为降低了我国其他区域的环境污染。

产出水平GDP的环境效应分解结果显示，在采用地理相邻的权重矩阵和距离权重矩阵的情况下，无论其直接效应、间接效应还是总效应，估计系数均显著为正，只有在采用混合权重矩阵的情况下其间接效应和总效应不显著。这表明，产出水平加剧了我国的环境污染，具体而言，在采用地理相邻空间权重时，GDP每增加1%，本省域的污染物排放量将会增加0.77%，其他省域的污染物排放量增加1.99%，我国污染物排放量增加2.76%。对于产出水平的二次型的对数形式的环境效应估计结果表明，无论采用哪种空间权重矩阵得到的效应分解估计结果的方向和大小基本一致，均对环境质量有明显的改善作用，只有在采用混合空间权重矩阵的时候间接效应和总效应的估计系数不显著，再次验证了在我国环境库兹涅茨关系的存在。产出水平的三次型的对数形式的环境效应的估计结果和SLM及SEM的结论一致，再次验证了在我国经济收入水平和环境污染之间的关系呈现"N"型，当采用距离空间权重矩阵时，GDP三次型每增加1%，污染物排放总量将增加0.012%，其中直接观察的省域污染物排放量增加0.004%，邻近区域的污染物排放量增加0.008%，可见当经济水平达到一定高度后虽然会在一定程度上加剧我国的环境污染，但是其强度远远低于经济发展初期，再次验证了本书的研究假设二在我国成立，两者关系表现形式为"N"型，但是穿过第二个拐点，尽管收入水平会对环境有恶化作用，但是强度很弱，这同时也提醒我们若不能协调经济发展水平和生态环境间的关系，当收入达到更高水平时，我国的环境质量可能又会回到逐渐变差的趋势。

研发强度（R&D）环境效应分解结果表明，无论采用哪种空间权重矩阵，分解效应的估计结果均显著为负，说明其对环境质量有改善作用。具体而言，当选择地理邻近空间权重矩阵时，可理解为当研发投入每增加

1%，环境污染物的排放量降低 0.167%，其中观测区域的污染物排放量降低 0.122%，其他区域降低 0.04%。从环境规制（SFZC）的效应分解结果可见，严苛的环境规制对辖区内的污染有显著的遏制作用，但若其他区域环境规制门槛较低时，会形成明显的挤出效应，污染产业从规制严苛的地区转移到环境规制较低区域。具体而言，三种空间权重的效应分解结果的直接效应和间接效应的估计结果均显著，表明环境规制对观测区域的环境质量有改善作用，但是对其他地区环境有显著的负效应，这与现实情况吻合，这也再次验证了环境规制水平的提高，能够倒逼本区域的企业进行生产技术创新和减排技术水平的提高，但与此同时也会把本区域的高污染及高排放企业挤入其他环境规制水平较低的地区，对这些区域的环境起到负面作用。

对于控制变量产业结构和人口密度而言，效应分解的结果均表明，无论采用哪种空间权重矩阵，它们的总效应、直接效应及间接效应均显著为正，说明产业结构和人口密度和我国的环境污染之间呈现正相关。具体而言，在地理临近权重矩阵下，工业增加值与名义 GDP 的比值每增加 1%，污染物排放总量将增加 0.46%，其中观测区域的污染物排放量将增加 0.126%，其他区域的污染物排放量将增加 0.34%。而在混合权重矩阵下，工业增加值与名义 GDP 的比值每增加 1%，污染物排放总量将增加 0.26%，其中观测区域将增加污染物排放量 0.135%，其他区域增加 0.125%。同样说明，在我国的第二产业中，高污染高能耗的产业占比较重，亟待加速产业优化升级。对于人口密度而言，每平方千米每增加 1%，将造成总污染增加量 0.121%、0.19%和 0.17%；对于观察地区而言，污染物排放量将分别增加 0.04%、0.05%及 0.04%；对于其他区域，污染物排放量将增加 0.08%、0.14 和 0.14%。换言之，人口密度对本地区和邻近区域的生态环境均有负面影响。究其原因，我国居民的生产生活主要依赖高排放型化石能源，一个地区的人口密度越高意味着该地区的高排放型化石能源消耗也越高，伴随着污染排放也越高，随着人口的迁移或流动，对其他区域的生态环境也产生了负面影响。对于模型中最后一个控制变量教育水平的效应分解可知，在三种空间权重矩阵下，其直接效应和间接效应的结果均显著为负，这说明控制变量教育水平可以有效地降低本地区和其他地区的污染物排放，究其原因可能是受教育时间越长的人环保意识也越强，对绿色环保产品的消费偏好更高，间接地带来了环境正效应；另一方面，一个地区的平均教育水平较高，可能意味着该地区人力资本较高，高水平人力资本使得绿色先进技术的溢出变得更容易，从而促进了该地区的技术创新和应用，降低了污染排放。

4.4 分来源地 FDI 对我国环境影响的实证检验

表 4-8 为欧式距离空间权重矩阵下分来源地四个模型的 LM 检验显示结果，根据 Hausman 检验结果均表明固定效应模型比随机效应模型更高效准确，并且当回归模型的截面个体和时期为特定范围时，固定效应模型是更优的选择（Baltagi et al.，2005）。因此，本书分别对三种固定效应模型(时间固定、空间固定及双固定效应模型）进行回归分析，结果表明时间固定效应模型的 R^2 统计量及 LOG Likehood 统计量明显大于空间固定模型和双重固定效应模型，并且时间固定效应模型中的变量估计系数更显著，因此时间固定效应模型较其他两种固定效应为更优选择。同时，根据表 4-8 中 LM 检验、wald 检验以及 LR 检验结果，FDI 来源地中的港澳台的样本数据采取时间固定效应空间滞后模型为最优模型选择，其余三个来源地则应该选择时间固定效应空间杜宾模型，判断依据如上文所述，在此不再赘述。

表 4-8 欧式距离倒数空间权重矩阵下 LM 检验、Wald 检验和 LR 检验结果

	北美来源地	欧洲来源地	港澳台来源地	东亚来源地
Lmlag_test	3.66**	4.3**	9.58***	2.80**
Robust Lmlag_test	13.55***	19.2***	8.38***	18.61***

续表

	北美来源地	欧洲来源地	港澳台来源地	东亚来源地
Lmerror_test	0. 80	0. 40	1. 99	0. 63
Robust Lmerror_test	10. 69***	15. 30***	0. 80	16. 44***
Hausman-test	53. 80***	33. 47***	71. 30***	138. 49***
Wald（SEM）	19. 89***	21. 42***		24. 43***
Wald（SLM）	19. 91***	21. 99***		24. 89***
LR（SEM）	21. 58***	22. 98***		26. 30***
LR（SLM）	22. 82***	25. 03***		28. 11***

注：“ *** ”“ ** ”“ * ”分别代表 1%、5%、10%的显著水平。

数据来源：根据 Matlab2014B 的回归结果整理而得。

如表 4-9 所示，解释变量系数估计结果如下：四个回归模型的经济发展水平 GDP 的系数均显著为正，说明随着经济规模的扩大污染物排放量会随之增加。四个回归模型经济发展水平的二次型“GDP^2”的系数均显著为负，说明环境 EKC 曲线在该模型分析中得到再次印证，经济收入水平穿过第一个顶点后，随着收入水平的增加，环境污染物排放总量将会减少。“GDP^3”项的四个回归结果均显著为正，说明在本研究中收入水平和环境污染之间的关系呈现“N”型，这也再次验证了本书的研究假设二在我国是成立的。四个回归结果的工业结构系数显著为正，说明现阶段我国的工业结构更多是以第二产业为主，随着其占比更大，污染物排放总量也随之增加。变量 FDI 的来源地为北美地区和港澳台地区时显著为负，其余两个来源地 FDI 系数为负但不显著，说明来自北美和港澳台地区的 FDI 对我国的环境绩效影响显著为正。四个回归模型的结果显示，环境规制变量的回归结果显著为负，环境规制对我国环境污染物排放量有显著的遏制和降低作用。变量教育在回归结果中均显著为负，表明随着人们的教育时间增长，环保素质在内的综合素质会不断提升，将更加倾向绿色生活方式，因此会间接影响我国的环境绩效。人口密度变量均显著为正，说明随着人口的增加，污染物排放总量也会随之上升。

表 4-9　　　　分来源地 FDI 环境效应空间模型估计结果

解释变量	SDM			SLM
	北美来源地	欧洲来源地	东亚来源地	港澳台来源地
lnGDP	0.75***	0.732***	0.693***	0.705***
	5.63	4.39	4.11	4.02
ln^2GDP	−0.088***	−0.071***	−0.06***	−0.10***
	−5.61	−4.39	−4.77	−6.34
ln^3GDP	0.005***	0.004***	0.008***	0.009***
	5.64	4.44	5.81	6.03
lnIndust_structure	0.185***	0.20***	0.26***	0.14***
	5.19	4.12	7.34	5.8
lnR&D	−0.088***	−0.122***	−0.128***	−0.05***
	−5.68	−7.29	−6.07	−4.91
lnFDI	−0.019**	−0.006	−0.0009	−0.065***
	−2.34	−0.666	−0.128	−9.9
lnSFZC	−0.52***	−0.504***	−0.545***	−0.48***
	−6.90	−7.12	−7.60	−7.99
lnTeach_year	−0.23**	−0.18**	−0.18**	−0.51***
	−2.58	−2.17	−1.94	−6.86
lnPeopledens	0.05***	0.07***	0.07***	0.05***
	5.74	7.49	7.86	6.61
WlnGDP	0.196	−10.95	−17.53	
	0.02	−0.56	−0.89	
Wln^2GDP	−0.24	1.19	1.82	
	−0.028	0.56	0.86	

续表

解释变量	SDM			SLM
	北美来源地	欧洲来源地	东亚来源地	港澳台来源地
Wln^3GDP	0.0006 0.02	−0.04 −0.58	−0.06 −0.84	
WlnIndust_structure	0.30*** 3.97	0.69*** 3.76	0.89*** 4.62	
WlnR&D	−0.0004 −0.006	−0.16 −0.86	−0.10 −0.45	
WlnFDI	−0.09*** −3.06	−0.25*** −2.90	−0.08* −1.29	
WlnSFZC	−0.44* −1.84	−1.34*** −2.38	−1.34** 2.30	
WlnTeach_year	−0.01 −0.04	−0.35 −0.43	−0.44 −0.528	
WlnPeopledens	0.19*** 5.58	0.60*** 7.08	0.51*** 6.46	
WlnP	0.036 0.37	−0.46** −2.36	−0.33* −1.798	−0.29*** −4.15
LOG L	333.21	339.92	326.95	336.50
R^2	0.802	0.815	0.808	0.79
Adjust R^2	0.801	0.806	0.803	0.77

注：表系数下对应的数值表示对应的 Z 统计值，“***”“**”“*”分别代表 1%、5%、10%的显著水平。

数据来源：根据 Matlab2014B 的回归结果整理而得。

进一步分析变量的空间滞后项的估计系数和显著性水平，研究省域经济活动对其他省域的环境污染的溢出效应。由表 4-9 可见，三个 FDI 来源地模型的回归结果中，解释变量工业结构（Indust_structure）以及人口密度（people density）的滞后项目均显著为正，这说明这些控制变量的空间滞后项恶化了其他省域的环境质量。究其原因如下：工业结构的滞后项加剧了其他地区的环境污染，主要是因为工业结构按照第二产业生产总值占地区生产总值的比重表示，其中第二产业中比重最大的部分依旧是建筑业、化工业和轻工业制造业，均属于高能耗产业，这些产业加剧和环境污染强度并产生空间溢出。同样，人口密度对其他区域的空间溢出使得其他区域的人口密度提高，从而使得其他区域的污染物排放总量增加。

由表 4-9 可知，环境规制（SFZC）和 FDI 的空间滞后项显著为负，说明这些变量的溢出效应有效地改善了其他区域的环境质量。究其原因如下：对于 FDI 的空间滞后项而言，邻近区域的外资企业数量和规模增加，相关行业的技术人员的跨区域流动变得频繁，通过这些经过专业培训的外资企业的技术型人员将先进的非物化知识和技术传播，表现为区域间的技术溢出效应（Cheung et al.，2004）；其次，行业内的激烈竞争将促进外资企业与上下游关联企业加强联系，从而表现为垂直型技术溢出，上下游企业与外资企业的发展水平越接近，溢出效应将越明显（Girma et al.，2010）。环境规制（SFZC）的空间滞后项在欧美来源地和东亚来源地的回归结果中显著为负，说明环境规制不仅能有效降低本区域的环境污染物排放量，还能够有效改善其他区域的环境绩效。

表 4-10 给出了 SDM 模型的效应分解结果。可见，各个解释变量的直接效应的估计结果和表（杜宾结果）的系数估计结果的方向、大小及显著性水平基本保持一致，并且多数经济变量有显著的空间溢出效应。

据表 4-10 和表 4-11 四个来源地的 SDM 和 SLM 效应分解结果可知，变量 FDI 对污染物排放量的总效应均显著为负，且均通过 5%显著性检验。从对应的效应分解结果可知，FDI 对流入地区的环境质量有显著的改善作用，并且也显著地降低了邻近区域的污染物排放量。具体而言，对于北美来源地模型而言，FDI 对环境污染的直接效应的系数估计值为-0.02，间接

表 4-10 **三个来源地 FDI 时间固定效应 SDM 模型效应分解**

	北美来源地			欧洲来源地			东亚来源地		
	Direct_effect	Indirect_effect	Total_effect	Direct_effect	Indirect_effect	Total_effect	Direct_effect	Indirect_effect	Total_effect
lnGDP	0. 54***	0. 11	0. 65**	0. 69***	−0. 40	0. 28	0. 74***	0. 38***	1. 12***
	5. 52	−0. 14	1. 63	4. 78	−0. 81	0. 02	6. 19	3. 66	5. 89
ln^2GDP	−0. 46***	−0. 12	−0. 58**	−1. 27***	1. 24	−0. 02	−0. 08**	−0. 25***	−0. 34***
	−5. 50	−0. 14	−1. 62	−4. 79	0. 82	−0. 02	−2. 53	−3. 71	−5. 81
ln^3GDP	0. 05***	0. 004	0. 06**	0. 05***	−0. 05	0. 003	0. 05***	−0. 13***	0. 04***
	5. 54	0. 13	1. 62	4. 85	−0. 84	0. 005	6. 08	−3. 63	5. 79
lnIndust	0. 19***	0. 32***	0. 50***	0. 19***	0. 43***	0. 61***	0. 14***	−0. 03***	0. 11***
_struct	5. 17	3. 89	5. 43	3. 98	2. 98	3. 59	5. 60	−3. 54	5. 33
lnR&D	−0. 09***	−0. 004	−0. 09**	−0. 12***	−0. 08	−0. 19	−0. 06***	0. 01***	−0. 04***
	−5. 63	−0. 05	−1. 06	−8. 54	−0. 59	−1. 39	−4. 97	3. 54	−4. 66
lnFDI	−0. 02***	−0. 09***	−0. 11***	0. 0003	−0. 18***	−0. 17***	−0. 07***	0. 02***	−0. 05***
	−2. 48	−2. 94	−3. 43	0. 03	−2. 81	−2. 69	−10. 04	3. 89	−10. 26

续表

	北美来源地			欧洲来源地			东亚来源地		
	Direct_effect	Indirect_effect	Total_effect	Direct_effect	Indirect_effect	Total_effect	Direct_effect	Indirect_effect	Total_effect
lnSFZC	−0. 52***	−0. 46**	−0. 98***	−0. 47***	−0. 79**	−1. 26***	−0. 49***	0. 12***	−0. 38***
	−7. 01	−1. 85	−3. 57	−7. 07	−1. 84	−2. 85	−7. 70	3. 77	−7. 60
lnTeach_year	−0. 24***	0. 007	−0. 23	−0. 20***	0. 34	0. 13	−0. 32***	−0. 13***	−0. 45***
	−2. 59	0. 02	−0. 66	−2. 33	0. 56	0. 22	−6. 69	−3. 33	−7. 51
lnPeople_dens	0. 06***	0. 20***	0. 27***	0. 06***	0. 41***	0. 47***	0. 05***	−0. 01***	0. 04***
	5. 85	4. 59	5. 51	5. 61	4. 94	5. 52	6. 39	−3. 54	6. 40

注：表系数下对应的数值表示对应的 T 统计量，“ *** ”“ ** ”“ * ” 分别代表 1%、5%、10%的显著水平。

数据来源：根据 Matlab2014B 的回归结果整理而得。

表 4-11　　**港澳台来源地 FDI 时间固定效应 SLM 模型效应分解**

	Direct_effect	Indirect_effect	Total_effect
lnGDP	0. 54***	0. 11	0. 65**
	5. 52	-0. 14	1. 63
ln^2GDP	-0. 46***	-0. 12	-0. 58**
	-5. 50	-0. 14	-1. 62
ln^3GDP	0. 05***	0. 004	0. 06**
	5. 54	0. 13	1. 62
lnIndust_struct	0. 19***	0. 32***	0. 50***
	5. 17	3. 89	5. 43
lnR&D	-0. 09***	-0. 004	-0. 09**
	-5. 63	-0. 05	-1. 06
lnFDI	-0. 02***	-0. 09***	-0. 11***
	-2. 48	-2. 94	-3. 43
lnSFZC	-0. 52***	-0. 46**	-0. 98***
	-7. 01	-1. 85	-3. 57
lnTeach_year	-0. 24***	0. 007	-0. 23
	-2. 59	0. 02	-0. 66
lnPeople_dens	0. 06***	0. 20***	0. 27***
	5. 85	4. 59	5. 51

注：表系数下对应的数值表示对应的 T 统计量，“ *** ” “ ** ” “ * ” 分别代表 1%、5%、10%的显著水平。

数据来源：根据 Matlab2014B 的回归结果整理而得。

效应的估计系数为-0. 09，总效应估计系数为-0. 11，可以解读为当 FDI 流入量每增加 1%，我国的污染物排放量将降低 0. 11%。其中流入省域的污染物排放量减少 0. 02%，邻近省域的污染物排放量减少 0. 09%。其他三个地区模型的 FDI 分解效应的解读同上，FDI 流入量每增加 1%，我国的污染物排放量分别减少 0.17%、0.05%以及 0.06%。分来源地 FDI 对我国环境污染的效应分解结果再次验证了 FDI 的“污染光轮”假说。

产出水平 GDP 的环境效应分解结果显示，四个模型的 GDP 直接效应和总效应均显著为正，但是间接效应只有东亚来源地模型的估计结果显著为正，其余三个模型不显著，说明经济规模对本地区的环境绩效显著为负，同时也说明东亚来源地的模型中经济规模对其他地区的环境绩效也为负。具体而言，对于东亚 FDI 来源地模型而言，GDP 每增加 1%，本省域的污染物排放量将会增加 0.74%，其他省域的污染物排放量增加 0.38%，我国污染物排放量增加 1.12%。对于产出水平的二次型的对数形式的环境效应估计结果表明，四个模型得到的效应分解估计结果的方向和大小基本一致，均对环境质量有明显的改善作用，再次验证了我国环境库兹涅茨曲线的存在。产出水平的三次型的对数形式的环境效应的估计结果均显著为正，再次验证了我国经济水平和环境污染之间的关系呈现“N”型。以 FDI 欧美来源地模型为例，GDP 三次型每增加 1%，污染物排放总量将增加 0.06%，其中直接观察的省域污染物排放量增加 0.05%，邻近区域的污染物排放量增加 0.004%，可见当经济水平达到一定高度后虽然会在一定程度上加剧我国的环境污染，但是其强度远远低于经济发展初期。

研发强度（R&D）环境效应分解结果表明，四个 FDI 来源地模型分解效应的估计结果均显著为负，说明其对环境质量有改善作用。具体而言，以港澳台 FDI 来源地模型为例，分解效应结果可理解为当研发投入每增加 1%，我国污染物的排放量会降低 0.16%，其中观测区域的污染物排放量降低 0.13%，其他区域降低 0.04%。从环境规制（SFZC）的效应分解结果可见，严苛的环境规制对辖区内的污染有显著的遏制作用，四个模型的环境规制效应分解均显著为负。在北美 FDI 来源地模型中，环境规制水平每增加 1%，本地区的污染物排放量将减少 0.52%，其他区域的污染物排放将减少 0.46%，我国总体排放量将减少 0.98%。

对于经济变量产业结构和人口密度而言，效应分解的结果均表明，无论哪个模型，它们的总效应、直接效应及间接效应均显著为正，说明产业结构和人口密度和我国的环境污染之间呈正相关。具体而言，以港澳台FDI来源地模型为例，工业增加值与名义GDP的比值每增加1%，污染物排放总量将增加0.88%，其中观测区域的污染物排放量将增加0.25%，其他区域的污染物排放量将增加0.64%。而在北美FDI来源地模型中，工业增加值与名义GDP的比值每增加1%，污染物排放总量将增加0.50%，其中观测区域污染物排放量将增加0.19%，其他区域增加0.32%。同样说明，在我国的第二产业中，高污染高能耗的产业占比较重，亟待加速产业优化升级。对于人口密度而言，继续以北美FDI来源地模型为例，每平方千米人口密度每增加1%，将造成总污染量增加0.27%，其中观察区域增加0.06%，其他区域污染物排放量增加0.2%。

4.5　本章小结

立足于FDI的“污染天堂”和“污染光轮”假说的长期之争，首先，利用ESDA检验2000—2015年我国30个省、直辖市和自治区的FDI存量和污染物排放综合指数，发现两个经济变量在空间分布上呈现明显的集聚特征，并且FDI和污染物排放综合指数的莫兰检验结果也表明均有显著的空间自相关性。再次，在环境库兹涅茨模型基础上，借鉴Taylor（2001）的一般均衡模型分析并结合本书相关的理论分析和研究假设，并加入相关控制变量构造出FDI对我国环境影响的空间滞后模型（SLM）、空间误差模型（SEM）和空间杜宾模型（SDM），并且分别构建三种空间权重矩阵：地理邻近空间权重矩阵、欧式距离空间权重矩阵及混合空间权重矩阵。为了实证检验结果的准确稳健性，本书的三个空间计量模型分别结合上述三种空间权重矩阵进行实证检验，结果如下：

第一，我国省域FDI和环境污染均有明显的“空间路径依赖”特征，即具有低流动性和集聚性特征，FDI高值集聚区域和环境污染高值聚集区域并不重叠，并且我国的省域FDI具有从高值聚集地区向低值地区转移的趋势，这也验证了前文的研究假设六，证明FDI等经济变量在空间维度存在显著的自相关性和空间集聚性。

第二，通过莫兰（Moran's Ⅰ）检验、LM 和 Robust LM 检验，再次验证了本研究涉及的影响因素具有显著的空间相关性；三种空间模型（SLM、SEM 和 SDM）在三种不同空间权重矩阵下的豪斯曼检验的结果表明，时间固定效应模型对样本数据的估计有效且准确；空间滞后模型和空间误差模型的空间滞后项和误差项的系数均显著为正，再次表明省域环境污染即受到邻近区域相关经济变量溢出效应的影响，也受到邻近区域相关经济变量误差因素的冲击。并且，空间滞后模型和空间误差模型的估计结果的大小和方向一致。实证结果表明：经济规模（GDP）和其三次型显著为正，而 GDP 二次型显著为负，说明经济发展水平（经济规模）和环境污染之间的关系呈"N"型，并且穿过第二个拐点后 FDI 对环境的影响强度明显减弱，这也说明本书的假设二在我国成立；FDI、环境规制、教育水平和研发投入这些经济变量的估计系数显著为负，表明这些因素能够有效改善环境质量；产业结构和人口密度显著为正，其加剧了我国环境污染。

第三，通过 LR 和 Wald 检验，表明更加广义的空间杜宾模型（SDM）更加高效，回归结果表明，采用不同的空间权重矩阵所得到的回归结果基本一致，并且和 SLM 和 SEM 模型的回归结果的符号和大小也基本保持一致，再次证明了回归结果的稳健有效性。根据 SDM 模型的效应分解结果表明，FDI 有显著的减排溢出效应，其不仅降低了本地区的污染水平，而且也促进其他区域的环境质量的改善，说明研究假设六（FDI 空间溢出效应）在我国是存在的。

第四，采用空间杜宾模型检验了分 FDI 来源地在我国的环境效应，结果表明，研究假设五是成立的——研究对象的异质性会对 FDI 环境效应的结果产生影响；四个 FDI 主要来源地的 FDI 对我国的环境影响都有不同程度的正面作用，其中，欧洲来源地 FDI 对我国生态环境改善强度大于其他三个来源地 FDI。

第5章 基于门槛效应FDI对我国环境影响的实证检验

根据第四章三种空间计量模型的回归结果可知，总体上，FDI在我国具有减少污染排放的作用，符合“污染光轮”假说，从实证角度回答了科学问题二。并且在第四章中还回答了科学问题三中的部分内容以及检验了相关的研究假设，具体结果如下：通过空间杜宾模型的效应分解可知，环境规制、科技研发投入、经济规模和FDI在空间上均具有显著的空间溢出效应，并且，通过分来源地FDI的空间杜宾模型效应分解结果发现，四个来源地对我国的环境都具有改善作用，但是强度大不相同。然而，在第一章、第二章的文献综述和理论分析中，我们已经通过理论分析认为，环境规制强度水平（环境规制门槛）的差异将会对FDI的环境效应产生不同的影响，并据此提出了研究假设三。本章的主要任务便是实证检验该研究假设并回答科学问题三中的剩余内容。与此同时，为了更全面地检验本书的研究假设五——研究对象的异质性可能导致FDI对环境影响结果的差异，将对我国的三大经济区进行分组检验，并且还将分产业检验FDI的环境效应，力图更系统全面地考察FDI对我国环境的影响。

2000年以来，大量FDI流入我国，据世界投资报告称，2015年中国吸引FDI流入约1360亿美元，大量FDI的流入促进了中国经济的发展（Chou and Li，2009）。然而，随着康菲石油公司在渤海原油泄漏和紫金矿业硫酸铜泄漏等污染事故的发生，FDI的环境效应再次引起了社会和学界的广泛关注（Hong and Zhang，2013；Huang，2015）。此外，环境规制对环境的影响也成为当下研究热点（Bhattarai and Hammig，2001；Wang and

Wheeler，2005；Langpap and Shimshack，2010；Xu，2010；Wang and Zhang，2011；He，2014）。就我国而言，关于 FDI 和环境规制对环境影响的研究大多集中在国家整体层面，少有考虑区域异质性（Peng and Li，2016）。考虑到我国东部地区、中部地区和西部地区 FDI 规模和环境污染程度均存在显著差异，本书十分有必要分地区考察我国 FDI 对投资区域的环境影响。另外，由于我国不同地区的经济社会发展水平、环境规制水平同样存在差异（Liu and Chen，2009；Zhang and Guo，2009；Zhou et al.，2016），因此在研究环境规制对环境影响时，同样需要考虑区域的异质性。Zugravu-Soilita（2017）研究 FDI 对工业污染的影响，发现 FDI 能减少环境规制较严国家的环境污染，增加环境规制宽松国家的环境污染。Hao et al.，（2018）研究结果表明，只有当环境规制强度达到一定水平，环境规制才能促进 FDI 的环境绩效。

本章在考虑区域异质性的前提下，首先，实证检验 FDI 对我国东部、中部和西部地区生态环境的影响；其次，分行业检验 FDI 对我国环境的影响；最后，将环境规制作为一个门槛变量，从非线性角度检验我国的不同地区 FDI 环境效应，并试图实证检验化解 FDI 环境效应的“污染天堂”和“污染光轮”之争的关键——环境规制的门槛效应。

5.1 模型设定

模型构建以第二章的 FDI 环境效应的作用机制为理论基础，并且借鉴 Grossman 和 Krueger（1992）、Copeland 和 Taylor（2003）的建模方法，构建模型框架如下：

$$EP = f(Y, S, T) = Y^{\alpha} S^{\delta} T^{\beta} \tag{5-1}$$

在式（5-1）中，被解释变量 EP 表示的是环境污染水平，解释变量 Y，S，T 分别表示经济规模、经济结构和环境技术。环境污染水平是经济规模、经济结构和环境技术效应的函数。Chen 和 Li（2010）研究发现，研发投入可以影响环境技术水平，FDI 也会影响环境技术水平，这一点已被大量研究证实（Perkins and Neumayer，2009；Li and Liu，2011）。Porter 和 Linde（1995）和 Zhang et al.（2011）指出，环境规制也会影响环境技术创新从而影响 FDI 环境效应。因此，环境技术可以分解为：

$$T = f(R\&D,\ \mathrm{ER},\ \mathrm{FDI}) = R\&D^{\varphi}\mathrm{ER}^{\kappa}\mathrm{FDI}^{\varphi} \tag{5-2}$$

在式（5-2）中，$R\&D$ 表示研究与试验发展经费投入，ER 表示环境规制水平，FDI 表示 FDI 存量。将式（5-1）中的变量 T 用式（5-2）进行替换，并对等式（5-1）左右两边同时取自然对数，得到式（5-3）：

$$\ln\mathrm{EP}_{i,t} = C_i + \alpha\ln Y_{i,t} + \delta\ln S_{i,t} + \beta_1\ln R\&D_{i,t} + \beta_2\ln\mathrm{ER}_{i,t} + \beta_3\ln\mathrm{FDI}_{i,t} + \varepsilon_{i,t} \tag{5-3}$$

在式（5-3）中，下标 i 代表中国每个省份，下标 t 代表年份，常数项 C_i 用于反映各个省份的个体效应。$\varepsilon_{i,t}$ 是遵循正态分布随机干扰项，该分布的方差是有限值，均值为 0。

此外，本书借鉴 Lu et al.（2014）的做法并在式（5-3）中增加两个控制变量教育水平（Teach）和人口密度（DEN）以控制回归的偏误并得到真实值。扩展后的实证模型如下：

$$\begin{aligned}\ln\mathrm{EP}_{i,t} = C_i &+ \alpha\ln Y_{i,t} + \delta\ln S_{i,t} + \beta_1\ln R\&D_{i,t} + \beta_2\mathrm{ER}_{i,t} + \\ &\beta_3\ln\mathrm{FDI}_{i,t} + \kappa\ln\mathrm{Teach}_{i,t} + \gamma\ln\mathrm{DEN}_{i,t} + \varepsilon_{i,t}\end{aligned} \tag{5-4}$$

5.1.1　门槛模型设立

分组检验法和构造交互项法经常被用于检验门槛效应。然而，分组检验法几乎不能客观地确定样本分组的标准，无法基于数理统计对具体的门槛值进行估计，也无法对不同分组的回归结果进行显著性检验。尽管，构造交互项法能够对具体的门槛值进行估计，但是很难客观地设置交互项，同时也不能验证门槛估计值的正确性。然而，Hansen（1999）的门槛回归模型可以弥补以上两种方法的缺陷，该模型不需要设立具体的门槛值和交互项，该方法不仅能根据数据的特点确定门槛值，而且可以避免人为设置门槛而导致的偏差。因此，本书采用 Hansen 的门槛回归模型去验证环境规制的门槛效应对 FDI 环境效应的影响。变量 ER 在式（5-4）中被看作门槛变量。在式（5-4）中，为了估计 FDI 环境效应的环境规制的门槛效应，变量 $\ln FDI_{it}$ 被交互项 $\ln FDI_{i,t} \cdot I(\cdot)$ 替换，单门槛回归模型如式(5-5)所示：

$$\begin{aligned}\ln EP_{i,t} = & C_i + \alpha \ln Y_{i,t} + \delta \ln S_{i,t} + \beta_1 \ln R\&D_{i,t} + \beta_2 \ln ER_{i,t} \\ & + \beta_3 \ln FDI_{i,t} \cdot I(ER \leqslant \lambda) + \beta_4 \ln FDI_{i,t} \cdot I(ER > \lambda) \\ & + \kappa \ln Teach_{i,t} + \gamma \ln DEN_{i,t} + \varepsilon_{i,t}\end{aligned} \tag{5-5}$$

在式（5-5）中，$I(\cdot)$ 是包含两个值 0 和 1 的指示性函数，λ 代表的是待估计的门槛值，（$\beta_4 - \beta_3$）表示门槛效应。通过该方程回归，对于任意的门槛值 λ，我们可以通过求残差平方和 $S_1(\lambda)$ 得到各参数的估计值。最优的门槛值 $\hat{\lambda}$ 应使得 $S_1(\lambda)$ 在所有的残差平方和中最小。即：

$$\hat{\lambda} = \operatorname{argmin} S_1(\lambda) \tag{5-6}$$

在 Hansen（2000）的门槛模型中，将门槛变量的每一观测值均作为可能的门槛值，将满足式（5-6）的观测值确定为门槛值，当门槛估计值确定后，其他解释变量的估计参数也相应确定。

5.1.2 门槛显著性检验

门槛回归模型显著性检验的目的在于检验以门槛值划分的不同样本组的模型估计参数是否显著不同。不存在门槛值的原假设条件与备择假设条件分别为：

$$H_0: \beta_3 = \beta_4 \tag{5-7}$$

$$H_1: \beta_3 \neq \beta_4 \tag{5-8}$$

同时构造 LM（Lagrange Multiplier）统计量，对原假设条件进行统计检验，该统计量为：

$$F = n \frac{S_0 - S_n(\hat{\lambda})}{S_n(\hat{\lambda})} \tag{5-9}$$

其中 S_0 表示在原假设条件下的残差项平方和之和，$S_n(\hat{\lambda})$ 表示的是存在门槛效应的残差项的平方和之和。然而，在原假设条件下无法识别出

$\hat{\lambda}$，造成 LM 检验统计量的大样本分布不服从标准的卡方分布。因此 Hansen（2000）提出可以通过“自举法”（Bootstrap）来获得渐进分布，并进而得出相应的概率 P 值，也称为 Bootstrap P 值。该方法的基本思想是在解释变量和门槛值给定的前提下，模拟（simulate）产生一组因变量序列，并使其满足正态分布 $N(0;\ \hat{e}^2)$，其中，$\hat{e}$ 是式（5-5）中的残差项。每得到一个采用“自举法”抽样的样本，就会模拟计算一个 LM 统计量，Hansen（2000）认为将这种“自举法”过程重复 1000 次，其中模拟产生的 LM 统计量大于式（5-9）统计量值的次数与总模拟次数的百分比就是通过“自举法”所估计的 P 值。Bootstrap P 值类似于普通计量回归所得出相应的伴随概率 P 值。当 Bootstrap P 值分别小于 10%、5%及 1%时，表示分别在 10%、5%及 1%的显著性水平下通过了 LM 检验。

当未通过 LM 检验时，Bootstrap P 值大于显著性水平（10%、5%和 1%），原假设条件成立，即不存在门槛效应；当通过 LM 检验时，Bootstrap P 值小于显著性水平（10%、5%和 1%），备择假设条件成立，即存在门槛效应。

5.1.3　门槛值的置信区间

当门槛变量的门槛值通过显著性检验时，说明该变量存在“门槛效应”，但还需要进一步确定其门槛值的置信区间。即通过构造“似然比统计量”（Likelihood Ratio Statistics）对原假设条件进行检验，“似然比统计量”可以表示为：

$$\mathrm{LR}_n(\lambda_0) = n\frac{S_n(\lambda) - S_n(\hat{\lambda})}{S_n(\hat{\lambda})} \tag{5-10}$$

LR_n 类似于 LM 统计量，不服从标准的卡方分布，但 Hansen（2000）通过构造一个不等式计算了其置信区间，即在 α 的显著性水平下，若不等式 $LR_n(\lambda_0) \leqslant c(\alpha) = -2\ln(1-\sqrt{1-\alpha})$ 成立，则原假设条件 H_0：$\lambda = \lambda_0$ 成立。其中，在 95%的置信水平下，$c(\alpha) = 7.35$。

除了检验是否存在一个门槛值外，为了确定是否存在两个或两个以上的门槛值，有必要对两个门槛值进行检验。当 LM 检验的原假设条件被拒绝时，说明至少存在一个门槛值，在该门槛值的基础上，假设估计的门槛值 $\hat{\lambda}_1$ 已知，在进行第二个门槛值 λ_2 的搜索。在确定了两个门槛值之后，继续进行三个门槛值的检验，以此类推，直到无法拒绝 LM 检验的原假设为止，多个门槛检验的原理与一个门槛的情况相同，此处不再赘述。

式（5-5）为单门槛模型，若环境规制存在两个门槛值，则双门槛模型可以设定为：

$$\begin{aligned}\ln\mathrm{EP}_{i,t} = {} & C_i + \alpha\ln Y_{i,t} + \delta\ln S_{i,t} + \beta_1\ln R\&D_{i,t} + \beta_2\ln\mathrm{ER}_{i,t} \\ & + \beta_3\ln\mathrm{FDI}_{i,t}\cdot I(\mathrm{ER}\leqslant\lambda_1) + \beta_4\ln\mathrm{FDI}_{i,t}\cdot I(\lambda_1 < \mathrm{ER} < \lambda_2) \\ & + \beta_5\ln\mathrm{FDI}_{i,t}\cdot I(\mathrm{ER}\geqslant\lambda_2) + \kappa\ln\mathrm{Teach}_{i,t} + \gamma\ln\mathrm{DEN}_{i,t} + \varepsilon_{i,t}\end{aligned} \tag{5-11}$$

5.2 变量的选取与数据说明

5.2.1 变量说明

污染物综合排放指数 EP：选择各个省份的工业废水排放总量、工业化学需氧量 COD（Chemical Oxygen Demand）排放总量、工业二氧化硫及烟（粉）尘排放总量、工业废气排放总量以及工业固废排放总量，并借鉴 Ma et al.（2010）提出的熵值法，构建一个环境污染综合指标，具体计算过程和第四章相同，此处不再赘述。

现有的研究大多采用实际利用的 FDI 流量，FDI 的工业产值占 GDP 的比例，或者实际利用的 FDI 存量来衡量变量 FDI。第一个指标只考虑当期 FDI 的影响，忽略了滞后期 FDI 的影响，第二个指标只考虑了 FDI 的工业部门，没有衡量整个 FDI 的其他部门。因此，本书采用实际利用的 FDI 存量与相应 GDP 的比值来衡量 FDI 指数。然而，没有关于实际利用 FDI 存量的直接数据，本书采用永续盘存法间接估计 FDI 存量。公式如下：

$$\mathrm{FDI}_{i,t} = (1-\delta)\mathrm{FDI}_{i,t-1} + \mathrm{fdi}_{i,t} \tag{5-12}$$

在式（5-12）中，$FDI_{i,t}$表示 FDI 存量，$fdi_{i,t}$表示 FDI 流量，δ 表示 FDI 存量的折旧率。参照 Zhang 和 Wu（2004）的研究，折旧率通常设置为 9.6%。

环境规制（ER）：关于构建环境规制综合指标，我们同样是借鉴 Ma et al.（2010）熵值法，选择工业废水排放达标率、工业二氧化硫去除率、工业烟（粉）尘去除率以及工业固体废物综合利用率构建综合环境规制水平，具体计算过程和第四章的环境规制计算过程一样。ER_i的值越大，i 省的环境规制就越严格。

经济规模（Y）：本书选取人均 GDP 指标来作为经济规模（Y）的代理变量。

经济结构（S）：在现有的研究中，有两种衡量经济结构的方法，一种是用三大产业的产值占 GDP 的比重来代理，另外一种是用资本劳动比来代理。考虑到数据的可获得性和变量之间的相关性，本书采用工业增加值占相应 GDP 的比重来衡量经济结构 S。

技术研发：由于用于环境技术研发的资金数据难以获取，因此本书采用研发强度作为变量 *R&D* 的代理变量，即全部研发经费占相应 GDP 的比例，计算研发与试验发展经费存量的方法同计算 FDI 存量的方法相同。

平均受教育水平（Teach）以 6 岁以上人均受教育年限来衡量，计算公式如下：

$$Teach_{i,t} = prim_{i,t} \times 6 + midd_{i,t} \times 9 + high_{i,t} \times 12 + univ_{i,t} \times 16 \tag{5-13}$$

在式（5-13）中，prim、midd、high、univ 分别代表接受小学教育人口、初中以上教育人口、中学及高中以上教育人口、大专及以上教育人口与 6 岁以上人口的比重（Barro and Lee 1993）。变量人口密度（*DEN*）则用每平方公里的人口数量来衡量。

5.2.2　数据来源

本书选取 2000—2015 年的省级面板数据，由于西藏、香港、澳门和台湾地区相关变量的数据缺乏，在实证分析时这些地区被剔除掉。参考中国国家统计局公布的经济数据，根据区域经济发展水平和经济增长率，并参考发改委的划分意见，将我国30个省、直辖市、自治区划分为东部地区、中部地区和西部地区三大地区。表5-1报告了我国30个省、直辖市和自治区的详细划分。

表5-1　　中国三大经济区划分

区域	省份
东部地区	北京、天津、河北、辽宁、上海、江苏、浙江、福建、山东、广东、海南
中部地区	山西、吉林、黑龙江、安徽、江西、河南、湖北、湖南
西部地区	内蒙古、广西、重庆、四川、贵州、云南、陕西、甘肃、青海、宁夏、新疆

为了得到人均GDP的真实值，本书采用GDP平均指数来消除价格影响，同时将以美元计价的FDI用年中间平均汇率转换成以人民币计价的FDI数值。经济规模数据来源于《中国统计年鉴》，经济结构数据来源于《中国统计年鉴》和《中国工业年鉴》，衡量研发强度的数据来源于《中国统计年鉴》和《中国科学技术年鉴》，FDI数据来源于中国国家统计局和Wind数据库，各类污染物及其去除率数据来自《中国环境年鉴》。表5-2报告的是各变量的统计描述。

表5-2　　各变量统计性描述

变量	地区	平均值	标准差	最小值	最大值	观测值
$EP_{i,t}$	东部地区	0.0339	0.0058	0.0256	0.0426	176
	中部地区	0.0339	0.0037	0.0293	0.0421	128
	西部地区	0.0323	0.0037	0.0261	0.0413	176

续表

变量	地区	平均值	标准差	最小值	最大值	观测值
$Y_{i,t}$	东部地区	14950.88	6046.54	6463.79	29670.84	176
	中部地区	7404.23	1509.56	4779.00	10344.83	128
	西部地区	6527.93	1770.25	2743.87	10331.32	176
$S_{i,t}$	东部地区	0.4009	0.1043	0.1312	0.5196	176
	中部地区	0.4100	0.0634	0.2688	0.5304	128
	西部地区	0.3701	0.0539	0.2619	0.4945	176
$R\&D_{i,t}$	东部地区	0.0709	0.0620	0.0041	0.3046	176
	中部地区	0.0369	0.0146	0.0122	0.0826	128
	西部地区	0.0424	0.0380	0.0039	0.1568	176
$\mathrm{FDI}_{i,t}$	东部地区	0.2541	0.1285	0.0612	0.6675	176
	中部地区	0.0837	0.0420	0.0206	0.1680	128
	西部地区	0.0509	0.0333	0.0032	0.1385	176
$\mathrm{ER}_{i,t}$	东部地区	0.0362	0.0030	0.0248	0.0407	176
	中部地区	0.0336	0.0026	0.0284	0.0410	128
	西部地区	0.0302	0.0035	0.0211	0.0370	176
$\mathrm{Teach}_{i,t}$	东部地区	9.0134	1.0608	7.4567	12.0284	176
	中部地区	8.4551	0.5835	6.9881	9.4805	128
	西部地区	7.8195	0.7688	6.0405	9.2830	176
$\mathrm{DEN}_{i,t}$	东部地区	809.0523	850.6905	161.3820	3850.7920	176
	中部地区	291.7201	145.5932	83.7071	581.8560	128
	西部地区	128.6037	100.7269	7.1577	366.5856	176

数据来源：根据 Stata 15 回归结果整理得来。

5.2.3　对变量的解释和推测

Grossman 和 Krueger（1992）最早对环境污染和人均收入（GDP）之间的关系进行实证研究，他们指出环境污染和人均收入之间存在倒“U”

型曲线关系，被称为环境库兹涅茨曲线（EKC），也就是说，随着人均GDP的逐渐增加，环境污染先上升到峰值，然后再下降。根据上述数据统计，此处结合本书的研究假设——环境库兹涅茨曲线在我国成立，假设东部地区和中部地区已经处于环境库兹涅茨曲线的下降阶段，而西部地区仍然处于环境库兹涅茨曲线的上升阶段。因此，随着FDI的流入量的增加，东部地区和中部地区的环境污染会减少，西部地区的环境污染会增加。

由于环境污染大多来自工业行业，以至于随着工业增加值占GDP的比重的增加，环境污染亦会增加。因此，以第二产业为主要组成部分的产业结构与环境污染之间呈正相关关系。

改善环境技术需要大量研发资金的投入。因此，加大研发力度可以减少我国不同地区的环境污染。

结合本书的研究假设四，一个环境规制严格的地区会将重污染企业“挤出”该地区，同时，一个环境规制严格的地区也可以限制高污染外资企业的流入，不仅如此，严格的环境规制水平可以激发企业的创新能力和技术研发投入，最终表现为，环境规制水平越高的地区FDI的环境正效应就越强，对减排作用越大。

结合本书的研究假设三，本研究认为，与我国的西部地区相比，东部地区和中部地区的环境规制水平较高，因此，高污染的FDI企业难以进入，而高环境规制门槛使得更多的环境技术效率高的FDI企业进入，并通过FDI技术溢出效应来改善该地区的整体环境技术，从而有效地降低这些区域的环境污染水平。西部地区的经济发展水平也远远落后于东部地区和中部地区，因此为了发挥FDI促进经济增长的带动作用，西部地区允许各种类型FDI进入该地区，从而导致更多高污染的FDI流入西部地区。因此，FDI会增加西部地区环境污染，恶化环境质量。

一个地区的教育水平越高，代表公众的平均接受教育的时间越久，就越有可能具有较强的环保意识，对绿色环保产品的消费偏好更高；另一方面，一个地区的平均教育水平较高，可能意味着该地区人力资本较高，高水平人力资本使得绿色先进技术的溢出变得更容易，从而促进了该地区的技术创新和应用。因此，当一个地区有较高的教育水平时，该地区环境质量应该更好。换言之，教育水平越高越可以降低环境污染水平。

我国居民的生产生活主要依赖高排放型化石能源，一个地区的人口密度越高意味着该地区的高排放型化石能源消耗也越高，伴随着污染排放也越高。因此，一个地区的人口密度越高，环境污染就会越严重。

5.3　分区域分产业 FDI 对我国环境的影响

5.3.1　FDI 对我国不同地区环境影响的实证检验

（1）变量的平稳性检验。

现代计量经济学理论指出，用于计量经济学模型回归分析的序列，应该是平稳的序列，否则会因序列不平稳造成潜在的“伪回归”从而影响回归结果的可靠性。在考虑检验结果可靠性的前提下，本书分别采用 LLC 和 ADF-Fisher 检验方法对各变量进行平稳性检验，检验结果如表 5-3 所示，检验结果均在 1%的显著性水平下显著，因此，各变量均为平稳变量。

表 5-3　　变量的平稳性检验

变量	LLC Test		ADF-Fisher Test		平稳性
	F 统计量	P 值	F 统计量	P 值	
$\ln EP_{i,t}$	-4.33007^{***}	0.0000	112.190^{***}	0.0001	平稳
$\ln Y_{i,t}$	-4.68511^{***}	0.0000	132.315^{***}	0.0000	平稳
$\ln S_{i,t}$	-5.76217^{***}	0.0000	106.137^{***}	0.0002	平稳
$\ln R\&D_{i,t}$	-2.43129^{***}	0.0075	129.928^{***}	0.0000	平稳
$\ln SFZC_{i,t}$	-6.90292^{***}	0.0000	150.187^{***}	0.0000	平稳

续表

变量	LLC Test		ADF-Fisher Test		平稳性
	F 统计量	P 值	F 统计量	P 值	
$\ln FDI_{i,t}$	-5.02036^{***}	0.0000	106.478^{***}	0.0002	平稳
$\ln Teach_{i,t}$	-6.11596^{***}	0.0000	231.778^{***}	0.0000	平稳
$\ln DEN_{i,t}$	-4.81369^{***}	0.0000	93.4731^{***}	0.0037	平稳

注：“ *** ”表示在 1%的显著性水平下显著；数据来源：根据 Eviews 8 检验结果整理而得。

（2）回归结果分析。

主要变量环境规制可能存在潜在的内生性（Zhang et al.，2016）。因此，本书应采用 Durbin-Wu-Hausman 检验对变量环境规制进行内生性检验以避免由于该变量的内生性导致回归结果的不准确。该检验的原假设条件为变量环境规制为外生变量，如果原假设条件被拒绝，说明变量环境规制为内生变量，采用 OLS 估计会导致估计存在偏误，此时采用 OLS 估计不太合适。如果原假设条件被接受，说明变量环境规制为外生变量，此时采用 OLS 估计是合理的。

Durbin-Wu-Hausman 检验的检验结果如表 5-3 所示，检验结果表明原假设条件成立，采用 OLS 估计对于考察 FDI 和环境规制对我国不同地区环境污染的影响是合理的。此外，为了保持回归结果的稳健性，本书采用可行的广义最小二乘法（FGLS）估计进行估计以示对照。回归结果如表 5-4 所示：

由表 5-4 可知，我国各地区 FDI 对环境污染影响的 FE 和 FGLS 回归结果基本保持一致，说明 FDI 对环境污染影响的固定效应的回归结果是稳健的。此外，回归模型中加入控制变量与未加入控制变量主要解释变量的回归结果的正负号和显著性水平保持一致，说明模型的回归结果具有统计意义上的可靠性。在加入控制变量的模型（1）—（3）中，中国各地区 FDI 对环境污染影响的固定效应模型回归中，变量 $\ln ER_{it}$ 的回归系数均为负值，

表 5-4　**FDI 和环境规制对中国不同地区环境污染影响的回归结果**

$\ln EP_{i,t}$	东部地区				中部地区				西部地区			
	Uncontrolled (1)		Controlled (1)		Uncontrolled (2)		Controlled (2)		Uncontrolled (3)		Controlled (3)	
	FE	FGLS	FE	FGLS	FE	FGLS	FE	FGLS	FE	FGLS	FE	FGLS
$\ln Y_{i,t}$	-0.3077***	-0.2263***	-0.2977***	-0.2160***	-0.2447***	-0.1932***	-0.0489	-0.0146	0.0679	0.1676***	0.3782***	0.2997***
	(0.0418)	(0.0284)	(0.0390)	(0.0373)	(0.0717)	(0.0477)	(0.0871)	(0.0585)	(0.1127)	(0.0461)	(0.1043)	(0.0459)
$\ln S_{i,t}$	0.3244***	0.2386***	0.1536***	0.1640***	0.3644***	0.2514***	0.2661***	0.1627***	0.2431***	0.1667***	0.2282***	0.2092***
	(0.0207)	(0.0267)	(0.0228)	(0.0206)	(0.0661)	(0.0472)	(0.0536)	(0.0310)	(0.0601)	(0.0293)	(0.0514)	(0.0266)
$\ln R\&D_{i,t}$	-0.1009***	-0.0719***	-0.1888***	-0.1217***	-0.0041	-0.0174	-0.0084	-0.0468** *	0.0038	-0.0212	-0.0120	-0.0331
	(0.0193)	(0.0103)	(0.0170)	(0.0127)	(0.0455)	(0.0183)	(0.0359)	(0.0122)	(0.0314)	(0.0284)	(0.0270)	(0.0240)
$\ln ER_{i,t}$	-0.0670	-0.1386***	-0.5070***	-0.2973***	-0.1504	-0.1879***	-0.4823***	-0.4450***	-0.2664***	-0.1642***	-0.2762***	-0.1793***
	(0.0862)	(0.0252)	(0.0805)	(0.0432)	(0.1283)	(0.0539)	(0.1480)	(0.0619)	(0.0768)	(0.0275)	(0.0669)	(0.0299)
$\ln FDI_{i,t}$	-0.0981***	-0.0692***	-0.0784***	-0.0877***	-0.0706***	-0.0524***	-0.0347***	-0.0391***	0.0312** *	0.0460** *	0.0287***	0.0318***
	(0.0135)	(0.0126)	(0.0107)	(0.0115)	(0.0146)	(0.0114)	(0.0123)	(0.0070)	(0.0117)	(0.0111)	(0.0101)	(0.0088)
$\ln Teach_{i,t}$			-1.4491***	-1.0081***			-0.5842**	-0.1850*			-0.1088	-0.0202
			(0.1397)	(0.1010)			(0.2844)	(0.0996)			(0.1806)	(0.0574)
$\ln DEN_{i,t}$			0.1045***	0.0722***			0.1472***	0.1390***			1.0730***	0.8283***
			(0.0145)	(0.0155)			(0.0191)	(0.0123)			(0.1377)	(0.1431)
C_i	-0.2216	-1.3645***	0.8632*	-0.1934	-1.5671**	-2.1663***	-6.4745***	-6.0462***	-5.0269***	-5.5547***	-10.8338***	-9.0109***
	(0.6050)	(0.2921)	(0.4757)	(0.3546)	(0.6195)	(0.4380)	(0.8436)	(0.4588)	(1.1169)	(0.4029)	(1.2133)	(0.6574)

续表

$lnEP_{i,t}$	东部地区				中部地区				西部地区			
	Uncontrolled (1)		Controlled (1)		Uncontrolled (2)		Controlled (2)		Uncontrolled (3)		Controlled (3)	
	FE	FGLS	FE	FGLS	FE	FGLS	FE	FGLS	FE	FGLS	FE	FGLS
R-sq	0. 7691		0. 8663		0. 4592		0. 6696		0. 7701		0. 8390	
Wald-chi2 (Prob>chi2)		154. 44 (0. 0000)		434. 71 (0. 0000)		37. 31 (0. 0000)		294. 86 (0. 0000)		61916. 59 (0. 0000)		19318. 70 (0. 0000)
F ($Prob>F$)	103. 27 (0. 0000)		141. 65 (0. 0000)		18. 17 (0. 0000)		30. 40 (0. 0000)		32. 38 (0. 0000)		43. 84 (0. 0000)	
Durbin-Wu-Hausman (p-value)	0. 0396 (p= 0. 8426)	0. 0396 (p= 0. 8426)	2. 3065 (p= 0. 1309)	2. 3065 (p= 0. 1309)	0. 2929 (p= 0. 5894)	0. 2929 (p= 0. 5894)	1. 2838 (p= 0. 2595)	1. 2838 (p= 0. 2595)	0. 4492 (p= 0. 5036)	0. 4492 (p= 0. 5036)	2. 2310 (p= 0. 1372)	2. 2310 (p= 0. 1372)
Time Effect	YES	YES	YES	YES	YES	YES	YES	YES	YES	YES	YES	YES
Observations	176	176	176	176	128	128	128	128	176	176	176	176

注：回归系数下的括号内数值是标准差；“ * ” “ ** ” 和 “ *** ” 分别表示在 10%、5%和 1%的显著性水平下显著。

数据来源：根据 Stata 15 的回归结果整理而得。

其中，在东部地区，变量 $\ln ER_{i,t}$ 的回归系数为-0.5070 且通过了 1%的显著性水平检验，说明当东部地区的环境规制水平每增加 1%，该地区的环境污染减少 0.5070%；类似的，中部地区和西部地区，变量 $\ln ER_{i,t}$ 的回归系数分别为-0.4823 和-0.2762 且通过 1%的显著性水平检验，说明当中部地区和西部地区的环境规制水平分别每增加 1%，中部地区和西部地区的环境污染分别减少 0.4823%和 0.2762% ；对于东部地区、中部地区和西部地区，经济变量 $\ln FDI_{i,t}$ 的回归系数分别为-0.0784、-0.0347 和 0.0287 且均通过 1%的显著性检验，说明当东部地区、中部地区和西部地区的 FDI 存量分别每增加 1%，东部地区和中部地区的环境污染分别减少 0.0784%和 0.0347%，而西部地区的环境污染增加 0.0287%；东部地区、中部地区和西部地区，变量 $\ln Y_{i,t}$ 的回归系数分别为-0.2977、-0.0489 和 0.3782 且显著，说明当东部地区、中部地区和西部地区的人均 GDP 分别每增加 1%，东部地区和中部地区的环境污染分别减少 0.2977%和 0.0489%，而西部地区的环境污染增加 0.3782%；东部地区、中部地区和西部地区，变量 $\ln S_{i,t}$ 的回归系数分别为 0.1536、0.2661 和 0.2282 且通过了 5%显著性检验，说明当东部地区、中部地区和西部地区的工业增加值占 GDP 的份额分别每增加 1%，东部地区、中部地区和西部地区的环境污染排放量分别增加 0.1536%、0.2661%和 0.2282%；东部地区、中部地区和西部地区，变量 $\ln R\&D_{i,t}$ 的回归系数分别为-0.1888、-0.0084 和-0.0120，说明当东部地区、中部地区和西部地区的研发强度分别每增加 1%单位，东部地区、中部地区和西部地区的环境污染分别降低 0.1888%、0.0084%和 0.0120%。此外，变量教育水平（$\ln Teach_{i,t}$）和变量人口密度（$\ln DEN_{i,t}$）对我国各地区环境污染的影响证实了前文的相关推测。

为了检验由于研究对象的异质性而造成 FDI 环境效应的差异，本书对 FDI 环境效应的门槛效应进行实证分析之前，从 FDI 进入不同产业与我国环境污染间的关系这一视角，分产业实证检验 FDI 对我国环境的影响，以期达到多层面多角度地分析 FDI 对我国生态环境的影响。

5.3.2 分产业 FDI 对我国环境影响的实证检验

(1) 变量的平稳性检验。

现代计量经济学理论指出，用于计量经济学模型回归分析的序列，应该是平稳的序列，否则会因序列不平稳造成潜在的“伪回归”从而影响回归结果的可靠性。在考虑检验结果可靠性的前提下，本书分别采用 LLC 和 ADF-Fisher 检验方法对各变量进行平稳性检验，检验结果如表 5-5 所示，检验结果均在 5%的显著性水平下显著，因此，各变量均为平稳变量。

表 5-5　　变量的平稳性检验

变量	LLC Test		ADF-Fisher Test		平稳性
	F 统计量	P 值	F 统计量	P 值	
$\ln EP_{i,t}$	−8.19503***	0.0000	75.0441**	0.0199	平稳
$\ln Y_{i,t}$	−10.7441***	0.0000	111.607***	0.0000	平稳
$\ln S_{i,t}$	−3.46483***	0.0000	69.8740**	0.0497	平稳
$\ln R\&D_{i,t}$	−16.2328***	0.0000	109.595***	0.0000	平稳
$\ln ER_{i,t}$	−3.93917***	0.0000	66.8662***	0.0804	平稳
$\ln FDI1_{i,t}$	−8.48638***	0.0000	174.064**	0.0000	平稳
$\ln FDI2_{i,t}$	−5.96329***	0.0023	125.789***	0.0000	平稳
$\ln FDI3_{i,t}$	−10.6493***	0.0000	222.398***	0.0000	平稳
$\ln Teach_{i,t}$	−5.45188***	0.0000	71.1511**	0.0400	平稳
$\ln DEN_{i,t}$	−1.65113**	0.0494	151.105***	0.0000	平稳

注：“ *** ” 表示在 1%的显著性水平下显著。

数据来源：根据 Eviews 8 检验结果整理而得。

本部分采用的回归模型借鉴“FDI 对中国不同地区环境污染影响”一文中的模型。主要变量环境规制可能存在潜在的内生性（Zhang et al.，2016）。因此，本书再次采用 Durbin-Wu-Hausman 检验对变量环境规制进行内生性检验，以避免由于该变量的内生性导致回归结果的不准确。

Durbin-Wu-Hausman 检验的检验结果如表 5-6 所示，检验结果表明原假设条件成立，采用 OLS 估计对于考察 FDI 和环境规制对我国不同地区环境污染的影响是合理的。此外，为了确定选择固定效应模型还是随机效应模型进行回归，本书对此进行 Hausman 检验，检验结果表明，本书应选择固定效应模型。此外，为了保持回归结果的稳健性，本书采用可行的广义最小二乘法（FGLS）估计进行估计以示对照。

表 5-6　　不同产业 FDI 对中国环境污染影响的回归结果

$\ln EP_{i,t}$	第一产业 FDI		第二产业 FDI		第三产业 FDI	
	FE	FGLS	FE	FGLS	FE	FGLS
$\ln Y_{i,t}$	0.1004***	0.0485	0.0814**	0.0203	0.1105***	0.0464
	(0.0320)	(0.0306)	(0.0329)	(0.0306)	(0.0324)	(0.0310)
$\ln S_{i,t}$	0.2503***	0.2304***	0.1969***	0.1660***	0.2674***	0.2527***
	(0.0359)	(0.0357)	(0.0433)	(0.0414)	(0.0349)	(0.0351)
$\ln R\&D_{i,t}$	−0.0810***	−0.0549***	−0.0837***	−0.0653***	−0.0796**	−0.0571***
	(0.0182)	(0.0178)	(0.0177)	(0.0175)	(0.0178)	(0.0178)
$\ln ER_{i,t}$	−0.2268**	−0.1887**	−0.2673***	−0.2370**	−0.2123**	−0.1589*
	(0.0949)	(0.0959)	(0.0955)	(0.0956)	(0.0936)	(0.0953)
$\ln FDI_{i,t}$	0.0017	0.0091	0.0241**	0.0367***	−0.0143*	−0.0067
	(0.0056)	(0.0055)	(0.0114)	(0.0109)	(0.0085)	(0.0085)
$\ln Teach_{i,t}$	−0.4942***	−0.2927**	−0.5149***	−0.2843**	−0.4282***	−0.1900
	(0.0099)	(0.1361)	(0.1389)	(0.1276)	(0.1422)	(0.1333)
$\ln DEN_{i,t}$	0.0438***	0.0334***	0.0399***	0.0272***	0.0465***	0.0326***
	(0.0139)	(0.0099)	(0.0100)	(0.0098)	(0.0100)	(0.0100)
C_i	−4.2694***	−3.9406***	−4.1820***	−3.8936***	−4.4967***	−4.0903***
	(0.3936)	(0.4515)	(0.3902)	(0.3888)	(0.4081)	(0.4123)
R-sq	0.3985		0.4091		0.4053	

续表

$lnEP_{i,t}$	第一产业 FDI		第二产业 FDI		第三产业 FDI	
	FE	FGLS	FE	FGLS	FE	FGLS
Wald-chi2 (Prob>chi2)		128.66 (0.0000)		141.49 (0.0000)		125.59 (0.0000)
F (Prob>F)	23.00 (0.0000)		24.03 (0.0000)		23.66 (0.0000)	
Durbin-Wu-Hausman (p-value)	1.3595 (p=0.2448)	1.3595 (p=0.2448)	1.8671 (p=0.1731)	1.8671 (p=0.1731)	0.4308 (p=0.5122)	0.4308 (p=0.5122)
Time Effect	YES	YES	YES	YES	YES	YES
Observations	240	240	240	240	240	240

注：回归系数下的括号内数值是标准差；“*”“**”和“***”分别表示在10%、5%和1%的显著性水平下显著。

数据来源：根据 Stata 15 的回归结果整理而得。

（2）回归结果分析。

从表5-6中可以看出，我国不同产业 FDI 对环境污染影响的 FE 和 FGLS 回归结果基本保持一致，说明 FDI 对环境污染影响的固定效应的回归结果是稳健的。在不同产业 FDI 对我国环境污染影响的固定效应模型回归中，变量 $lnFDI_{i,t}$ 的回归系数正负号和显著性有所不同，其中在第一产业 FDI 对我国环境污染影响的固定效应模型回归中，变量 $lnFDI_{i,t}$ 的回归系数为0.0017且不显著，说明当第一产业 FDI 每增加1%，我国的污染物排放量增加0.0017%；在第二产业的 FDI 对我国环境污染影响的固定效应模型回归中，变量 $lnFDI_{i,t}$ 的回归系数为0.0241且显著，说明当第二产业的 FDI 每增加1%，污染物排放量增加0.0241%；在第三产业的 FDI 对我国环境污染影响的固定效应模型回归中，变量 $lnFDI_{i,t}$ 的回归系数为-0.0143且通过1%显著性水平检验，说明当第三产业的 FDI 规模每增加1%，我国的污染物排放量减少 0.0143%。从不同产业 FDI 对我国环境污染的影响结果来看，第一产业和第二产业 FDI 对我国的生态环境有明显的负向作用，但第一产业的 FDI 对我国环境的影响的估计系数没有通过 10%的显著性水平检验，而第二产业的 FDI 显著地增加了我国的环境污染排放量；第三产业中的 FDI 对我国生态环境有显著的改善作用。另外，其他变量的回归结果证实了前文的推测，此处不再赘述。

5.4　不同环境规制门槛下 FDI 对我国环境影响

FDI 流入会受到环境规制的影响，与此同时，环境污染也会受到环境规制的影响。在不同环境规制水平下，FDI 对投资地区的环境的影响结果有可能会支持“污染天堂”假说，也可能支持“污染光轮”假说。接下来，将环境规制作为门槛变量，实证检验本书的研究假设三——不同环境规制水平下 FDI 将对我国生态环境产生不同的影响。

5.4.1　门槛值估计与检验

本书采用 Hansen 的“栅格法”对我国不同地区的环境规制在 FDI 环境效应中可能存在的 0 个、1 个、2 个或 3 个门槛值在门槛模型中依次进行显著性检验和估计。经过 LM 检验，可以得到 F-statistics 值和相应的 Bootstrap P 值。表 5-7 报告了我国各地区环境规制可能存在门槛值的显著性结果。

表 5-7　　**门槛值的显著性检验结果**

地区	门槛效应	F 统计值	P 值	临界值		
				1%	5%	10%
东部地区	第一个门槛值	14.654***	0.003	13.210	10.169	7.981
	第二个门槛值	10.319***	0.003	6.402	3.826	2.765
	第三个门槛值	0.000	0.340	0.000	0.000	0.000

续表

地区	门槛效应	F 统计值	P 值	临界值		
				1%	5%	10%
中部地区	第一个门槛值	3.259	0.123	4.653	3.95	3.445
	第二个门槛值	7.780**	0.013	8.394	5.156	2.854
	第三个门槛值	0.000	0.373	0.000	0.000	0.000
西部地区	第一个门槛值	7.788*	0.090	9.218	8.290	7.671
	第二个门槛值	7.658***	0.037	8.314	7.364	6.711
	第三个门槛值	0.000	0.223	0.000	0.000	0.000

注："*""**"和"***"分别表示在10%、5%和1%显著性水平下显著。

数据来源：根据 Stata 15 回归结果整理而得。

从表 5-7 中可以看出，在东部地区，在不存在门槛值的原假设条件下，F 统计值为 14.654，大于在 1%显著性水平下的临界值 13.210，相应的 Bootstrap P 值为 0.003，因此不存在门槛值的原假设条件被拒绝；接着在只存在一个门槛值的原假设条件下，F 统计值为 10.319，大于在 1%显著性水平下的临界值 6.402，相应的 Bootstrap P 值为 0.003，因此只存在一个门槛值的原假设条件被拒绝；接着在只存在两个门槛值的原假设条件下，F 统计值为 0.000，未超过 10%显著性水平下的临界值 0.000，相应的 Bootstrap P 值为 0.340，因此只存在两个门槛值的原假设条件未被拒绝，因此东部地区的环境规制存在两个门槛值。同理，经过相应的检验，中部地区和西部地区的环境规制同样存在两个门槛值。

表 5-8 报告了我国各地区环境规制的门槛值和相应的置信区间，各地区环境规制的门槛值都落在相应的置信区间内，且第二个门槛值都大于第一个门槛值。

表 5-8　　各地区门槛值和相应的置信区间

地区	门槛数量	门槛估计值	95%置信区间
东部地区	λ_1	0.035	[0.029, 0.038]
	λ_2	0.039	[0.029, 0.039]
中部地区	λ_1	0.032	[0.030, 0.040]
	λ_2	0.039	[0.030, 0.040]
西部地区	λ_1	0.031	[0.024, 0.034]
	λ_2	0.035	[0.035, 0.036]

数据来源：根据 Stata 15 回归结果整理而得。

5.4.2　门槛模型回归结果

本书在进行门槛回归之前，同样对变量环境规制可能存在的内生性进行 Durbin-Wu-Hausman 检验，检验结果如表 5-9 所示，变量环境规制不存在内生性，对门槛模型采用 OLS 估计是合理的。此外，为了保持回归结果的稳健性，本书采用 FGLS 估计归门槛模型进行回归以示对照。

从表 5-9 中可以看出，我国各地区 FDI 对环境污染影响的 FE 和 FGLS 回归结果基本保持一致，说明 FDI 对环境污染影响的固定效应的回归结果是稳健的。此外，回归模型中加入控制变量与未加入控制变量主要解释变量的回归结果的正负号与显著性水平保持一致，说明模型的回归结果具有统计意义上的可靠性。在加入控制变量的模型（4）—（6）中，我国各地区 FDI 对环境污染影响的固定效应模型回归中，变量 $\ln ER_{i,t}$ 的回归系数均为负值，其中，在东部地区，变量 $\ln ER_{i,t}$ 的回归系数为-0.8639 且显著，说明当东部地区的环境规制水平每增加 1%，该地区的环境污染减少 0.8639%；类似地，中部地区和西部地区，变量 $\ln ER_{i,t}$ 的回归系数分别为-0.5189和-0.2485 且显著，说明当中部地区和西部地区的环境规制水平分别每增加 1%，中部地区和西部地区的环境污染分别减少 0.5189%和 0.2485%；

表 5-9 各地区 FDI 环境效应的环境规制门槛效应回归结果

$lnEP_{i,t}$	Eastern Region				Central Region				Western Region			
	Uncontrolled (4)		Controlled (4)		Uncontrolled (5)		Controlled (5)		Uncontrolled (6)		Controlled (6)	
	FE	FGLS	FE	FGLS	FE	FGLS	FE	FGLS	FE	FGLS	FE	FGLS
$lnY_{i,t}$	-0.3082*** (0.0400)	-0.2586*** (0.0350)	-0.3330*** (0.0372)	-0.3129*** (0.0324)	-0.3094*** (0.0698)	-0.1608*** (0.0565)	-0.0838 (0.0931)	-0.1106** (0.0513)	0.0586 (0.1147)	0.1840** (0.0776)	0.3848*** (0.1053)	0.3688*** (0.0721)
$lnS_{i,t}$	0.3228*** (0.0203)	0.3384*** (0.0190)	0.1634*** (0.0215)	0.1817*** (0.0196)	0.4042*** (0.0668)	0.1996*** (0.0630)	0.2820*** (0.0596)	0.1786*** (0.0424)	0.2486*** (0.0616)	0.1947*** (0.0451)	0.2240*** (0.0521)	0.2076*** (0.0388)
$lnR\&D_{i,t}$	-0.0962*** (0.0185)	-0.0637*** (0.0150)	-0.1836*** (0.0159)	-0.1697*** (0.0141)	0.0653 (0.0473)	-0.0589*** (0.0216)	-0.0234 (0.0406)	0.0010 (0.0174)	0.0044 (0.0316)	0.0054 (0.0289)	0.0157 (0.0269)	0.0131 (0.0242)
$lnER_{i,t}$	-0.4608*** (0.1352)	-0.3960*** (0.1243)	-0.8639*** (0.1101)	-0.8057*** (0.0998)	-0.4583** (0.1973)	-0.3948*** (0.0984)	-0.5189*** (0.1923)	-0.2411*** (0.0739)	-0.2855*** (0.0979)	-0.2871*** (0.0887)	-0.2485*** (0.0835)	-0.2296*** (0.0751)
$lnFDI_{i,t}\cdot I(ER_{i,t}=<\lambda_1)$	-0.0802*** (-0.0136)	-0.0741*** (0.0131)	-0.0582*** (0.0107)	-0.0647*** (0.0101)	-0.0745*** (0.0146)	-0.0461*** (0.0148)	-0.0396*** (0.0134)	-0.0262** (0.0114)	0.0331*** (0.0119)	0.0344*** (0.0110)	0.0308*** (0.0102)	0.0295*** (0.0093)
$lnFDI_{i,t}\cdot I(\lambda_1<ER_{i,t}<\lambda_2)$	-0.1408*** (0.0240)	-0.1264*** (0.0154)	-0.1141*** (0.0126)	-0.1182*** (0.0137)	-0.1020*** (0.0157)	-0.0670*** (0.0152)	-0.0464*** (0.0157)	-0.0280** (0.0118)	0.0304** (0.0122)	0.0334*** (0.0112)	0.0299*** (0.0105)	0.0289*** (0.0095)
$lnFDI_{i,t}\cdot I(ER_{i,t}>=\lambda_2)$	-0.1403*** (0.0167)	-0.1162*** (0.0214)	-0.1019*** (0.0184)	-0.1163*** (0.0160)	-0.0697*** (0.0195)	-0.0554*** (0.0162)	-0.0352** (0.0174)	-0.0226* (0.0132)	0.0355** (0.0158)	0.0370*** (0.0143)	0.0438*** (0.0133)	0.0412*** (0.0119)
$lnTeach_{i,t}$			-1.3800*** (0.1307)	-1.2369*** (0.1067)			-0.5438* (0.2866)	-0.0543 (0.1048)			-0.0627 (0.1809)	-0.0277 (0.1349)

续表

$\ln EP_{i,t}$	Eastern Region				Central Region				Western Region			
	Uncontrolled（4）		Controlled（4）		Uncontrolled（5）		Controlled（5）		Uncontrolled（6）		Controlled（6）	
	FE	FGLS	FE	FGLS	FE	FGLS	FE	FGLS	FE	FGLS	FE	FGLS
$\ln DEN_{,t}$			0.1182*** （0.0140）	0.1020*** （0.0123）			0.1347*** （0.0215）	0.1245*** （0.0284）			1.1146*** （0.1386）	1.1021*** （0.1232）
C_i	−1.5744** （0.6902）	−1.8942*** （0.6342）	0.2538 （0.5281）	−0.4977 （0.4812）	−1.8518*** （0.6495）	−3.0818*** （0.5908）	−6.0924*** （0.9121）	−3.9302*** （0.6510）	−5.0089*** （1.1240）	−6.0656*** （0.7839）	−10.9955*** （1.2072）	−10.7039*** （0.8315）
R-sq	0.7918		0.8860		0.5379		0.6748		0.7714		0.8436	
Wald-chi2 （Prob>chi2）		599.18 （0.0000）		1253.18 （0.0000）		54.26 （0.0000）		68.21 （0.0000）		559.10 （0.0000）		893.52 （0.0000）
F （Prob>F）	83.15 （0.0000）		130.33 （0.0000）		17.46 （0.0000）		23.75 （0.0000）		28.39 （0.0000）		40.02 （0.0000）	
Durbin-Wu-Hausman （p-value）	1.3485 （p= 0.2474）	1.3485 （p= 0.2474）	0.0206 （p= 0.8860）	0.0206 （p= 0.8860）	0.1654 （p= 0.6849）	0.1654 （p= 0.6849）	0.8129 （p= 0.3691）	0.8129 （p= 0.3691）	0.0019 （p= 0.9655）	0.0019 （p= 0.9655）	1.5371 （p= 0.2168）	1.5371 （p= 0.2168）
Time Effect	YES	YES	YES	YES	YES	YES	YES	YES	YES	YES	YES	YES
Observations	176	176	176	176	128	128	128	128	176	176	176	176

注：回归系数下的括号内数值是标准差；“*”“**”和“***”分别表示在 10%、5%和 1%的显著性水平下显著。

数据来源：根据 Stata 15 的回归结果整理而得。

东部地区和中部地区，变量 $\ln FDI_{i,t}$的回归系数全为负且显著，在西部地区，变量 $\ln FDI_{i,t}$的回归系数全为正且显著。其中，在东部地区，当环境规制不超过 0.035 时，变量 $\ln FDI_{i,t}$ 的回归系数为-0.0582 且显著，说明 FDI 对东部地区的环境污染具有显著的抑制作用，当 FDI 每增加 1%，东部地区的环境污染降低 0.0582%；当环境规制介于 0.035 和 0.039 之间时，变量 $\ln FDI_{i,t}$的回归系数为-0.1141 且显著，说明 FDI 对东部地区的环境污染具有显著的抑制作用，当 FDI 每增加 1%，东部地区的环境污染降低 0.1141%，相比环境规制小于 0.035 时，FDI 对东部地区环境污染的抑制作用在增强，对东部地区环境污染抑制效应增加了 0.0559%；当环境规制大于 0.039（第二个门槛值）时，变量 $\ln FDI_{i,t}$的回归系数为-0.1019 且显著，说明 FDI 对东部地区的环境污染具有显著的抑制作用，当 FDI 每增加 1%，东部地区的环境污染降低 0.1019%，相比当环境规制介于 0.035 和 0.039 之间时，FDI 对东部地区环境污染的抑制作用强度有所减弱，对东部地区环境污染抑制效应减少了 0.0122%。因此环境规制对 FDI 降低东部地区环境污染具有双门槛效应，即当环境规制超过第一个门槛后，FDI 降低东部环境污染的效应提升 0.0559%，当环境规制扩大超过第二个门槛后，FDI 降低东部环境污染的效应反而减少 0.0122%。说明在东部地区存在环境规制的最优区间使得 FDI 降低东部环境污染的效应最大。

在中部地区，当环境规制不超过 0.032 时，变量 $\ln FDI_{i,t}$的回归系数为-0.0396 且显著，说明 FDI 对中部地区的环境污染具有显著的抑制作用，当 FDI 每增加 1%，中部地区的环境污染降低 0.0396%；当环境规制介于 0.032 和 0.039 之间时，变量 $\ln FDI_{i,t}$的回归系数为-0.0464 且显著，说明 FDI 对中部地区的环境污染具有显著的抑制作用，当 FDI 每增加 1%，中部地区的环境污染降低 0.0464%，相比环境规制小于 0.032 时，FDI 对中部地区环境污染的抑制作用在增强，对中部地区环境污染抑制效应增加了 0.0068%；当环境规制大于 0.039（第二个门槛值）时，变量 $\ln FDI_{i,t}$的回归系数为-0.0352 且显著，说明 FDI 对中部地区的环境污染具有显著的抑制作用，当 FDI 每增加 1%，中部地区的环境污染降低 0.0352%，但是，相比当环境规制介于 0.032 和 0.039 之间时，FDI 对中部地区环境污染的抑制作用有所减弱，对中部地区环境污染抑制效应减少了 0.0112%。因此环境规制对 FDI 降低中部地区环境污染具有双门槛效应，即当环境规制超过第一个门槛后，FDI 降低中部环境污染的效应提升 0.0068%，当环境规制扩大超过第二个门槛后，FDI 降低中部环境污染的效应减少 0.0112%。说明在中部地区存在环境规制的最优区间使得 FDI 降低中部环境污染的效应最大。

在西部地区，当环境规制不超过 0.031 时，变量 $\ln FDI_{i,t}$ 的回归系数为 0.0308 且显著，说明 FDI 对西部地区的环境污染具有显著的促进作用，当 FDI 每增加 1%，西部地区的环境污染增加 0.0308%；当环境规制介于 0.031 和 0.035 之间时，变量 $\ln FDI_{i,t}$ 的回归系数为 0.0299 且显著，说明 FDI 对西部地区的环境污染具有显著的促进作用，当 FDI 每增加 1%，西部地区的环境污染增加 0.0299%，相比环境规制小于 0.031 时，FDI 对西部地区环境污染的促进作用在减弱，对西部地区环境污染促进效应减少了 0.0009%；当环境规制大于 0.035（第二个门槛值）时，变量 $\ln FDI_{i,t}$ 的回归系数为 0.0438 且显著，说明 FDI 对西部地区的环境污染具有显著的促进作用，当 FDI 每增加 1%，西部地区的环境污染增加 0.0438%，同样地，相比当环境规制介于 0.031 和 0.035 之间时，FDI 对西部地区环境污染的促进作用有所增加，对西部地区环境污染促进效应增加了 0.0139%。因此环境规制对 FDI 增加西部地区环境污染具有双门槛效应，即当环境规制超过第一个门槛后，FDI 增加西部环境污染的效应减少 0.0009%，当环境规制扩大超过第二个门槛后，FDI 增加西部环境污染的效应增加 0.0139%。说明在西部地区存在环境规制的最优区间使得 FDI 增加西部环境污染的效应最小。

基于以上对我国东、中、西三大经济区的 FDI 环境效应的检验结果表明，研究假设三在我国成立。在我国三个经济区，均存在显著的环境规制双门槛效应，两个门槛区间为环境规制水平的最优区间，即在该环境规制强度水平下，能够使FDI对投资区域环境产生最优影响。究其原因，东部和中部地区经济基础比西部优渥，在环境规制水平上也一直比西部地区高，这导致FDI进入我国伊始就会产生分流效应，更多的环境友好型FDI企业流入我国的东部、中部地区。因此，正如回归的结果显示的那样，FDI在东部、中部改善了这些区域的环境质量，但是在西部FDI恶化了该区域的环境质量。不仅如此，随着环境规制水平超过第二个门槛值，东部、中部的环境规制水平更高，这将会大大增加企业的研发投入和生产技术的更新成本，一些外资企业考虑到成本因素，从东部、中部转移到其他国家或地区，这直接表现为FDI的环境正效应的强度变弱，这正好从侧面也印证了第二章关于环境规制效应的分析，过高的环境规制水平并非整个社会经济福利的最优状态。此外，当环境规制水平越过第二个门槛值，由于高强度的环境规制水平，将引起东部、中部地区较强的挤出效应，将一些达不到环保要求的外资企业的生产活动转移至环境规制门槛较低的西部地区，尽管西部地区的环境规制水平也在逐步提高，这将倒逼企业进行技术创新，但是企业的技术创新所带来的环境正效应小于产业转移所带来的环境负效应，因此总体上仍然表现为FDI恶化了西部地区的环境质量。

东部地区、中部地区和西部地区，变量$\ln Y_{i,t}$的回归系数分别为-0.3330、-0.0838和0.3848，说明当东部地区、中部地区和西部地区的人均GDP分别每增加1%，东部地区和中部地区的环境污染分别减少0.3330%和0.0838%，而西部地区的环境污染增加0.3848%；东部地区、中部地区和西部地区，变量$\ln S_{i,t}$的回归系数分别为0.1634、0.2820和0.2240且显著，说明当东部地区、中部地区和西部地区的工业增加值占GDP的份额分别每增加1%，东部地区、中部地区和西部地区的环境污染分别增加0.1634%、0.2820%和0.2240%；东部地区、中部地区和西部地区，变量$\ln R\&D_{i,t}$的回归系数分别为-0.1836、-0.0234和0.0157，但是西部的科研投入系数并不显著，说明当东部地区、中部地区的研发强度分别每增加 1%，东部地区、中部地区和西部地区的环境污染分别降低 0.1836%和 0.0234%。此外，变量教育水平（$\ln Teach_{i,t}$）和变量人口密度（$\ln DEN_{i,t}$）对我国各地区环境污染的影响证实了前文的推测，对我国不同地区生态环境的影响分别是显著的正效应和负效应。

5.5　本章小结

本章以 2000—2015 年我国三大区域 30 个省份和 2006—2015 年 26 个省份的 FDI 流入三产的相关数据为研究对象，分别采用固定效应面板回归分析和 Hansen 的门槛回归分析方法，以本书第二章的 FDI 的环境效应理论机制为理论支撑，并结合 Grossman and Krueger（1992）和 Copeland and Taylor（2003）的建模方法，从省级人均收入水平、产业结构、环境规制、技术研发投入、人均教育水平以及人口密度等方面，实证检验了相关研究假设的内容。实证结果表明，EKC 曲线关系在我国是成立的，在我国的东部、中部两个经济区，人均收入水平（GDP）能够有效降低环境污染，在我国的西部地区正好相反，说明东、中部经济区的经济水平可能已经穿过 EKC 曲线的顶点位置，而西部则处于上升阶段。整体上，FDI 对我国的生态环境有正面促进作用，这一结论和第四章的空间计量分析结论一致。通过分产业的检验结果表明，流入第一、第二产业的 FDI 对我国的环境影响是负面的，但是流入第三产业的 FDI 对我国的环境影响是正面的。分区域考察的结果表明，FDI 可以降低东部地区和中部地区的环境污染水平，但增加西部地区的环境污染水平，再次验证了本书研究假设五的相关内容，即研究对象的异质性将导致 FDI 对环境的影响结果不同。环境规制对 FDI 环境效应的门槛效应检验结果表明，环境规制对我国东部地区、中部地区和西部地区的 FDI 环境效应具有双门槛效应，存在最优的环境规制水平区间，使得 FDI 在东部和中部地区对环境的改善作用最强，在西部地区对环境也有积极作用，使当地污染增量最少。这也说明了研究假设四并不完全正确，环境规制水平并非越高越好。根据本章的相关实证检验结果，说明考察 FDI 环境效应不能简单依靠经验判断是“污染天堂”抑或“污染光轮”，而应该结合研究对象的异质性以及环境规制门槛效应，细致全面地考察 FDI 对东道国环境的影响。

第6章 博弈论视角下外企污染事故的动因及防范

6.1 引言

在上文中，聚焦于省域层面的 FDI 环境效应的实证检验结果表明，总体上“污染光轮”假说在我国成立。然而，近年来，随着我国工业化进程的加速推进，环境问题也日益严峻，由于企业经营生产所造成的环境污染事故频发，其中不乏一些世界五百强的外资企业和一些与其有较强联系的供应链上游企业。

2006 年，中国著名的 NGO 组织“公众与环境研究中心”曝光了一系列外资企业的污染事件，其中就有 33 家世界五百强企业，例如：上海松下电池、长春百事可乐、上海 3M 研磨公司及德国诺尔公司等。这些来自美国、日本等的著名企业在食品、电子、化工、机械制造等行业均存在违规行为。违规企业除了以上提及的 33 家在华的五百强企业，还包括许多在中国具有很高知名度的企业。如日资上海花王有限公司，作为在华众所周知的品牌，它在 2005 年因废水超标排放而被上海市列入违法企业名单。同样原因的还有卫生陶瓷业务享誉世界的美国标准公司在华设立的合资企业和百胜餐饮集团旗下的上海必胜客等。

此外，据 2011 年“自然之友”等环保组织的调查得知，包括梅西百货、阿玛尼和家乐福等全球性知名品牌在内的中国原料供应商暴露出严重的环境污染问题。以英国的玛莎百货为例，它的一家位于浙江省绍兴市某工业区的供应商企业，从2003年以来就因其废水超标排放和不合理的废气处理方式引起了当地居民的不满并遭到了频繁的投诉，但是直到2010年，这家企业仍没有对处理方式做出改变，当地的环境污染问题仍然非常严重。面对质疑，玛莎百货竟宣称“零废弃”“碳中和”等环保概念敷衍大众并试图逃避责任。

无独有偶，渤海蓬莱19-3油田，它是由中海油与康菲石油合作开发的，在2011年6月，此油田发生重大漏油事故，大约半年时间，造成渤海海域海水污染面积达6200平方公里，并且由于溢油事故使渤海区域的大部分水质由一类降为四类，对渤海区域的海水造成了严重的污染，对当地环境造成了严重破坏，使临海区域的河北、辽宁的渔民和养殖户遭受巨大损失。事故之后，中海油与康菲石油的不完整信息披露、逃避责任和较弱的事故处理能力遭受到了社会舆论的批评和谴责。

2016年5月国际环保组织“绿色和平”指出，浙江省的滨海工业区和临江工业区的污水处理厂日处理量可达数十万吨级，并将污水排放到钱塘江，在这些企业中，有许多是Zara、Calvin Klein这类国际著名品牌的供应商，印染污水的排放量占工业园区的总排放量比例较大。“绿色和平”通过对污水进行采集和检测分析，发现污水中含有许多在纺织生产中使用的有毒有害物质，如硝基苯、氯苯等致癌性的物质，全氟辛酸（PFOA）、塑化剂等公认的有生殖毒性的物质，反映了当地河水遭受到了严重污染。

结合经济学理论追究以上事件的深层次原因，笔者认为主要原因便是信息的不对称性与不完全性，应该从经济主体参与者的“政企合谋”寻租为研究出发点，以博弈理论视角探究外资企业污染事件的发生机制。在经济部门有限理性的假设条件下，运用动态演化博弈模型分析产污外资企业、地方和中央政府三者之间的策略选择行为，探讨和分析造成环境污染的深层次原因，为政府有关部门制定和实施合理有效的环境保护的措施奠定理论基础，并将对我国采取针对性引资政策以及促进区域绿色发展具有重要的现实意义。

“政企合谋”在这儿有特殊含义，政企合谋是指地方政府和企业（政治精英或政府官员和经济精英）之间合作互惠，特别是指地方政府通过默默许可、纵容或者鼓励企业选择非“绿色”的生产方式来发展本地经济的行为。并且，“政企合谋”包括但不限于官商勾结。这种“政企合谋”行为是一种造成我国经济、社会负面影响的不利于资源配置的非生产性行为。究其存在的原因，分为政府和企业两个方面：在地方政府方面，第一，由于实施分权体制，政府拥有管辖地区的绝对权力；第二，政府实施财政奖励和政治激励，例如，周黎安（2007）提出的政治锦标赛和徐现祥等（2007）为代表提出的经济增长市场论认为地方政府对发展本地经济有极大的积极性；第三，GDP 考核机制单一性和信息不对称加强了政府与企业的合谋。在企业方面，企业表现出的是追求利润最大化的经济人特征，企业更倾向于与地方政府“搞好关系”，以达到获得政府多方面的支持和“庇护”（如对企业污染物超标排放“睁一只眼闭一只眼”）。

为了在治理环境污染方面取得更好的效果，国外的学者们对在环境规制背景下的政企合谋的参与主体行为进行了研究。Harrington（2014）通过博弈论的方法对卡特尔联盟中的合谋问题的研究结果显示破解合谋的有效途径是在重复博弈的过程中增大处罚力度。邓峰（2008）通过研究政企两者之间的关系得出了与（Moledina and Coggins，2003）相似的结论，即在信息不对称情况下企业应对不同的政策工具时会选择不同的策略。杨林和高宏霞（2012）在完全理性假设的前提下，讨论了环境恶化与政府和企业的博弈之间的关系。王齐（2004）和卢方元（2007）认为加大政府的监管力度和违规处罚力度有利于改善环境质量。Kennedy（1994）、Barrett（2004）分析了政府环境决策在不完全竞争市场条件下的非合作博弈。朱平芳和刘小川（2009）、张征宇等（2011）通过理论研究和实证研究分析了地方政府吸引 FDI 而进行的区域间环境政策博弈。

龙硕等（2014）从参与人视角通过构建动态博弈模型，分析了环境污染产生的内在机制，提出依靠公共媒体和公众的双重监督约束，预防由于信息不对称而引起的政企合谋，并通过构建的面板数据模型和空间计量模型对其进行验证，结果发现政企合谋对环境的不利影响。张俊和钟春平（2014）通过分析面板数据得出了地方的政企合谋加剧了环境污染的结论，同时也对防范合谋的重要意义进行了强调。潘峰等（2015）通过博弈模型研究政府和企业排污治理过程中的交流互动，强调了影响企业排污的因素，即政府监管和声誉两个影响因素。张学刚和钟茂初（2011）在额外增加两个成本（声誉、政治成本）基础上，分析政府和企业的环境监管与污染治理的决策的博弈均衡。柏方云（2015）提出在排污治理的环节中，中央政府和地方政府的目标是有差异的，选择的策略也是不同的，需要建立一个使市场机制与目标责任制两者相统一的制度系统，促进地方政府达到减排指标标准。潘峰等（2015）建立了三方参与的演化博弈模型用于分析中央政府、地方政府和污染企业间的博弈均衡，结果显示，地方政府的环境政策的实施强度深受政治晋升考核的影响，如果政绩考核体系中的环境质量所占权重越大，这种影响就越强。同样地，钟新慧（2011）也利用博弈模型对政府与企业在治理排污时的互动进行分析，并认为政府的监管强度和声誉对企业的排污有直接影响。不同的是，张倩（2011）在研究中体现出企业的排污水平并不受政府监管力度的直接影响。袁凯华和李后建（2015）是从政治经济学的方面，与在 GDP 导向下实行的晋升激烈措施以及对减排任务的考核相结合，分析政企合谋行为对企业排放水平的影响，最终得出了政企合谋加剧了企业排污水平的结论。

相关文献为本书研究环境规制背景下外资企业和地方政府合谋的产生机理以及参与方之间合谋的影响因素提供了重要的理论依据，但在探讨地方政府的策略选择时，已有文献多用监管和不监管这样的简单假设来体现，现实情况是政府多选择积极监管和消极应付。另外，当前的文献大多是将地方政府假设为污染企业的对立面参与博弈分析，但事实上在面对具有公共资源物品属性的环境，不同地方政府间为了政治晋升激烈的竞争，地方政府很有可能成为污染企业的保护伞，从中获得企业相应的报酬激励，从而产生“寻租合谋”行为，本书从地方政府和污染企业的合谋为出发点探讨地方政府和外资污染企业合谋的原因以及预防合谋的方法。而且，与环境相关的问题往往具有复杂性，各参与方在部分理性下通过不断调整模仿，寻找最优化决策（金帅等，2015）。用有限理性的演化博弈模型将更有效地解释、分析各种社会问题，且更具有现实性（杜建国等，2013）。不仅如此，基于演化博弈模型理论分析基础上再结合仿真验证将获得更好的决策支持。付秋芳等（2016）利用演化博弈模型分析研究了惩罚机制下制造商的碳减排投入的行为，并结合数值模拟验证理论分析的结论；盛光华（2015）使用同样的方法研究了企业的创新模式的选择受补贴力度的影响。因此，基于上述情况，本书放松传统博弈模型的假设条件，假定参与人为有限理性，构建政企合谋的非对称演化博弈模型，探寻合谋行为的内在逻辑和地方政府和外资企业合谋背后的原因。为中央政府的环境规制顺利高效实施提供一定的理论依据。并且将使用多层次委托代理模型，研究信息不对称背景下有效防范地方政府与外资企业私自达成合谋契约，并提出针对性的防范措施。

6.2　环境规制下地方政府相关部门与外资企业的合谋的演化博弈

6.2.1　演化博弈模型的构建

在有限理性的条件下，地方政府和外资企业之间的博弈是政府相关部门和企业间相互不断配对、相互学习的过程，其相互的策略调整过程可以用复制动态方程来模拟。

考虑到地方政府的相关部门和外资企业均为群体组成，因此本书的演化博弈模型的分析的对象是演化博弈群体中个体参与者。地方政府的相关部门由两部分组成，一部分为愿意选择和外资企业合谋的部门，比例为 α，剩余的相关部门选择策略不合谋，所占比例为 $1-\alpha$；外资企业也分为两部分，一部分选择策略和地方政府相关部门合谋，所占比例为 β，另一部分选择的策略为不与政府部门合谋，所占比例为 $1-\beta$。

地方政府的相关部门的职能之一就是对辖区内的生产性企业予以监督和管理，使之符合国家相关部委的各项规定，其中当下最重要的体现就是污染排放量的监督与管理，但是由于地方政府部门的根本属性仍然是经济人属性，各部门间很有可能从各自的利益出发，与这些企业合谋，收取生产性外资企业的各项“好处费”；同样，对于这些企业而言，考虑到生产成本原因，通过贿赂政府的相关部门，以达到寻租目的，一旦双方都有意图合谋，则造成外部不经济的合谋达成。

为了演化博弈模型分析的便利，本书假设两个群体：地方政府的相关部门和生产性外资企业。策略选择均只有两个，即合谋与不合谋，并且只有当两个群体中的参与者随机相遇且都选择策略合谋时，合谋才能达成，寻租行为才会发生。

对政府部门和企业的不同策略选择时报酬支付假设：（1）对于企业而言，假设经济产出为 O，企业选择不合谋策略时，需要一定的治理污染成本 C_1；若企业选择策略合谋，且政府也选择同样的策略时，企业需要向政府部门支付一定的“好处费”但不再需要治污成本，此项“好处费”记作 R，但此时有一定概率 p 被更高级别的政府部门发现，且此时需要支付罚金 F_1；当这些企业选择策略合谋，而政府选择另外一个策略时，此时不仅需要治污成本 C_1，且会损失一部分费用记作 σ。（2）假设地方政府相关部门的工资额为 W，相关部门选择策略不合谋，表明相关部门会严格按照环境规制要求去实施相关职能职责，对区域内排污情况进行严格检查，需要支出检查成本 C_2，而且若此时企业找到政府表露出想寻租的目的，政府会认为检查的力度不足，会加大检查力度和范围，此时的检查成本为 C_3；若政府和企业都选择了策略合谋，企业不再承担相应的治污成本，地方政府不再需要支出检查费用，但是有概率 q 被上级部门发现，一旦发现会损失费用 F_2；若政府相关部门选择选择策略合谋但是企业选择不合谋，则政府依然没有检查成本，但不作为行为有概率 λ 被上级部门发现，损失成本记作 f。地方政府与外资企业的支付矩阵见表 6-1。

表 6-1 地方政府与外资企业的支付矩阵

地方政府相关部门	外资企业	
	不合谋	合谋
不合谋	$E_1 = W - C_2$, $E_5 = O - C_1$	$E_3 = W - C_3$, $E_7 = O - C_1 - \sigma$
合谋	$E_2 = W - \lambda f$, $E_6 = O - C_1$	$E_4 = W + R - qF_2$, $E_8 = O - R - pF_1$

6.2.2 复制动态方程构建

上文中已经假设在博弈的初始状态，政府相关部门群体选择合谋策略的比例为 α，选择不合谋策略的比例为 $1-\alpha$；外资企业群体选择合谋策略的比例为 β，选择不合谋策略的比例为 $1-\beta$。并根据表 6-1 的两个群体的支付矩阵，下面构建复制动态方程模拟该有限理性演化博弈过程。

地方政府相关部门群体选择策略不合谋和合谋的期望收益分别为：

$$U_1 = \beta E_1 + (1-\beta)E_3 \tag{6-1}$$

$$U_2 = \beta E_2 + (1-\beta)E_4 \tag{6-2}$$

地方政府相关部门的平均期望收益：

$$\overline{U} = \alpha U_1 + (1-\alpha)U_2 \tag{6-3}$$

则地方政府相关部门选择策略不合谋的复制动态方程为：

$$F(\alpha) = \frac{d_\alpha}{d_t} = \alpha(U_1 - \overline{U}) = \alpha(1-\alpha)[\beta(E_1 - E_2 - E_3 + E_4) + E_3 - E_4] \tag{6-4}$$

令 $F(\alpha)=0$，得到 $\alpha_1 = 0$，$\alpha_2 = 1$，$\beta^* = \dfrac{E_4 - E_3}{E_1 - E_2 - E_3 + E_4}$（仅当 $0 \leqslant \beta^* \leqslant 1$ 时成立）

外资企业群体选择策略不合谋和合谋的期望收益分别为：

$$V_1 = \alpha E_5 + (1-\alpha)E_6 \tag{6-5}$$

$$V_2 = \alpha E_7 + (1-\alpha)E_8 \tag{6-6}$$

外资企业群体的平均期望收益：

$$\overline{V} = \beta V_1 + (1-\beta) V_2 \tag{6-7}$$

则外资企业群体选择策略不合谋的复制动态方程为：

$$F(\beta) = \frac{d_\beta}{d_t} = \beta(V_1 - \overline{V}) = \beta(1-\beta)[\alpha(E_5 - E_7 - E_6 - E_8) + E_6 - E_8] \tag{6-8}$$

令 $F(\beta)=0$，得 $\beta_1=0$，$\beta_2=1$，$\alpha^* = \dfrac{E_8 - E_6}{E_5 - E_7 - E_6 + E_8}$（仅当 $0 \leqslant \alpha^* \leqslant 1$ 时成立）

分别对式（6-7）与式（6-8）的 α 和 β 求偏导，得到系统的雅可比矩阵：

$$J = \begin{bmatrix} (1-2\alpha)[\beta(E_1-E_2-E_3+E_4)+E_3-E_4] & \alpha(1-\alpha)(E_1-E_2-E_3+E_4) \\ \beta(1-\beta)(E_5-E_7-E_6+E_8) & (1-2\beta)[\alpha(E_5-E_7-E_6+E_8)+E_6-E_8] \end{bmatrix} \tag{6-9}$$

6.2.3 动态演化博弈模型的均衡分析

由于在上文的支付矩阵中，$E_5 = O - C_1$，$E_7 = O - C_1 - \sigma$，且 $0 \leqslant \sigma$，因此 $E_5 > E_7$，则支付矩阵的参数关系包括以下 8 种情形（见表 6-2）：

表 6-2　　**支付矩阵的参数关系假设**

	$E_1 - E_2$	$E_3 - E_4$	$E_5 - E_7$	$E_6 - E_8$
情形 1	+	+	+	+
情形 2	+	+	+	−
情形 3	+	—	+	+
情形 4	+	—	+	—
情形 5	—	+	+	+
情形 6	—	+	+	—
情形 7	—	—	+	+
情形 8	—	—	+	—

α 和 β 分别指地方政府部门和外资企业采取策略不合谋的比例，因此在平面 $M=\{(\alpha,\beta)\mid 0\leqslant\alpha\leqslant 1,\ 0\leqslant\beta\leqslant 1\}$ 上讨论博弈系统的均衡点与稳定性。根据上文的动态微分方程（6-4）和（6-8）可得可能 α 和 β 的五个均衡情形，分别是（0，0）、（0，1）、（1，0）、（1，1）和（α^*，β^*）。由于只讨论 α 和 β 在平面 M 的情形，因此只有当满足表 6-2 中情形 4 时，（α^*，β^*）满足在 M 平面的要求。将系统的均衡点的数值代入，可以得到雅可比矩阵以及其行列式 detJ 和迹 traJ 分别由表 6-3 表示。

表 6-3　　　　**各均衡点雅克比矩阵的行列式和迹的表达式**

均衡点	类型	结果表达式
（0，0）	det$J$	$(E_3-E_4)(E_6-E_8)$
	tra$J$	$(E_3-E_4)+(E_6-E_8)$
（1，0）	det$J$	$(E_4-E_3)(E_5-E_7)$
	tra$J$	$(E_4-E_3)+(E_5-E_7)$
（0，1）	det$J$	$(E_1-E_2)(E_8-E_6)$
	tra$J$	$(E_1-E_2)+(E_8-E_6)$
（1，1）	det$J$	$(E_2-E_1)(E_7-E_5)$
	tra$J$	$(E_2-E_1)+(E_7-E_5)$
（α^*,β^*）	det$J$	$-(E_3-E_4)(E_6-E_8)+\dfrac{(E_3-E_4)(E_6-E_8)}{(E_5-E_7)-(E_6-E_8)}+\dfrac{(E_6-E_8)(E_3-E_4)^2}{(E_2-E_1)+(E_3-E_4)}-\dfrac{(E_3-E_4)^2(E_3-E_4)^2}{(E_3-E_4-E_3+E_4)(E_5-E_7-E_6+E_8)}$
	tra$J$	0

当 α 和 β 为（0，0）时，$J=\begin{bmatrix}E_3-E_4 & 0\\ 0 & E_6-E_8\end{bmatrix}$；当 α 和 β 为（1，

0）时，$J=\begin{bmatrix} E_4-E_3 & 0 \\ 0 & E_5-E_7 \end{bmatrix}$。

当 α 和 β 为（0，1）时，$J=\begin{bmatrix} E_1-E_2 & 0 \\ 0 & E_8-E_6 \end{bmatrix}$；当 α 和 β 为（1，1）时，$J=\begin{bmatrix} E_2-E_1 & 0 \\ 0 & E_7-E_5 \end{bmatrix}$。

当 α 和 β 为（α^*，β^*）时，$J=\begin{bmatrix} 0 & \alpha(1-\alpha)(E_1-E_2-E_3+E_4) \\ \beta(1-\beta)(E_5-E_7-E_6+E_8) & 0 \end{bmatrix}$。

根据表 6-2 支付矩阵参数关系，并根据 Friedman 提出的演化博弈均衡点及演化稳定点的判断方法，即雅可比矩阵的行列式大于零且矩阵的迹小于零（$\det J>0$；$\mathrm{tra}J<0$）来判断均衡点是否为系统的演化博弈均衡点（ESS）。对上文雅可比矩阵进行局部稳定性分析，共有 7 种情形，具体分析如表 6-4 所示：

表 6-4　　地方政府相关部门与 FDI 企业的演化稳定策略

情形	条件	政府部门和区域 FDI 企业的策略初始状态	ESS
1	$E_1-E_2>0$ 且 $E_5-E_7>0$	“合谋，合谋”	（1，1）
2	$E_1-E_2>0$ 且 $E_5-E_7>0$	“合谋，不合谋”	（1，1）
3	$E_1-E_2>0$ 且 $E_5-E_7>0$	“不合谋，不合谋”	（1，1）
4	$E_1-E_2<0$ 且 $E_6-E_8<0$	“合谋，不合谋”“不合谋，合谋”	（0，0）（1，1）
5	$E_1-E_2<0$ 且 $E_5-E_7>0$	“合谋，合谋”	（0，0）
6	$E_1-E_2<0$ 且 $E_5-E_7>0$	“不合谋，合谋”	（0，0）
7	$E_1-E_2<0$，$E_3-E_4<0$，$E_5-E_7>0$，$E_6-E_8<0$	“合谋，不合谋”	（0，0）

表 6-4 的现实含义为：(1) 当满足条件 $E_1 - E_2 > 0$ 且 $E_5 - E_7 > 0$ 时，情形 1、情形 2 以及情形 3，尽管初始状态不同，但经过多次演变，地方政府相关部门和 FDI 企业最终会选择策略"不合谋，不合谋"，其现实意义是：当双方群体成员选择策略不合谋得到的收益大于选择策略合谋的收益时，双方群体最终都会选择策略不合谋，演化系统的 ESS 此时为 (1，1)。(2) 表 6-4 中情形 5 的政府部门和企业选择的初始策略为"合谋，合谋"，情形 6 中两群体选择的初始策略是"不合谋，合谋"，经过动态演化后，演化稳定策略为"合谋，不合谋"，需要满足条件 $E_1 - E_2 < 0$ 且 $E_5 - E_7 > 0$。其现实含义是：由于企业选择不合谋，即企业会严格按照环境规制进行生产活动，且政府部门若选择策略不合谋将需要进行检查支付相应的检查成本，因此在已知企业的策略选择时，政府部门将选择策略合谋，从而避免检查而带来的经济损失。(3) 当 $E_1 - E_2 < 0$，$E_3 - E_4 < 0$ 且 $E_5 - E_7 > 0$，$E_6 - E_8 < 0$ 时，情形 7 中的两个群体将从初始状态"合谋，不合谋"演化至"合谋，合谋"这一最消极的状态。现实含义是指：不管企业选择何种策略，政府部门都会选择合谋这一策略，同样企业也是如此。

对于情形 4，当 $E_1 - E_2 < 0$，$E_6 - E_8 < 0$ 时，双方群体将选择混合策略，系统有五个均衡点，如图 6.1 所示，分别为 $A(0, 0)$、$B(1, 0)$、$C(0, 1)$、$D(1, 1)$ 和鞍点 $E(\alpha^*, \beta^*)$，其中策略组合 (0，1) 和 (1，0) 是源点，(0，0) 和 (1，1) 是稳定点，(α^*, β^*) 为鞍点，分别为：

$$\alpha^* = \frac{E_8 - E_6}{E_5 - E_7 - E_6 + E_8},\ \beta^* = \frac{E_4 - E_3}{E_1 - E_2 - E_3 + E_4}。$$

如图 6.1 所示，政府部门和企业的演化稳定策略为 A (0，0) 和 D (1，1)，即政府和企业选择"合谋，合谋"与"不合谋，不合谋"。群体的稳定状态和演化过程受系统的初始状态和鞍点 D 的影响。如图当初始位置落在 B、E、C 和 D 组成的区域时，系统将收敛于 D (1，1) 即"不合谋，不合谋"，这一状态也是本博弈模型的帕累托最优的状态。当群体的初始状态落在区域 $ABEC$ 时，演化博弈系统将收敛于 A (0，0)"合谋，合谋”这一最不理想的情形。可见，地方政府部门和企业之间的博弈的长期均衡结果很可能是不合谋这一最佳状态，也可能是合谋这一最差状态，其取决于区域 $ABEC$ 的面积 S_{ABEC} 和区域 $BECD$ 的面积 S_{BECD} 的大小。若 $S_{BECD}>S_{ABEC}$，博弈系统将以更大的概率沿着 ED 这一路径向“不合谋，不合谋”的方向演化；若 $S_{BECD}<S_{ABEC}$，博弈系统将以更大概率沿着 EA 路径向“合谋，合谋”的方向演化；同理若两者面积相等，博弈系统的演化方向将不明确。因此通过分析影响面积 S_{BECD} 的因素，进行参数调整，目的是让情形 4 中两群体选择策略“不合谋，不合谋”的概率更高（见表 6-5）。

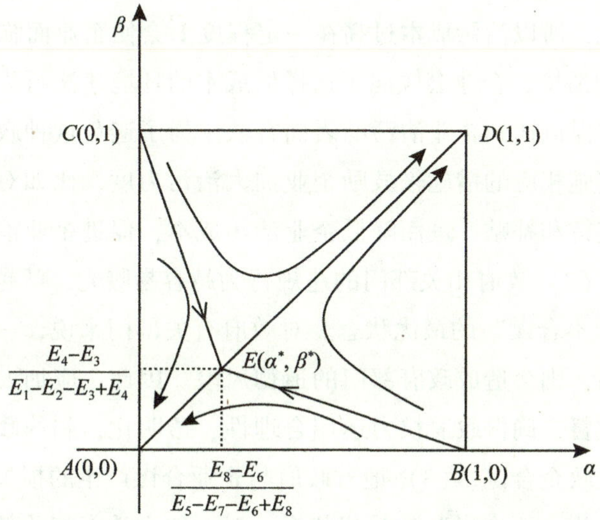

图 6.1 政府与 FDI 企业混合策略的演化博弈相位图

$$S_{BECD}=1-\frac{1}{2}(\alpha^*+\beta^*)\text{，其中，}$$

$$\alpha^*=\frac{E_8-E_6}{E_5-E_7-E_6+E_8}=\frac{C_1-R-pF_1}{C_1-R-pF_1+\sigma}$$

$$\beta^*=\frac{E_4-E_3}{E_1-E_2-E_3+E_4}=\frac{R-pF_2+C_2}{\lambda f-qF_2+R+C_3-C_2}$$

表6-5　**参数变化对博弈系统最优状态的影响**

参数变化	鞍点变化情况	面积 S_{BECD} 变化情况
$C_1\uparrow$	$\alpha^*\uparrow$	$S_{BECD}\downarrow$
$\lambda\uparrow$	$\beta^*\downarrow$	$S_{BECD}\uparrow$
$F_1\uparrow$	$\alpha^*\downarrow$	$S_{BECD}\uparrow$
$F_2\uparrow$	$\beta^*\downarrow$	$S_{BECD}\uparrow$

我们不难得出如下结论：(1) 当企业治污成本不断下降，有利于双方群体的博弈形成最优状态“不合谋，不合谋”。由于企业的自身目标是追求利益最大化，所以治污成本过高在一定程度上会使企业面临“遵守规制的高成本”的情境，企业会倾向于选择低成本的环境违法行为或向地方政府部门进行合谋以达到企业治污的表面合法。为了避免这种政企合谋的行为，政府应实施相应的措施来鼓励企业加大治污力度，比如对治污成本高的企业给予支持和补贴，进而降低企业治污成本，促进企业治污技术变革和清洁生产。(2) 政府相关部门的违规行为越容易曝光，就越有利于演化为“不合谋，不合谋”的最优状态。对政府有关部门来说，一旦缺少了完善的监督体系，则会造成政府部门的道德风险。因此，应加大媒体和人民群众的双重监督，确保政府权力运用合理性、透明化，制约政府部门的违法行为，避免政企合谋。(3) 地方政府与企业合谋产生的损失越大就越能够达到“不合谋，不合谋”的最优状态。对于地方政府相关部门和企业来说，两者之间的合作没有达到他们预期的结果，反而造成了困扰和损失，使政府部门受到了惩罚，降低了威信，使企业面临社会处罚，经济、名誉损失，这样一来，将会有效抑制地方政府和企业的合谋行为，反之则会为政企合谋行为提供机会。

6.3　环境规制中地方政府与企业合谋行为的防范研究

上文从动态视角分析了地方政府相关部门和外资企业合谋的形成与演

变，分析了影响两个群体合谋与否的主要因素。本节在此基础上，构建中央政府（委托人）—地方政府（监管者）—外资企业（代理人）的三层委托代理模型。其中，地方企业为代理人参与经济行为，中央政府以委托人的身份委托地方政府发展地方经济的同时，还监管企业污染排放状况并保护当地生态环境。本节以参与主体为研究视角，探讨如何达成防范地方政府与企业合谋的最优契约。通过构建委托代理模型，在考虑经济增长与环境保护双重约束背景下，从微观视角分析地方行政辖区的政企合谋原因。当信息不对称时，中央政府的一系列监管措施、监督和考核体系对地方政企合谋行为有重要的影响作用，基于此提出中央政府对政企之间合谋行为的防范策略。

梳理现有与防范合谋相关的文章时，发现大多数文章模型构建时未考虑激励因素，而是更多依赖惩罚措施来分析防范合谋的途径；尽管少数文章模型分析时考虑了委托人的激励，但也是以委托人自身利益最大化为出发点，没有从更宏观全面的视角出发，把环境收益等因素也考虑进去。因为作为委托人的中央政府，不仅要考虑经济收益还需要考虑环境资源收益等因素。另外，现有的大多数相关文献并没有把地方政府的考核机制细化为经济考核和环境考核两种方式，多数文章只考虑了经济考核指标，这显然与现实情况不符。综上所述，本节构建防范合谋模型时，地方政府作为监督者身份，同时肩负区域经济发展和环境污染治理的双重责任，因此地方政府将面临对经济发展和环境污染治理的权衡和取舍。此外，在本节的分析模型中在惩罚因素的基础上加入了中央政府的相关激励措施。

6.3.1 问题描述与模型假设

（1）基本假设。

根据 Tirole 的见解，对待政府区域治理问题，本质上可以把它看作一个层级式委托代理问题，在这个委托—监督—代理关系中，中央政府和地方政府分别作为委托人和管理监督方，企业作为代理人，运用委托代理理论模型对其进行分析，在此，有以下几种假设：

①假设企业有两种生产行为，一种是绿色清洁生产，另一种是粗放污染生产，清洁生产条件下的排污量为θ_1，污染生产条件下的排污量为θ_2，且$(\theta_1 < \theta_2)$，用$\Delta\theta$表示清洁生产和污染生产时的排污量之差，即$\theta_2 - \theta_1$。用k表示治理污染的单位成本，由此可知，企业在选择清洁生产的情况下，要比污染生产时多付出$k \cdot \Delta\theta$的治理成本，这些费用叫作准租金，同时，这也是企业在选择污染生产时不用付出的治理成本而节约的费用。

②假设地方政府用二维努力向量$(\lambda, 1-\lambda)$刻画不同主体的努力程度，用λ表示地方政府在促进经济发展方面做出的努力，用$1-\lambda$表示区域内的企业在有利于环境保护方面做出的努力，假设这两种努力是互补的，那么就必须在降低一个目标的努力程度的前提下提高另一个目标的努力水平。

③中央政府对于不同类型的行业提前设置了污染排放量的标准值$\bar{\theta}$。基于现实，假设中央政府倾向于规避环境事故，那么其可以对地方政府和企业进行巡视，通过察看地方政府在环境保护方面做出的努力和进行的企业生产行为，及时对企业污染生产行为做出制止，预防环境事故的发生。经过巡查，中央政府有σ的概率直接得知该企业的生产类型，其中，$\sigma \in (0, 1)$。

④企业的不同生产方式会得到不同的结果，企业在清洁生产的情况下，会获得中央政府对清洁生产给予的补贴$(\bar{\theta} - \theta_1)v$，而在污染生产的情况下，会面临被委托人发现的风险，一旦被发现，企业将会受到相应的惩罚$|(\bar{\theta} - \theta_2)v|$，这里$\theta_1 < \bar{\theta} < \theta_2$，并用$v$表示中央政府在不同情况下对企业污染物排放量所给予的单位补贴值或做出处罚的单位惩罚值。

（2）博弈顺序。

①中央政府提出总契约。

②地方政府与当地企业接受中央政府提出总契约，企业在自身经营状况的基础上自主选择生产方式，当企业选择不清洁的生产方式时，会私下与当地政府签立非正式契约而出现“合谋”行为；当企业选择清洁生产时，其与地方政府则按照与中央政府签订的总契约执行。

③当企业选择污染生产时，中央政府以σ的概率发现该企业的污染生产行为并对其进行事中处罚，或企业以p的概率造成污染事故，并且当地的公众媒体以ρ的概率揭露该事件，当中央政府得知消息后对其进行事后处罚，同时对地方政府也进行相应的处罚。

（3）参与者收益。

根据以上假设，委托人允许企业生产中排放的污染量在环境容量许可的范围内，但是对于严重的大型的污染事故仍要防范，并加以处罚，若企业没有大型环境污染事故发生，则对社会效益表现出正效用，若是发生了重大的环境污染事故，则表现出的是负效用。由此得知委托人的收益如下：

$$W = (1 - \alpha)t - p\omega \tag{6-10}$$

通常来说，这里把1作为一个企业的经济总产出标准化值；用t表示中央政府从每单位经济产出中征收税费的比例；α是中央政府向地方政府分配税收的比例；αt表示监督者的收入，是中央政府在地方政府做出财政预算的基础上向其划拨的款项；在此ω为重大环境污染事故发生的社会成本，且$0\leqslant\omega\leqslant1$。

当企业进行清洁生产行为时，企业应付出相应的治污成本，同时该企业也会得到政府的补贴，则企业收益为：

$$U_C = 1 - t - c - k \cdot \Delta\theta + (\bar{\theta} - \theta_1)v \tag{6-11}$$

在式（6-11）中，c表示企业生产过程中的生产性成本。当企业进行污染生产行为，企业与当地政府构成“合谋”行为时，该企业收益为：

$$U_p = 1 - t - c + \sigma(\bar{\theta} - \theta_2)v + (1 - \sigma)(\bar{\theta} - \theta_1)v - b - p\rho F_A \tag{6-12}$$

式（6-12）中，b是企业与地方政府的合谋成本，F_A表示有重大环境污染事故发生时中央政府对外资企业做出的处罚。

如果地方政府与企业没有进行合谋，那么地方政府的收益如下：

$$V = \alpha t + \lambda + (1 - \lambda)(\bar{\theta} - \theta_1) \tag{6-13}$$

这里用$(1 - \lambda)(\bar{\theta} - \theta_1)$来表示地方政府保护当地环境而得到的绩效。

如果地方政府与企业进行合谋，那么地方政府收益如下：

$$V=\alpha t+(1-\lambda)[\sigma(\bar{\theta}-\theta_2)+(1-\sigma)(\bar{\theta}-\theta_1)]+\lambda+b-p\rho F_L \tag{6-14}$$

这里的F_L用来表示有环境污染事故发生时地方政府受到的处罚，并且把这种处罚以货币的形式表示出来，但是在实际中，这种处罚可能表现为降职或革职等。

6.3.2　地方政府与外资企业合谋的防范分析

根据 Tirole 提出的委托代理模型“委托人—监督方—代理人”的逻辑分析结构结合聂辉华等学者的分析思路，得出以下推论：如果中央政府让外资企业按照约定进行清洁生产，需要对监督方—地方政府和代理人—外资企业提出相关的激励约束，主要包括四种激励约束：

首先，外企的激励相容约束（FIC），表示外资企业选择清洁生产的收益大于选择粗放型生产方式的收益：

$$1-t-c-k\Delta\theta+(\bar{\theta}-\theta_1)v \geqslant 1-t-c+\sigma(\bar{\theta}-\theta_2)v+(1-\sigma)(\bar{\theta}-\theta_1)v-b-p\rho F_F \tag{6-15}$$

其次，作为监督者的地方政府的激励相容（LIC），需要满足其选择不合谋策略的收益大于其选择合谋的收益：

$$\alpha t+\lambda+(1-\lambda)(\bar{\theta}-\theta_1) \geqslant \alpha t+\lambda+b-p\rho F_L+(1-\lambda)[\sigma(\bar{\theta}-\theta_2)+(1-\sigma)(\bar{\theta}-\theta_1)] \tag{6-16}$$

再次，除了上述约束条件，还需满足有限责任，若被委托人发现并处罚，处罚金额不应超过所有经营收入，外资企业的有限责任（FLL）：

$$F_F \leqslant 1-t-c-b \tag{6-17}$$

作为监督方的地方政府的有限责任（LLL）：

$$F_L \leqslant at+b \tag{6-18}$$

根据假设条件可以得出：

$$\max W=(1-\alpha)t-p\omega \tag{6-19}$$

防范地方政府和外资企业合谋的约束条件：

$$\text{FIC}：\ -k\Delta\theta + \sigma\Delta\theta v + b + p\rho F_F \geqslant 0 \tag{6-20}$$

$$\text{LIC}：\ (1-\lambda)\sigma\Delta\theta - b + p\rho F_L \geqslant 0 \tag{6-21}$$

$$\text{FLL}：\ 1 - t - c - b - F_F \geqslant 0 \tag{6-22}$$

$$\text{LLL}：\ \alpha t + b - F_L \geqslant 0 \tag{6-23}$$

根据 Tirole 防范监督方和代理人的合谋的原理，满足上述四个约束条件的契约一定是能够防合谋的，而且委托人此时获得的利益是最大的。

运用 Karush-Kuhn-Tucher（KKT）定理求解最优契约条件，在上述约束条件和目标函数下，拉格朗日方程表示为：

$$L = (1-\alpha)t - p\omega + \lambda_1[-k\Delta\theta + \sigma\Delta\theta v + b + p\rho F_F] + \lambda_2[(1-\lambda)\sigma\Delta\theta - b + p\rho F_L] + \lambda_3[1 - t - c - b - F_F] + \lambda_4[\alpha t + b - F_L] \tag{6-24}$$

方程的一阶条件：

$$\begin{cases} \dfrac{\partial L}{\partial \alpha} = -t + \lambda_4 = 0 \\ \dfrac{\partial L}{\partial t} = 1 - \alpha - \lambda_3 + \alpha\lambda_4 = 0 \\ \dfrac{\partial L}{\partial F_F} = \lambda_1 p\rho - \lambda_3 = 0 \\ \dfrac{\partial L}{\partial F_L} = \lambda_2 p\rho - \lambda_4 = 0 \end{cases} \tag{6-25}$$

对联立方程组求解，结果为：$\lambda_4 = 1$，$\lambda_3 = 1$，$\lambda_2 = \dfrac{1}{p\rho} > 0$，$\lambda_1 = \dfrac{1}{p\rho} > 0$。根据 KKT 条件，当 $\lambda_i > 0$ 时，与其对应的约束条件自动取等号；当 $\lambda_i = 0$ 时，与其相对应的约束条件自动满足。此时约束条件如下：

$$\begin{cases} -k\Delta\theta + \sigma\Delta\theta \cdot v + b + p\rho F_F = 0 \\ (1-\lambda)\sigma\Delta\theta - b + p\rho F_L = 0 \\ 1 - t - c - b - F_F = 0 \\ \alpha t + b - F_L = 0 \end{cases} \tag{6-26}$$

对式（6-26）最优契约方程组求解，求得税收、财政划拨比例、经济考核强度以及补贴力度的最优解为：

$$t^{*}=1-c-b-F_{F} \tag{6-27}$$

$$\alpha^{*}=\frac{F_{S}-b}{1-c-b-F_{F}} \tag{6-28}$$

$$\lambda^{*}=1-\frac{b-p\rho F_{L}}{\sigma\Delta\theta} \tag{6-29}$$

$$v^{*}=\frac{k\Delta\theta-b-p\rho F_{F}}{\sigma\Delta\theta} \tag{6-30}$$

6.3.3　最优契约的比较静态学分析

从式（6-27）~式（6-30），可以得到如下相关命题：

命题 1：作为代理人的外企和作为监督方的地方政府，这两者的激励相容和有限责任约束都是有效的，并且最优契约中的变量均由式(6-27)~式（6-30）所决定。

根据式(6-27)和式（6-28）得出：$\frac{\partial t}{\partial v}=\frac{\sigma\Delta\theta}{p\rho}>0$ 及 $\frac{\partial\alpha}{\partial\lambda}=\frac{1}{p\rho(1-c-b-F_{F})}>0$，即委托人中央政府对外资企业的征税强度越大，越需要增加对外资企业治污补贴的力度；并且对区域经济建设设置的权重越大，委托人中央政府、分配给地方政府的税收比例越高。根据式（6-27）可知，若委托人中央政府的目标表现为更加关注经济增长，则意味着对外资企业的税赋更高，而对外资企业对环境污染的容忍度越高，换言之，也就是对外资企业引起的污染事件惩罚力度越小。对于代理人外资企业的相关变量污染处罚而言，一旦外资企业与地方政府合谋的成本等于或者小于中央政府的治污补贴时，外企将会选择成本更低的粗放型生产方式，其污染水平一定会大于相关的环境规制要求。

对式（6-29）中的 F_{L} 求偏导数，可得：

$$\frac{\partial\lambda}{\partial F_L}=\frac{p\rho}{\sigma\Delta\theta}>0 \tag{6-31}$$

根据式（6-31）的结果可知，作为委托人的中央政府要想获得综合利益最大化，就必须平衡地方政府的经济考核与环保考核，若中央政府既想实现经济效益的最大化，还兼顾正环境效应，则需在发生污染事故时，加大对监督方地方政府的惩罚力度。

命题 2：当污染事故发生，委托人中央政府对监督方地方政府的处罚力度越大，越有利于经济的高质量发展。

不重视经济的发展质量将会带来一系列社会问题，为了达到循环经济、经济可持续发展或经济高质量发展的目标，十八大以来，党中央国务院对我国相关环境规制赋予更加丰富的含义，其中，《新环保法》更加明晰了对环保违法当事人的惩罚机制，对地方政府和区域内的所有企业的行为做了严苛的规范性和程序性约束。这样一来，由于监督方地方政府的合谋违规成本更高，缓解了由于信息不对称而引起的地方政府或者区域内企业的逆向选择和道德风险行为的发生。其次，增加当事人的环保违法成本，可以改善和提高企业的生产技术水平和完善与环境保护相关的管理体系，有助于我国经济高质量发展和可持续发展的实现。

根据上述中央政府的最优契约性质和比较静态分析性质，从理论上解释了中央政府对污染事件当事人处罚的有效性。

根据式（6-27）可得 $\frac{\partial v}{\partial F_F}=\frac{-p\rho}{\sigma\Delta\theta}<0$，这说明委托人中央政府对污染外企的处罚 F_F 越高，委托人给予外资企业的单位治污补贴 v 就越低。而且，由式（6-26）可知，$\frac{\partial v^*}{\partial k}>0$，$\frac{\partial v^*}{\partial(\theta_1-\theta_2)}>0$，表明外资企业的治污成本越高，作为委托人的中央政府就应支持更多的治污补贴 v，抑或，当外资企业需要治理的污染量（$\theta_1-\theta_2$）越高，则应该获得更多的治污补贴。

命题 3：对于排污量大或者每单位排放强度高的企业，中央政府应该给予其更多的治污补贴支持。

该命题的现实含义是，我国经济在快速发展的过程中，多数企业的生产方式多以粗放型生产方式为主，表现为企业的污染物排放量大、单位治污成本高以及短时间内生产技术水平难以达到更环保高效的要求。因此，为了鼓励和支持企业的污染治理，中央政府出台一系列激励政策。

根据 $\lambda^* = \frac{1 - [b - p\rho F_L]}{\sigma(\theta_2 - \theta_1)\mu}$，得到 $\frac{\partial\lambda}{\partial\theta_1} < 0$，说明在中央政府对地方政府的考核中，经济建设的权重比例越大，则企业选择清洁生产的排污量 θ_1 越小，两变量呈负相关关系。

命题 4：随着社会媒体和公众的监督效率的提高，中央政府给予企业的补贴将会减少。

媒体、社会公众和中央政府都是以社会福利最大化作为实施补贴政策的主要宗旨，把防范地方性政企合谋、促进企业发展清洁生产和加强政府的合法监管作为主要目标，公众和媒体的监督和中央政府实施补贴政策之间存在着互补关系，监督效率的提高，可以使信息不对称的问题得到缓解，此时中央政府减少补贴也能够防范地方政企合谋行为。

式（6-26）中 $\frac{\partial\lambda^*}{\partial\rho} > 0$ 说明中央对经济的考核指标的权重与社会公众、媒体的揭露概率 ρ 是成正相关趋势变动的，这表明它的现实意义为：地方政府为了社会总利益，更容易选择经济建设这样权重较大的指标，同时为了追求经济效益最大化，采取机会主义行为的可能性也会随之增加，这时加强媒体监督，有助于缓解信息不对称导致的逆向选择问题。

命题 5：提高第四方公众和媒体的监督效率，能够更好地实现经济的高质量、可持续和绿色发展。

现实中存在着信息不对称的情况，因此对于中央政府而言，媒体和社会公众的监督十分重要，因为这是政府获得社会真实情况的重要来源。

当前，由于对环境重视程度的进一步加强，更加强调了媒体公众监督的作用，比如网站已经开通了举报通道，让社会大众参与进来，举报环境污染事件，改善社会整体环境。由最优契约得 $\lambda^* = 1 - \dfrac{b - p\rho F_S}{\sigma(\theta_2 - \theta_1)\mu}$、$v^* = \dfrac{k(\theta_2 - \theta_1) - b - p\rho F_A}{\sigma(\theta_2 - \theta_1)}$，能够发现中央考核地方对经济建设指标的权重 v 与政府有效的检查对中央补贴之间存在联系。根据 $\dfrac{\partial\lambda}{\partial\sigma} = \dfrac{1}{\sigma^2} \cdot \dfrac{b - p\rho F_A}{(\theta_2 - \theta_1)\mu} > 0$ 可以表示在考核中经济建设指标的权重 λ 与政府的有效检查 σ 存在着正相关关系。当中央对地方政府进行考核时，经济建设指标的权重越大，地方政府将会有更大的可能性实行机会主义行为以便得到更多的经济效益，同时这也是出现合谋行为的主要原因。但是当中央与企业沟通良好、互通信息时，则会有效防止合谋行为的出现。

命题 6：委托人中央政府的检查越有效，越能够减少无效补贴，对企业的绿色生产绩效影响越大。

中央政府的有效检查，能降低其对地方政府的依赖程度，可以了解地方政府与企业的合谋行为，预防逆向选择问题，同时加大经济建设的有效投入，促进经济健康平稳运行。

由 $\dfrac{\partial v}{\partial\sigma} = -\dfrac{1}{\sigma^2} \cdot \dfrac{k(\theta_2 - \theta_1) - b - p\rho F_A}{(\theta_2 - \theta_1)} < 0$ 可知，中央真实了解企业治污行为的概率 σ 与政府给予的单位补贴存在负相关关系。随着中央得知企业治污行为概率的增大，地方政企之间实行机会主义的行为将会减少。另外，据 $\dfrac{\partial v}{\partial\sigma^2} = \dfrac{2}{\sigma^3} \cdot \dfrac{k(\theta_2 - \theta_1) - b - p\rho F_A}{(\theta_2 - \theta_1)} > 0$ 也可得知，此时对企业补贴力度的降低，即使是大幅度的下降，也能够防范政企合谋行为的发生。在当前体制下，中央只能通过间接的方式获得企业信息，因此构建能够让中央政府直接获得企业真实信息的途径非常重要。

6.3.4 研究结果与讨论

地方政府监管、规制的执行是否按照委托人中央政府的标准和要求，企业的排污是否达标，均为私人信息，所以地方政府和辖区内的企业很可能利用这样的信息优势实施机会主义行为。基于此，本书利用委托—代理理论，在追求社会福利最大化的基础上构建预防政企合谋的最优契约，并研究环境制度的有关要素对它的影响，本书得出的结论如下：

（1）最优契约中的惩罚使得中央政府不只是依靠地方政府的监管，同样也利用惩罚机制推进了经济的发展。《新环保法》中明确提出了具体的惩罚规制，对企业污染物排放征收费用并对企业违法行为进行处罚，对企业的处罚结果加以公示，加强社会监督。若地方政府出现违法行为，则实行降职、革职这样的行政处罚。

（2）企业治污单位成本较高或排污量比较大时，政府应给予更高的补贴。如向大型污染企业投入更多的环保专项资金，加大技术研发等。

（3）由于我国在长期发展中坚持以经济建设为中心，在官员考核制度上存在经济优先论，所以地方政府十分重视当地经济的发展形势，忽略了对环境的保护。在这样的情况下，中央政府可以改变地方政府的观念，促进经济发展方式的变革，加强经济与环境之间的协调程度，在发展经济过程中重视环境保护，以此调节地方政府的行为，并对其进行约束，使地方政府积极地贯彻落实中央政府的政策。

（4）地方政府的监管、规制行为是否按照中央的标准和要求，企业是否产生污染并加以治理，这些都是私人信息，可以通过加强社会公众和媒体的监督，从而使中央获得更多的信息，也能使社会大众参与到监督中，提高公众的积极性。

（5）解决信息不对称给中央政府带来的问题，要提高监督的有效性，拓宽中央政府得知真实信息的来源和渠道，如建立监督小组等。

6.4 本章小结

基于地方政府官员的政治晋升和管辖区内经济发展的双重激励，本章以动态演化博弈的视角探寻外资企业污染事故的深层原因，并明晰地方政府与管辖区内外资企业发生合谋行为的规律。结果表明地方政府管辖区内的企业与监督身份的地方政府之间发生合谋行为时被发现的概率以及合谋行为被曝光或者被发现后的成本都是地方政府和企业发生合谋与否的重要影响因素。本章第三节引入中央政府的监管，探讨如何设计一套最优契约来防范地企合谋这样的外部不经济行为。通过防寻租最优契约的分析与构建，结果表明强有力的惩罚、有效的补贴、作为第四方公众及媒体的监督和中央环保巡视检查是防范合谋最优契约的决定因素。

地方政企合谋是影响当地环境规制发挥作用的主要原因，从而引发了严重的环境污染问题。实际上，党中央和国务院早已经认识到这种合谋关系以及它的危害，并采取了一系列的措施对其进行阻止和规避。如：设立中央环保督察中心用来考察地方环保规制是否发挥积极作用，这样一来，有效地加强了中央的管理，有利于解决中央与地方之间信息不对称的问题，进而防范地方政企合谋行为的发生。在当前的政治体系中，这种约束不一定能够完全避免地方政企合谋行为，无法解除地方政企之间的利益关系，而且地方政企合谋行为虽然破坏了当地的环境，但在一定程度上促进了经济的发展，在实际中，中央对这种方式有所依赖，但这不能改变地方政企合谋行为的存在是不合理的事实。在此，本书根据上文提出下列建议：（1）对于中央政府来说，要增强惩罚公信力；对于企业来说，要加大惩罚力度，针对环境违法行为让企业付出更多的成本，对企业进行约束，保证惩罚威慑力；对于大型环境事故而言，更是要加强处罚，不仅要对其进行整顿，还要求停产、限制市场禁入等，严重者还要追究刑事责任；对于地方政府来说，不能只是被动接受结果，重视事后惩罚，更重要的是防患于未然，形成完整的惩罚机制和公正透明的惩罚平台。(2) 转变地方政府考核制度，将之前单一追求 GDP 增长的方式转变为包括生态环境在内的考核方式，加快形成地方经济发展与生态环境保护之间的协调关系，增强环保积极性，从而降低地方政企合谋行为发生的可能性。(3) 制定环保支持性政策，加强激励。如对于环保行为实施支持措施（对生产和消费环节均补贴）。(4) 强化监督，发挥中央环保督察中心的积极作用。并且，积极发挥社会媒体和舆论的监督作用。

第7章　结论及政策建议

随着全球经济一体化程度日益增强以及我国市场开放水平的不断提高，我国从2001年起便成为全球最主要的FDI流入国。国外先进的技术、充足的资金和成熟的管理经验可以促进东道国的生产效率和技术水平的提高，降低污染物排放强度，但同时也可能通过产业转移，把高污染企业通过FDI转移出去，从而把环境压力转移到东道国。随着党和政府的环保政策愈发严格以及人们对环境质量的重视程度越来越高，在多重约束条件下，如何更好地利用FDI是本书的研究重点。

首先，本书通过对与研究主题相关文献的梳理和分析，提出了关于FDI对我国环境影响的三个问题：FDI对我国生态环境的作用机理是什么？在我国FDI的环境效应如何，是“污染天堂”还是“污染光轮”？研究对象的异质性将会对FDI的环境效应有怎样的影响？其次，本书对相关经典文献和理论进行回顾与梳理归纳，并结合相关经济学原理和数理推导，分析出FDI对我国生态环境的作用机理，并且从理论分析中找到了化解FDI对投资地区环境影响的“污染天堂”与“污染光轮”之争的关键点——环境规制的门槛效应。再次，在FDI环境效应的理论分析基础上，结合变量的空间相关性和非线性特征构建出有针对性的实证检验模型，以我国2000—2015年30个省、直辖市、自治区相关变量样本数据、2004—2015年20个省份FDI不同来源地相关数据以及2006—2015年26个省份FDI流入三产的相关数据为研究对象，并且按照我国东、中、西三大经济区来分组检验分析，分别采用ESDA空间探索性分析、空间滞后模型（SLM）、空间误差模型（SEM）、空间杜宾模型（SDM）、经典面板回归模型和门槛回归模型，运用最大似然估计（MLE）和广义最小二乘法等估计方法，通过三个层面（不同经济区域、分 FDI 来源地及分行业）对 FDI 环境效应进行了比较系统全面的实证分析，并且还实证检验了本书的相关研究假设。

7.1　主要结论

本书的主要结论如下：

第一，首先，通过文献综述和理论分析，采用理论数理推导的方式，分析了 FDI 对我国生态环境的作用机制。本书认为，FDI 可以通过多种渠道影响东道国的生态环境（污染物排放量），换言之，FDI 的流入将会影响投资地区的经济规模、经济结构和技术水平等，这些被影响因素的综合变化结果决定了 FDI 在该地区的环境效应，具体表现为改善或恶化该地区的环境质量。其次，通过环境规制和 FDI 的文献综述和理论分析，本书认为不同的环境规制门槛水平会产生不同的 FDI 环境效应，应该把 FDI、环境规制和生态环境纳入一个统一的研究框架，考察环境规制门槛效应对 FDI 环境效应的影响。

第二，分别从国家、地区、行业和 FDI 不同来源地的角度出发，多层次系统地对我国 FDI 现状和三废污染物排放情况做了统计分析。从利用外资水平的统计结果来看，总体上我国实际利用外资水平在不断提高，但近年来增速逐渐放缓；从地域分布上来看，三大经济区吸引 FDI 的水平都在逐年提高，但地区间实际利用外资水平不平衡，吸引 FDI 水平较高的地区主要集中在经济发展水平较高的东部沿海地区，不过近年来中部、西部地区吸引 FDI 的能力也在提升，更多的 FDI 也逐渐向中西部扩张；从行业上看，第二产业流入 FDI 的体量最大，是 FDI 进入的主要领域，当前第三产业（服务业）的 FDI 占比也有所增加。污染排放研究结果显示，我国污染排放量随着 FDI 的增长不断增加，但是三废污染物排放在地区分布上呈现出不均衡特征，东部地区的废气废水排放量大于我国其他地区，并且随着时间的推移有向中部、西部地区扩散的趋势；工业三废中的固体废弃物排放量最多的地区主要集中在矿产资源富饶的中西部，东部排放量较少。总之，地区间污染物排放量的区域分布情况与按照 FDI 流入量的区域空间分布状况并不一致。

第三，首先采用探索性空间分析（ESDA）来研究所考察变量在空间分布上的规律。通过 Moran's I 和 Lisa 检验，结果表明我国 30 个省域 FDI 和环境污染在空间分布上具有显著的正向自相关，即具有空间上的集聚效应。然而，FDI 高值的聚集区域与污染的高值聚集区域并不重叠，FDI 的低流入量区域却是我国环境污染的高排放区域，反之亦然。通过借鉴 Ray 的空间跃迁分析思路分析了观察期两者的空间分布变化规律，结果表明，两者在地理层面上均存在显著的“空间路径依赖”。其次，在确定相关变量具有显著的空间自相关后，采用三种空间模型（SLM、SEM 和 SDM）分别在三种不同空间权重矩阵下实证检验 FDI 环境效应，回归结果如下：收入水平（GDP）与环境污染之间的关系呈现出“N”型，但是在第二个拐点处斜率明显减弱；总体上，FDI 对我国的生态环境有正向改善作用，具体而言，FDI、环境规制、教育水平和 R&D 这些变量的估计系数显著为负，表明这些经济变量均能够有效改善我国的环境质量；产业结构和人口密度显著为正，表明这些因素加剧了我国的环境污染。并且，空间杜宾模型（SDM）的效应分解结果再次表明，FDI 和 R&D 等变量在空间上具有显著的正向溢出效应，不仅对投资区域的环境污染有改善作用，而且对邻近区域的环境绩效也有帮助。环境规制有显著空间溢出效应，较为严格的环境规制水平对其他地区有“挤出”效应，会使本区域的高污染企业转移至邻近环境规制水平较低的区域，空间效应表现为负向的溢出效应。并且采用 SDM 模型检验分来源地 FDI 环境效应的结果表明，四个来源地 FDI 对我国的环境都有不同程度的正面影响。欧洲来源地 FDI 对我国生态环境改善强度大于港澳台来源地 FDI 和东亚来源地 FDI。

第四，根据第 2 章的 FDI 影响东道国环境的理论分析，放松了环境规制严格外生的假设，将环境规制、FDI 和我国的环境污染纳入统一的研究框架，以 2000—2015 年我国三大经济区域 30 个省、直辖市、自治区相关数据为研究对象，采用 Hansen（1999）的门槛回归分析方法，再次实证检验了 FDI 对我国环境的影响，同时，考察了我国环境规制是否存在门槛效应对 FDI 的环境效应产生不同的影响，结果表明，总体而言，FDI 对我国的环境质量有改善作用，但是 FDI 对我国西部地区的环境质量有恶化作用，并且，环境规制对 FDI 环境效应有门槛效应，对我国的三大区域均存在环境规制最优区间，在最优区间内，FDI 在我国的环境效应的正效应作用更强。

最后，本书以博弈论为研究视角，采用动态演化博弈的分析方法，分析地方政府由于晋升激励和外资企业的“合谋寻租”行为所导致的污染事件的内在原因，并采用委托代理模型分析了如何有效地防范“寻租”行为的发生，从当事人角度丰富了本研究，并且为我国更好地利用 FDI 提出了建议。

7.2 相关建议

在我国，由于不同区域的 GDP 水平、人力资本、科技研发投入、自然资源禀赋以及环境规制水平的巨大差异，FDI 对我国不同区域的环境污染的影响方向和大小也大不相同。本书在相关研究结论的基础上，对我国更好地利用 FDI 促进我国环境绩效提出了有针对性的建议，以期能够为我国更好地利用 FDI 促进我国的绿色可持续发展提供参考。具体建议如下：

（1）根据本书的实证检验结果，人均收入水平与污染物物排放量的关系呈倒“U”型，并且在我国大多数地区的人均收入水平处于引起污染物排放量增加的阶段。这反映出我国在引进 FDI 的同时面临着严峻的减排任务，地方政府要对“节能减排”工作予以高度重视，要加强各地区的环境规制力度，提高产业转移中污染物排放门槛，避免“三高产业”的 FDI 进入；并且各地区在污染物超标排放整治过程中，要发挥经济增长带来的减排积极影响，从经济发展的角度解决污染物排放的问题，利用收入门槛效应，推进“减排”工作，逐步向绿色低排放方向转型。必须说明两点：

(1) 污染物排放量和经济收入水平之间的关系呈现倒“U”型，这仅仅是两个经济变量在统计意义上的关系，收入的增长并不能自动降低污染物的排放量。工业污染物减排的目标任务需要通过产业水平优化、技术创新、环境管理水平的提高以及适度的环境规制水平等具体举措来实现；(2) 第4章实证检验结果表明，人均收入水平（经济发展水平）与环境污染之间的关系表现为先呈倒“U”型，当经济发展水平达到第二个拐点，污染物排放量又会随着经济的发展而呈现出略微增长的趋势。因此，要避免这种情况的发生，需要国家加大对环保科技研发投入的支持以及对企业绿色创新的激励，并且严格遏制非环境友好型产业的比例，利用“有形的手”保证我国绿色可持续发展国策的有效贯彻；另一方面，则需要正确引导消费者的消费观，避免出现盲目消费而导致污染加剧。

(2) 在我国，三大经济区（东部、中部、西部）的经济发展不平衡，其资源能源禀赋和治污减排的能力也不相同。因此，政府要统筹经济的高质量发展，就需要在制定相关政策法规时，充分考虑环境规制的门槛效应和不同区域的实际情况，需要根据区域的实际发展水平因地制宜地采取“目的相同但又有差别”的相关环境规制政策。根据第5章测算结果，当环境规制水平在第一个门槛值和第二个门槛值之间时，环境规制门槛效应对FDI环境正效应的效果最好。基于上述内容，中部、东部地区应该把环境规制水平提高并超过第一个门槛值，采取严格的环境规制标准，淘汰“三高”企业，对企业技术的革新创新应实施更加有效的资金激励机制，完善外资企业污染的外部性内生化举措，倒逼外资企业采取更为有效的减排治污措施。对于经济发展水平较为落后的西部地区，其科学技术薄弱以及产业结构不均衡（多以第一、第二产业为主)，一味靠提高环境规制水平难以达到减排治污的既定目标。因此，政府应该给予企业一定的缓冲期和相应的治污补贴，不能盲目地执行东部发达地区的环境规制强度，更不能盲目地“一刀切”——对于环保不达标的企业实施关停措施，从而有效地避免由于环境规制水平太高而导致区域内产业结构失衡的情况。需要强调的是，西部地区的多数省份和行业环境规制水平整体不高，应该相应地把规制水平提高至两个门槛之间的水平，这样更有利于发挥 FDI 的减排作用。除此之外，加大国际合作，引入绿色生产技术也是一种有效的措施，从而促进我国绿色技术的发展和扩大技术溢出效应，对我国实现绿色转型有积极影响。

（3）FDI 的进入增加了该地区与行业的经济规模，进而加重了当地的环境污染压力，而 FDI 的技术效应往往对当地的生态环境有改善作用。因此，引入 FDI 时政府应该对这些因素加以考虑，同时还需要适度提高环境规制水平，引进绿色 FDI 产业，遏制高污染型 FDI 产业。另一方面，从经济发展方式的视角，要进行产业转型，促进经济发展方式升级，逐步摆脱“高污染、高能耗”型的发展之路，向绿色低碳型发展模式转型，降低污染物排放量，减轻我国的环境压力。由于我国污染排放的增加是 FDI 作用于当前的经济结构而形成的，所以，在地区发展方面，我国不能只重视重工业的发展，应该将 FDI 引入其他产业，如现代农业以及服务业，进一步使 FDI 投向第三产业、高新技术产业等低能耗、少污染产业，促进污染排放强度的下降；在行业方面，要把握不同行业的污染排放强度，不断调整相关政策，促进引资方面能够更好地发挥作用。另外，相对于其他 FDI 来源地，欧洲来源地的 FDI 对我国的环境产生的积极影响最强。因此，我国要更加积极地与欧洲主要经济体展开合作，特别是在低碳技术和清洁生产技术方面要加强交流，这对我国发展低碳经济和推进节能减排有重大意义。

（4）地方政企合谋是影响当地环境规制发挥作用的主要原因，从而引发了严重的环境污染问题。实际上，党中央和国务院早已经认识到这种合谋关系以及它的危害，并采取了一系列的措施对其进行阻止和规避。如：设立中央环保督察中心用来考察地方环保规制是否发挥积极作用，这样一来，有效地加强了中央的管理，有利于解决中央与地方之间信息不对称的问题，进而防范地方政企合谋行为的发生。在当前的政治体系中，这种约束不一定能够完全避免地方政企合谋行为，无法解除地方政企之间的利益关系，而且地方政企合谋行为虽然破坏了当地的环境，但在一定程度上促进了经济的发展，在实际中，中央对这种方式有所依赖，但这不能改变地方政企合谋行为的存在是不合理的事实。在此，本书提出下列建议：（1）对于中央政府来说，要增强惩罚公信力；对于企业来说，要加大惩罚力度，针对环境违法行为让企业付出更高的成本，对企业进行约束，保证惩罚威慑力；对于大型环境事故，更是要加强处罚，不仅要对其进行整顿，还要求停产、限制市场禁入等，对严重者还要追究其刑事责任；对于地方政府来说，不能只是被动接受结果，重视事后惩罚，更重要的是防患于未然，形成完整的惩罚机制和公正透明的惩罚平台。（2）转变地方政府考核制度，将之前单一追求 GDP 增长的方式转变为包括生态环境在内的考核方式，加快形成地方经济发展与生态环境保护之间的协调关系，增强环保积极性，从而降低地方政企合谋行为发生的可能性。（3）制定环保支持性政策，加强激励。如对于环保行为实施支持措施（对生产和消费环节均补贴）。（4）强化监督，发挥中央环保督察中心的积极作用。并且，积极发挥社会媒体和舆论的监督作用。

7.3 研究不足及展望

FDI 对中国的环境效应是学界长期争论的话题之一。本书在分析 FDI 环境效应的理论基础上，采用空间计量模型和门槛模型以及定性与定量结合等多种分析方法研究了外商直接投资对我国环境的影响，并尝试性地做了一些创新工作，得到了相应的研究结果。但因作者科研能力有限及相关研究条件的限制，本书存在诸多不足之处和有待进一步深入研究和完善的地方，归纳如下：

（1）关于相关变量测度和模型估计结果的精确性。首先，本书的被解释变量污染物排放是根据 30 个省、直辖市及自治区的相关废水、废气和固废观察期的数据加权计算得来的，环境规制等解释变量也是根据熵权法间接计算获得的，因此这些数据难免存在一些误差。其次，在数据的收集上，由于部分统计数据缺失，不能非常准确地计算出相关变量的样本值，模型的估计结果也会因为变量的精确程度而受到一定的影响。除此之外，在检验FDI不同来源地对我国环境的影响时，笔者是根据地理属性划分了FDI不同来源地，具有一定的主观性。不仅如此，FDI全球离岸金融聚集区来源地（包括维尔京群岛、开曼群岛、毛里求斯和萨摩亚）流入我国的规模很大，无奈很多省份的相应年份数据缺失，实证研究时只能放弃对这些来源地的检验。

（2）对我国污染物排放量的EKC曲线模型仍需要进行拓展分析。本书以省域为研究对象，利用扩展型环境库兹涅茨模型，实证检验了FDI与我国工业污染物排放的关系及强度。但是，本书虽然理论上详细分析了FDI对投资地区的环境效应作用机制，但实证检验的模型并没有完全契合前文理论分析，没有完全实现理论与实证检验的有效统一。

（3）缺乏对母国环境规制的考察。本书考虑了我国不同区域不同环境规制水平对FDI流入量及质量的影响这一现实因素，但是未涉及母国环境规制的影响，原因在于我国FDI的来源地众多，环境规制水平不一，现有研究条件无法统一客观地将母国环境规制水平作为研究变量纳入研究体系，这一研究上的不足也为以后的相关研究留下了空间。实际上，不同国家的环境规制水平，会对直接投资的国际流向、新技术跨境转移及产业转移的结构均有不同程度的影响。

（4）本书围绕外商直接投资对我国污染物排放的影响进行了多角度分析，包括不同来源地、不同区域、不同产业以及不同环境规制水平的视角，但是这些视角主要以我国为研究对象。而工业污染物排放是全球性问题，本书并未涉及国际视角，特别是外商直接投资与工业污染物排放的全球多国家对比研究，因此接下来的相关研究可以对不同发展水平的国家进行对比研究，考察发展中国家与发达国家之间外商直接投资与工业污染物排放关系以及不同之处，并在此基础上对研究结果做出深入分析。

参考文献

[1] Acharkyya J. FDI, Growth and the Environment: Evidence from India on CO_2 Emission during the Last Decades [J]. Journal of Economic Development, 2009, 34 (1): 43-58.

[2] Albornoz F, Cole M A, Elliott R J R, et al. In Search of Environmental Spillovers [J]. Social Science [J] Electronic Publishing, 2009, 32 (1): 136-163.

[3] Anselin L, Bera A K, Florax R, et al. Simple Diagnostic Tests for Spatial Dependence [J]. Regional Science & Urban Economics, 1993, 26 (1): 77-104.

[4] Anselin L, Le Gallo J. Interpolation of Air Quality Measures in Hedonic House Price Models: Spatial Aspects [J]. Spatial Economic Analysis, 2006, 1 (1): 31-52.

[5] Anselin L. Spatial Econometrics: Methods and Models [J]. Economic Geography, 1987, 65 (2): 160-162.

[6] Antweiler W, Copeland B R, Taylor M S. Is Free Trade Good for the Environment? [J]. American Economic Review, 2001, 91 (4): 877-908.

[7] Ayamba E C, Haibo C, Musah A A I, et al. An Empirical Model on the Impact of Foreign Direct Investment on China's Environmental Pollution: Analysis Based on Simultaneous Equations [J]. Environmental Science and Pollution Research, 2019: 1-10.

[8] Baek J, Koo W W. A Dynamic Approach to the FDI-Environment Nexus: The Case of China and India [J]. Social Science Electronic Publishing, 2008, 13 (2): 87-108.

[9] Bajari P, Caillaud B, Gandal N. US County-level Determinants of Inbound FDI: Evidence from a Two-step Modified Count Data Model [J]. International Journal of Industrial Organization, 2001, 19 (6): 953-973.

[10] Baltagi B H, Egger P, Pfaffermayr M. Estimating Models of Complex FDI: Are There Third-country Effects? [J]. Journal of Econometrics, 2007, 140 (1): 260-281.

[11] Bao Q, Chen Y Y, Song L G . Is There an Inverted U-shaped Curve Relationship between Foreign Investment and Host Country's Environmental Pollution? [J]. The Journal of World Economy, 2004, 1: 3-17.

[12] Barrett S. Strategic Environmental Policy and International Trade [J]. Journal of Public Economics, 2004, 54 (3): 435-445.

[13] Barro R J, Lee J W. Losers and Winners in Economic Growth [J]. Nber Working Papers, 1994, 7 (1): 267.

[14] Baumol W J, Oates W E. The Theory of Environmental Policy [M]. Cambridg: Cambridge University Press, 1988: 257-259.

[15] Beckerman W. Economists, Scientists, and Environmental Catastrophe [J]. Oxford Economic Papers, 1972, 24 (3): 327-344.

[16] Bello A K, Abimbola O M. Does the Level of Economic Growth Influence Environmental Quality in Nigeria: A Test of Environmental Kuznets Curve (EKC) Hypothesis? [J] . Journal of Social Sciences, 2010, (7): 325-329.

[17] Benarroch M, Thille H. Transboundary Pollution and the Gains from Trade [J]. Journal of International Economics, 2001, 55 (1): 139-159.

[18] Bhattarai M, Hammig M. Institutions and the Environmental Kuznets

Curve for Deforestation: A Crosscountry Analysis for Latin America, Africa and Asia [J]. World Development, 2001, 29 (6): 995-1010.

[19] Birdsall N, Wheeler D. Trade Policy and Industrial Pollution in Latin America: Where Are the Pollution Havens? [J]. Journal of Environment & Development, 1993, 2 (1): 137-149.

[20] Blackman A, Wu X. Foreign Direct Investment in China's Power Sector: Trends, Benefits and Barriers [J]. Energy Policy, 1999, 27 (12): 695-711.

[21] Boulding K E. Beyond Economics: Essays on Society, Religion and Ethics [M]. Michigan: The University of Michigan Press, 1968: 67.

[22] Cao X, Wang P, Zhu B Z. Has Foreign Direct Investment Increased Air Pollution in China? A Hierarchical Linear Model Approach [J]. Natural Hazards, 2018, 91 (1): 659-669.

[23] Carson R T, Jeon Y, McCubbin D R. The Relationship between Air Pollution Emissions and Income: US Data [J]. Environment and Development Economics, 1997, 2 (4): 433-450.

[24] Caviglia-Harris J L, Chambers D, Kahn J R. Taking the "U" Out of Kuznets: A Comprehensive Analysis of the EKC and Environmental Degradation [J]. Ecological Economics, 2009, 68 (4): 1149-1159.

[25] Chandran V G R, Tang C F. The Impacts of Transport Energy Consumption, Foreign Direct Investment and Income on CO_2 Emissions in ASEAN-5 Economies [J]. Renewable and Sustainable Energy Reviews, 2013, 24 (Complete): 445-453.

[26] Chen G. The Competition for FDI, Environment Regulation and Pollution Haven: Reflection on Chinese Decentralization [J]. World Economy Study, 2009, 6: 3-7.

[27] Chen H Y, Hao Y, Li J W, Song X J. The Impact of Environmental Regulation, Shadow Economy, and Corruption on Environmental Quality:

Theory and Empirical Evidence from China [J]. Journal of Cleaner Production, 2018, 195: 200-214.

[28] Chen Y, Jin G Z, Kumar N, et al. The Promise of Beijing: Evaluating the Impact of the 2008 Olympic Games on Air Quality [J]. Journal of Environmental Economics and Management, 2013, 66 (3): 424-443.

[29] Chen Y Y, Li K W. China Industry SO_2 Emission Intensity Factor Decomposition and Its Influencing Factors: Based on the Analysis of FDI Industry Forward and Backward Linkages [J]. Management World, 2010, 3: 14-21.

[30] Cheng Z, Li L, Liu J. The Spatial Correlation and Interaction between Environmental Regulation and Foreign Direct Investment [J]. Journal of Regulatory Economics [M], 2018, 54 (2): 124-146.

[31] Chennat Gopalakrishnan. Classic Papers in Natural Resource Economics [M]. London: Palgrave Macmillan UK, 2000: 221-223.

[32] Cheung K Y, Lin P. Spillover Effects of FDI on Innovation in China: Evidence from the Provincial Data [J]. Social Science Electronic Publishing, 2004, 15 (1): 25-44.

[33] Chudnovsky D, López A. Globalization and Developing Countries: Foreign Direct Investment and Growth and Sustainable Human Development, 1999.

[34] Chung S. Environmental Regulation and Foreign Direct Investment: Evidence from South Korea [J]. Journal of Development Economics, 2014, 108 (C): 222-236.

[35] Cole M A, Elliott R J R, Okubo T, et al. The Carbon Dioxide Emissions of Firms: A Spatial Analysis [J]. Journal of Environmental Economics and Management, 2013, 65 (2): 290-309.

[36] Cole M A, Elliott R J R . FDI and the Capital Intensity of "Dirty" Sectors: A Missing Piece of the Pollution Haven Puzzle [J]. Review of Development Economics, 2005, 9 (4): 530-548.

[37] Cole M A, Fredriksson P G. Institutionalized Pollution Havens [J]. Ecological Economics, 2009, 68 (4): 1239-1256.

[38] Cole M A. Trade, the Pollution Haven Hypothesis and the Environmental Kuznets curve: Examining the Linkages [J]. Ecological Economics, 2004, 48 (1): 71-81.

[39] Copeland B R, Taylor M S . Trade and Environment: Theory and Evidence [J]. Canadian Public Policy, 2013, 06 (03): 339-365.

[40] Copeland B R, Taylor M S. Trade, Growth, and the Environment [J]. Journal of Economic Literature, 2004, 42 (1): 7-71.

[41] Dales J H. Pollution, Property and Prices: An Essay in Policy-making and Economics [M]. Toronto: University of Toronto Press, 1968: 111.

[42] Daly H E. The Steady-state Economy: towards Political Economy of Biophysical Equilibrium and Moral Growth [M]. San Francisco: W. H. Freeman, 1977: 159-162.

[43] Dasgupta S, Laplante B, Wang H, et al. Confronting the Environmental Kuznets Curve [J]. Journal of Economic Perspectives, 2002, 16 (1): 147-168.

[44] De Bruyn S M, Van Den Bergh, J C, Opschoor J B. Economic Growth and Emissions: Reconsidering the Empirical Basis of Environmental Kuznets Curves [J]. Ecological Economics, 1998, 25 (2): 161-175.

[45] Dean J M, Lovely M E, Wang H. Are Foreign Investors Attracted to Weak Environmental Regulations? Evaluating the Evidence from China [J]. Journal of Development Economics, 2009, 90 (1): 1-13.

[46] Dean J M. Does Trade Liberalization Harm the Environment? A New Test [J]. Canadian Journal of Economics, 2002, 35 (4): 819-842.

[47] Dean. Trade and Environment: A Survey of the Literature [J]. World Bank Discussion Paper, 1992: 63.

[48] Deng H H, Sang B C. Fiscal Decentralization, Environmental Regulation

and FDI Competition among Local Governments [J]. Journal of Shanghai University of Finance and Economics, 2015, 3: 9-88

[49] Dinda S. Environmental Kuznets Curve Hypothesis: A Survey [J]. Ecological Economics, 2004, 49 (4): 431-455.

[50] Duarte C C. Renewable Resource Market Obeying Difference Equations: Stable Points, Stable Cycles, and Chaos [J]. Environmental & Resource Economics, 1994, 4 (4): 353-381.

[51] Ederington J, Levinson A, Minier J. Trade Liberalization and Pollution Havens [J]. Advances in Economic Analysis & Policy, 2005: 29-30.

[52] Elhorst, Paul J. Applied Spatial Econometrics: Raising the Bar [J]. Spatial Economic Analysis, 2010, 5 (1): 9-28.

[53] Elliott R J R, Shimamoto K . Are ASEAN Countries Havens for Japanese Pollution-intensive Industry?[J]. World Economy, 2010, 31 (2): 236-254.

[54] Elliott R J R, Zhou Y. Environmental Regulation Induced Foreign Direct Investment [J]. Environmental & Resource Economics, 2013, 55 (1): 141-158.

[55] Eskeland G S, Harrison A E. Moving to Greener Pastures? Multinationals and the Pollution Haven Hypothesis [J]. Journal of Development Economics, 2003, 70 (1): 1-23.

[56] Esty D C, Dua A. Sustaining the Asia Pacific Miracle: Environmental Protection and Economic Integration [J]. Peterson Institute Press All Books, 1997, 3 (1): 150-152.

[57] Forrester J W. World Dynamics Wright-Allen [M]. Cambridge: The MIT Press, 1971: 78-86.

[58] Frankel J A. Nber Working Paper Series the Environment and Globalization [J]. Jeffrey Alexander Frankel, 2003, 55 (2): 161-210.

[59] Friedl B, Getzner M . Determinants of CO_2 Emissions in a Small Open

Economy [J]. Ecological Economics, 2003, 159 (45): 133-148.

[60] Fu S X, Zhang K Y, Zhang W B. Environmental Regulation and the Effect of "Pollution Haven" on Regional Industrial Layout of China [J]. Journal of Shanxi Finance and Economics University, 2011, 7: 8-14.

[61] Girma S, Görg, Holger, Pisu M. Exporting, Linkages and Productivity Spillovers from Foreign Direct Investment [J]. Canadian Journal of Economics Canadienne Déconomique, 2010, 41 (1): 320-340.

[62] Girma S Y, Gong H. Foreign Direct Investment, Access to Finance and Innovation Activity in Chinese Enterprises [J]. The World Bank Economic Review, 2008, 22 (2): 367-382.

[63] Gorg H. Much Ado about Nothing? Do Domestic Firms Really Benefit from Foreign Direct Investment? [J]. The World Bank Research Observer, 2004, 19 (2): 171-197.

[64] Gray W B, Shadbegian R J. "Optimal" Pollution Abatement—Whose Benefits Matter, and how much? [J]. Journal of Environmental Economics and Management, 2004, 3: 510-534.

[65] Grey K, Brank D. Environmental Issues in Policy-based Competition for Investment [J]. A Literatuer Review, 2002 (11): 115-123.

[66] Grimes P, Kentor J. Exporting the Greenhouse: the Effects of Foreign Capital Penetration on CO_2 Emissions, 1980-1996 [J]. Journal of World Systems Research, 2003, 9 (2): 3-17.

[67] Grossman G M, Krueger A B. Economic Growth and the Environment [J]. The Quarterly Journal of Economics, 1995, 110 (2): 353-377.

[68] Grossman G M, Krueger A B. Environmental Impacts of a North American Free Trade Agreement [J]. Social Science Electronic Publishing, 1991, 8 (2): 223-250.

[69] Guo H Y, Han L Y. Foreign Direct Investment, Environmental Regulation and Environmental Pollution [J]. Journal of International Trade, 2008,

8: 111-118.

[70] Guo J W, Tao F. Agglomeration Effects, Environmental Regulation Policy and Foreign Direct Investment Location Choice: According to the New Economic Geography [J]. Industrial Economics Research, 2009, 4: 29-37.

[71] Hansen B E. Threshold Effects in Non-dynamic Panels: Estimation, Testing and Inference [J]. Journal of Econometrics, 1999, 93 (2): 345-368.

[72] Hansen E. Sample Splitting and Threshold Estimation [J]. Econometrica, 2010, 68 (3): 575-603.

[73] Hao Y, Deng Y, Lu Z N, et al. Is Environmental Regulation Effective in China? Evidence from City-Level Panel Data [J]. Journal of Cleaner Production, 2018, 188: 966-976.

[74] Harrington J E. Penalties and the Deterrence of Unlawful Collusion [J]. Economics Letters, 2014, 124 (1): 33-36.

[75] He J, Wang H. Economic Structure, Development Policy and Environmental Quality: an Empirical Analysis of Environmental Kuznets Curves with Chinese Municipal Data [J]. Ecological Economics, 2012, 76 (none): 49-59.

[76] He J. Pollution Haven Hypothesis and Environmental Impacts of Foreign Direct Investment: the Case of Industrial Emission of Sulfur Dioxide (SO_2) in Chinese Provinces [J]. Ecological Economics, 2006, 1: 228-245.

[77] He K. Environmental Regulation Intensity, Industry Heterogeneity and China's Industrial Total Factor of Carbon Emission Performance [J]. Forum on Science and Technology in China, 2014, 4: 62-67.

[78] Hitam M B, Borhan H B. FDI, Growth and the Environment: Impact on Quality of Life in Malaysia [J]. Procedia-Social and Behavioral Sciences,

2012, 50: 333-342.

[79] Hong Q, Zhang S X. An Empirical Analysis on Relation between FDI and Environmental Pollution in Jilin Province [J]. Journal of Industrial Technological Economics, 2013, 4: 136-140.

[80] Huang J. Empirical Investigation on Foreign Direct Investment and Environmental Pollution: A Simultaneous Equations Approach [J]. World Economy Studies, 2010, 2: 80-86.

[81] Huang M. Relation among Economic Growth, Foreign Direct Investment and Environmental Pollution Based on Pprovincial Panel 2003-2012 [J]. Resources and Industries, 2015, 1: 92-97.

[82] Javorcik B. Does Foreign Direct Investment Increase the Productivity of Domestic Firms? In Search of Spillovers through Backward Linkages [J]. American Economic Review, 2004, 94 (3): 605-627.

[83] Ji Z Y, Mao J, Lai X F. Study on the Effect of FDI on Environmental Pollution in China: an Empirical Test with the Panel Data Model [J]. Word Economy Studies, 2015, 3: 56-64.

[84] Jorgenson A K, Dick C, Mahutga M C. Foreign Investment Dependence and the Environment: An Ecostructural Approach [J]. Social Problems, 2007, 54 (3): 371-394.

[85] Jun W, Zakaria M, Shahzad SJH, Mahmood H. Effect of FDI on Pollution in China: New Insights Based on Wavelet Approach [J]. Sustainability, 2018, 10 (11): 38-59.

[86] Kennedy P W. Equilibrium Pollution Taxes in Open Economies with Imperfect Competition [J]. Journal of Environmental Economics & Management, 1994, 27 (1): 49-63.

[87] Kim M H, Adilov N. The Lesser of Two Evils: an Empirical Investigation of Foreign Direct Investment-pollution Tradeoff [J]. Applied Economics, 2012, 44 (20): 2597-2606.

[88] Kim S. CO_2 Emissions, Foreign Direct Investments, Energy Consumption, and GDP in Developing Countries: A More Comprehensive Study using Panel Vector Error Correction Model [J]. Korean Economic Review, 2019, 35 (1): 5-24.

[89] Kolstad C D, Xing Y Q. Do Lax Environmental Regulations Attract Foreign Investment?[J]. Environmental and Resource Economics, 2002, 21 (1): 1-22.

[90] Kolstad X. Environment and Trade: A Review of Theory and Issues [J]. MPRA Paper University Library of Munich, 1996.

[91] Kumar N, Foster A D. Air Quality Interventions and Spatial Dynamics of Air Pollution in Delhi and Its Surroundings [J]. International Journal of Environment and Waste Management, 2009, 4 (1-2): 85-111.

[92] Kuznets S. Economic Growth and Income Inequality [J]. American Economic Review, 1955, 45 (1): 1-28.

[93] Lan J, Kakinaka M, Huang X. Foreign Direct Investment, Human Capital and Environmental Pollution in China [J]. Environmental and Resource Economics, 2012, 51 (2): 255-275.

[94] Langpap C, Shimshack J P. Private Citizen Suits and Public Enforcement: Substitutes or Complements? [J]. Journal of Environmental Economics & Management, 2010, 59 (3): 235-249.

[95] Lecomber R. Economic Growth Versus the Environment [M]. London: Macmillan, 1975: 93-98.

[96] Leng Y L, Xian G M, Du S Z. Foreign Direct Investment and Haze Pollution: An Empirical Analysis Based on Provincial Panel Data [J]. Journal of International Trade, 2015, 12: 74-84.

[97] Lesage J P, Pace R K. Spatial Econometric Models [J]. Handbook of Applied Spatial Analysis, 2010: 355-376.

[98] Letchumanan R, Kodama F. Reconciling the Conflict between the

"Pollution-haven" Hypothesis and an Emerging Trajectory of International Technology Transfer [J]. Research Policy, 2000, 29 (1): 59-79.

[99] Li S, Angelino A, Yin H, Spigarelli F. Determinants of FDI Localization in China: A County-level Analysis for the Pharmaceutical Industry [J]. International Journal of Environmental Research and Public Health, 2017, 14 (9): 985.

[100] Li Z H, Liu H H. FDI, Technology Progress and Emission of CO_2: Evidence from Chinese Provincial Data [J]. Studies in Science of Science, 2011, 29 (10): 1495-1503.

[101] Liang F H. Does Foreign Direct Investment Harm the Host Country's Environment? Evidence from China [J]. Social Science Electronic Publishing, 2006: 10-15.

[102] Lin J H, Liu Y. Endogenous Environmental Regulations: Retesting of Pollution Haven Hypothesis in China [J]. China Pollution, Resources and Environment, 2013, 1: 13-18.

[103] Lin L, Sun W. Location Choice of FDI Firms and Environmental Regulation Reforms in China [J]. Journal of Regulatory Economics, 2016, 50 (2): 207-232.

[104] List J A, Co C Y. The Effects of Environmental Regulations on Foreign Direct Investment [J]. Journal of Environmental Economics and Managenment, 2000, 40 (1): 1-20.

[105] Liu J M, Chen G. An Empirical Analysis on Impact of Environmental Regulations upon Distribution of FDI [J]. China Soft Science, 2008, 44 (1): 102-112.

[106] Liu Q Q, Wang S J, Zhang W Z, et al. Does Foreign Direct Investment Affect Environmental Pollution in China's Cities? A Spatial Econometric Perspective [J]. Science of The Total Environment, 2018, 613-614: 521-529.

[107] Liu Z Z, Chen G . Environmental Regulations and Location Distribution of Foreign Direct Investment: Empirical Study Based on Urban Panel Data [J]. Journal of International Trade, 2009, 3: 61-69.

[108] Lu D X, Liu X M, Liu C M. The Empirical Analysis of the Influence of Environmental Regulation on Foreign Direct Investment in China [J]. Shangdong Economy, 2010, 1: 86-90.

[109] Lu J Y, Yang J, Shao H Y. FDI, Human Capital and Environmental Pollution in China: A Quantile Regression Analysis Based on Panel Data of 249 Cities [J]. Journal of International Trade, 2014, 4: 118-125.

[110] Ma J Q, Guo J J, Liu X J. Water Quality Evaluation Model Based on Principle Component Analysis and Information Entropy: Application in Jinshui River [J]. Journal of Resources and Ecology, 2010, 3: 249-252.

[111] Ma L, Liu W D, Liu Y. The Mechanism Analysis of FDI Impact on Regional Resource and Environment [J]. China Soft Science, 2003, 10: 129-132.

[112] Maddison D. Environmental Kuznets Curves: A Spatial Econometric Approach [J]. Journal of Environmental Economics and Management, 2006, 51 (2): 218-230.

[113] Malthus R T. An Essay on the Principle of Population [M]. The UK: Cambridge University Press, 1817: 78-89.

[114] Manderson E, Kneller R. Environmental Regulations, Outward FDI and Heterogeneous Firms: Are Countries Used as Pollution Havens? [J]. Environmental and Resource economics, 2012, 3: 317-352.

[115] Mani M, Wheeler D. In Search of Pollution Havens? Dirty Industry in the World Economy, 1960-1995 [J]. Journal of Environment and Development, 1998, 73 (3): 215-247.

[116] Meadows D, Randers J, Behrens W. Limits to Growth [M]. New York: Universe Books, 1972: 89-96.

[117] Meadows D H, Meadows D L, Behrens W. The Limits to Growth [M]. New York: Universe Books, 1972: 56-67.

[118] Mert M, Gülden Bölük. Do Foreign Direct Investment and Renewable Energy Consumption Affect the CO_2, Emissions? New Evidence from a Panel ARDL Approach to Kyoto Annex countries [J]. Environmental Science and Pollution Research, 2016, 23 (21): 21669-21681.

[119] Mielnik O, José Goldemberg. Foreign Direct Investment and Decoupling between Energy and Gross Domestic Product in Developing Countries [J]. Energy Policy, 2002, 30 (2): 87-89.

[120] Mill J S. Principles of Political Economy [M]. London: Prometheus Books, 1848.

[121] Muhammad, Samia, Afza, et al. Environmental Consequences of Economic Growth and Foreign Direct Investment: Evidence from Panel Data Analysis [J]. MPRA Paper, No. 32547, 2011.

[122] Mulatu A. The Structure of UK Outbound FDI and Environmental Regulation [J]. Environmental and Resource economics, 2017, 1: 65-96.

[123] Nasir MA, Duc HTL, Xuan THT. Role of financial development, economic growth & foreign direct investment in driving climate change: A case of emerging ASEAN [J]. Journal of environmental management, 2019, 242: 131-141.

[124] Naughton H T. To Shut down or to Shift: Multinationals and Environmental Regulation [J]. Ecological Economics, 2014, 102: 113-117.

[125] Opschoor J B. Sustainable Development, the Economic Process and

Economic Analysis [J]. Environment, Economy and Sustainable Development, Amsterdam, Wolters-Noordhoff, 1992.

[126] Pao H T, Tsai C M. Multivariate Granger Causality between C02 Emissions, Energy Consumption, FDI and GDP: Evidence from a Panel of BRIC Countries [J]. Energy, 2011, 36 (1): 685-693.

[127] Pearce D W, Atkinson G D. Capital Theory and the Measurement of Sustainable Development: an Indicator of "Weak" Sustainability [J]. Ecological Economics, 1993, 8 (2): 103-108.

[128] Peng W B, Li H K. On Relations between Threshold Effect, Environmental Regulation and Pollution Enterprise: Based on Nonlinear Threshold Test of Panel Data of Cities in Hunan Province [J]. Journal of Hunan University of Science and Technology (Social Science Edition), 2016, 1: 98-103.

[129] Perkins R, Neumayer E. Fostering Environment-efficiency through Transnational Linkages [J]. Environment & Planning A, 2015, 40 (12): 2970-2989.

[130] Perkins R, Neumayer E. Transnational Linkages and the Spillover of Environment-efficiency into Developing Countries [J]. Global Environmental Change, 2009, 19 (3): 375-383.

[131] Poon J H, Casas I, He C. The Impact of Energy, Transport, and Trade on Air Pollution in China [J]. Eurasian Geography & Economics, 2006, 47 (5): 568-584.

[132] Porter M E, Linde C V D . Toward a New Conception of the Environment-Competitiveness Relationship [J]. Journal of Economic Perspectives, 1995, 9 (4): 97-118.

[133] Prew P. World-economy Centrality and Carbon Dioxide Emissions: A New Look at the Position in the Capitalist World-system and

Environmental Pollution [J]. Journal of World-Systems Research, 2010, 16 (2): 162-191.

[134] Qi J H, Ju L. An Empirical Analysis on Environmental Regulation and FDI Location: Co-integration and Granger Test Based on China's Data of 1985-2004 [J]. Finance and Trade Research, 2007, 3: 10-15.

[135] Quiroga M, Sterner T, Persson M. Have Countries with Lax Environmental Regulations a Comparative Advantage in Polluting Industries [J]. Discussion Papers, Resources for the Future, 2007.

[136] Rafindadi A A, Muye I M, Kaita R A. The effects of FDI and energy consumption on environmental pollution in predominantly resource-based economies of the GCC [J]. Sustainable Energy Technologies and Assessments, 2018, 25: 126-137.

[137] Ren X Y, Yang S L. An Empirical Research on the Relationship between Foreign Direct Investment and Carbon Dioxide Emission Intensity of China [J]. Advanced Materials Research, 2013, 807-809: 951-957.

[138] Saboori B, Sulaiman J, Mohd S. Economic Growth and CO_2 Emissions in Malaysia: A Cointegration Analysis of the Environmental Kuznets Curve [J]. Energy Policy, 2012, 51: 184-191.

[139] Selden T M, Song D. Environmental Quality and Development: Is There a Kuznets Curve for Air Pollution Emissions? [J]. Journal of Environmental Economics and Management, 1994, 27 (2): 147-162.

[140] Shafik N. Economic Development and Environmental Quality [J]. Oxford Economic Papers, 1994 (46): 757-773.

[141] Shahbaz M, Ozturk I, Afza T, et al. Revisiting the Environmental Kuznets Curve in a Global Economy [J]. MPRA Paper, 2013, 25 (september): 494-502.

[142] Shahbaz M, Balsalobre-Lorente D, Sinha A. Foreign direct Investment-

CO_2 emissions nexus in Middle East and North African countries: Importance of biomass energy consumption [J]. Journal of Cleaner Production, 2019, 217: 603-614.

[143] Shahbaz M, Nasir M A, Roubaud D. Environmental degradation in France: The effects of FDI, financial development, and energy innovations [J]. Energy Economics, 2018, 74: 843-857.

[144] Stafford H A. Environmental Protection and Industrial Location [J]. Annals of the Association of American Geographers, 1985, 75 (2): 227-240.

[145] Stern D I, Common M S. Is There an Environmental Kuznets Curve for Sulfur? [J]. Journal of Environmental Economics and Management, 2001, 41 (2): 162-178.

[146] Stern D I. The Rise and Fall of the Environmental Kuznets Curve [J]. World Development, 2004, 32 (8): 1419-1439.

[147] Su Z D, Zhou W Q. Dynamic Effect of FDI on the Environment and the Regional Differential in China: Heterogeneity Analysis Based on the Panel Data by Province and Dynamic Panel Data Model [J]. World Economy Study, 2010, 6: 63-67.

[148] Sun B. A Literature Survey on Environmental Kuznets Curve [J]. Energy Procedia, 2011, 5: 1322-1325.

[149] Tamazian A, Juan Piñeiro Chousa, Vadlamannati K C. Does Higher Economic and Financial Development Lead to Environmental Degradation: Evidence from BRIC Countries [J]. Energy Policy, 2009, 37 (1): 246-253.

[150] Tirole J . Hierarchies and Bureaucracies: On the Role of Collusion in Organization [J]. Journal of Law Economics & Organization, 1986, 2 (2): 181-214.

[151] Wagner M, Georg Müller-Fürstenberger. The Carbon Kuznets Curve: A Cloudy Picture Emitted by Bad Econometrics? [J]. Resource and Energy Economics, 2005, 30 (3): 388-408.

[152] Wagner U J, Timmins C D. Agglomeration Effects in Foreign Direct Investment and the Pollution Haven Hypothesis [J]. Environmental and Resource Economics, 2009, 43 (2): 231-256.

[153] Waldkirch A, Gopinath M. Pollution Control and Foreign Direct Investment in Mexico: An Industry-level Analysis [J]. Environmental and Resource Economics, 2008, 41 (3): 289-313.

[154] Walter I W, Ugelow J. Environmental Policies in Developing Countries [J]. Ambio, 1979, 8 (2/3): 102-109.

[155] Wang H, Jin Y H. Industrial Ownership and Environmental Performance: Evidence from China [J]. Environmental and Resource Economics, 2007, 36 (3): 255-273.

[156] Wang H, Wheeler D. Financial Incentives and Endogenous Enforcement in China's Pollution Levy System [J]. Journal of Environmental Economics and Management, 2005, 49 (1): 174-196.

[157] Wang J, Wei W, Deng H H. Will Fiscal Decentralization Influence FDI Inflows? A Spatial Study of Chinese Cities [J]. Emerging Markets Finance and Trade, 2017, 9: 1988-2000.

[158] Wang X, Zhang W J. The Regional Differences between Environmental Regulation, Economic Structure and Industrial Pollution in China [J]. Research on Financial and Economic Issues, 2011, 11: 23-30.

[159] Wayne B G, Shadbegian R J. Optimal Pollution Abatement-Whose Benefits Matter, and How Much? [J]. NBER Working Paper No. 9125, 2002.

[160] Wheeler D, Mody A. International Investment Location Decisions: The

Case of U. S. Firms [J]. Journal of International Economics, 1992, 33 (1-2): 57-76.

[161] Wu J W, Wei Y D, Chen W, et al. Environmental Regulations and Redistribution of Polluting Industries in Transitional China: Understanding Regional and Industrial Differences [J]. Journal of Cleaner Production, 2018, 206: 142-155.

[162] Wu L, Li G H, Li X F. China's Environmental Regulation and Industry Entry of FDI Enterprises [J]. China Population, Resources and Environment, 2010, 8: 92-98.

[163] Xu G Y. The Convergence in Carbon Dioxide Emission in China: Theoretical Hypotheses and Empirical Research [J]. The Journal of Quantitative and Technical Economic, 2010, 9: 31-42.

[164] Xu J, Zhou M, Li H L. ARDL-based Research on the Nexus among FDI, Environmental Regulation, and Energy Consumption in Shanghai (China) [J]. Natural Hazards, 2016, 84 (1): 1-14.

[165] Xu Y. Whether Informal Environmental Regulation from Social Pressure Constraints on China's Industrial Pollution? [J]. Finance and Trade Research, 2014, 2: 7-15.

[166] Yang X Y, Li C. Industrial environmental efficiency, foreign direct investment and export—Evidence from 30 provinces in China [J]. Journal of Cleaner Production, 2019, 212: 1490-1498.

[167] Yang Y H, Niu G H, Tang D L, et al. Does Environmental Regulation Affect the Introduction of Foreign Direct Investment in China? —Empirical Research Based on the Spatial Durbin Model [J]. Polish Journal of Environmental Studies, 2019, 28 (1): 415-424.

[168] Zhang C, Lu Y, G Lu, et al. The Intensity of Environmental Regulation and Technological Progress of Production [J]. The Journal of Economic

Studies, 2011, 2: 113-124.

[169] Zhang J, Fu X L. FDI and Environmental Regulations in China [J]. Journal of the Asia Pacific Economy, 2008, 13 (3): 332-353.

[170] Zhang J, Wu G . The Estimation of China's Provincial Capital Stock: 1952-2000 [J]. Economic Research Journal, 2004, 10: 35-44.

[171] Zhang P Y, Li H R, Lin F Q. Environmental Regulation, Environmental Efficiency, and FDI: A Study from the Economic Cost Perspective [J]. Journal of International Trade, 2016, 4: 117-128.

[172] Zhang Y B, Guo Y J. Effect of FDI on Environment and Environmental Protection Policy in Using FDI in China [J]. China Population Resources and Environment, 2009, 4: 7-12.

[173] Zhou C F, Du Y W, Peng A P. Environmental Regulations Affect the Location Selection of FDI: Empirical Study Based on Cost Perspective [J]. World Economy Study, 2016, 1: 110-120.

[174] Zhou L, Li J. Foreign Direct Investment and PM2. 5 Air Pollution: The Re-testing of "Pollution Haven Hypothesis" Based on China's Data [J]. International Economics and Trade Research, 2015, 12: 98-111.

[175] Zhou X R, Li D Y. A Review of Interaction between FDI and Sustainable Development in Host country [J]. World economy, 2009, 8: 29-37.

[176] Zhou Y, Fu J T, Kong Y, Wu R. How Foreign Direct Investment Influences Carbon Emissions, Based on the Empirical Analysis of Chinese Urban Data [J]. Sustainability, 2018, 10 (7): 2163.

[177] Zugravusoilita N. How Does Foreign Direct Investment Affect Pollution? Toward a Better Understanding of the Direct and Conditional Effects [J]. Environmental and Resource Economics, 2017, 2: 293-338.

[178] 柏方云，马军杰. 基于演化博弈的节能减排政策研究 [J]. 科研管理，2015，36 (1): 523-527.

[179] 包群，陈媛媛. 外商投资、污染产业转移与东道国环境质量 [J]. 产业经济研究，2012 (6)：1-9.

[180] 包群，鹏水军. 经济增长与环境污染：基于面板数据的联立方程估计 [J]. 世界经济，2006 (11)：48-58.

[181] 毕克新，杨朝均. FDI 溢出效应对我国工业碳排放强度的影响 [J]. 经济管理，2012，34 (8)：31-39.

[182] 曹翔，余升国. 外资与内资对我国大气污染影响的比较分析——基于工业二氧化硫排放的经验分析 [J]. 国际贸易问题，2014 (9)：67-76.

[183] 曾慧. 外商直接投资环境效应及区域差异研究——基于面板模型的实证分析 [J]. 国际商务研究，2016 (2)：87-96.

[184] 陈凌佳. FDI 环效应的新检验——基于中国 112 座重点城市的面板数据研究 [J]. 世界经济研究，2008 (9)：54-60.

[185] 陈媛媛，李坤望. 中国工业行业 SO_2 排放强度因素分解及其影响因素——基于 FDI 产业前后向联系的分析 [J]. 管理世界，2010 (3)：14-21.

[186] 陈媛媛，王海宁. FDI、产业关联与工业排放强度 [J]. 财贸经济，2010 (12)：90-95.

[187] 仇方道，蒋涛，张纯敏，等. 江苏省污染密集型产业空间转移及影响因素 [J]. 地理科学，2013，33 (7)：790-796.

[188] 初善冰，黄安平. 外商直接投资对区域生态效率的影响——基于中国省际面板数据的检验 [J]. 国际贸易问题，2012 (11)：128-144.

[189] 崔亚飞，刘小川. 中国地方政府间环境污染治理策略的博弈分析——基于政府社会福利目标的视角 [J]. 理论与改革，2009 (6)：62-65.

[190] 代迪尔，李子豪. 外商直接投资的碳排放效应——基于中国工业行业数据的研究 [J]. 国际经贸探索，2011，27 (5)：60-67.

[191] 邓柏盛，宋德勇. 我国对外贸易、FDI 与环境污染之间关系的研究：1995—2005 [J]. 国际贸易问题，2008 (4)：101-108.

[192] 丁继红，年艳. 经济增长与环境污染关系剖析——以江苏省为例 [J]. 南开经济研究，2010，(2)：64-79.

[193] 杜建国，王敏，陈晓燕，等. 公众参与下的企业环境行为演化研究 [J]. 运筹与管理，2013，22 (1)：244-251.

[194] 方丰. 外商直接投资对我国环境效应的实证研究 [J]. 经济问题，2014 (2)：68-71.

[195] 付秋芳，忻莉燕，马士华. 惩罚机制下供应链企业碳减排投入的演化博弈 [J]. 管理科学学报，2016，19 (4)：56-70.

[196] 高春亮，周晓艳，王凌云. "市场换技术"策略能实现吗 [J]. 世界经济，2007，30 (8)：14-21.

[197] 龚梦琪，刘海云. 中国工业行业双向 FDI 的环境效应研究 [J]. 中国人口 · 资源与环境，2018，28 (03)：128-138.

[198] 桂小丹，李慧明. 环境库兹涅茨曲线实证研究进展 [J]. 中国人口 · 资源与环境，2010，20 (115)：5-8.

[199] 郭沛，张曙霄. 中国碳排放量与外商直接投资的互动机制——基于1994—2009 年数据的实证研究 [J]. 国际经贸探索，2012，28 (5)：59-68.

[200] 胡超凡，周瑞. 中国外商直接投资的区域环境效应研究 [J]. 商业经济研究，2015 (14)：77-79.

[201] 计志英，毛杰，赖小锋. FDI 规模对我国环境污染的影响效应研究——基于 30 个省级面板数据模型的实证检验 [J]. 世界经济研究，2015 (3)：56-64.

[202] 金帅，杜建国，盛昭瀚. 区域环境保护行动的演化博弈分析 [J]. 系统工程理论与实践，2015，35 (12)：3107-3118.

[203] 阚大学，吕连菊. 对外贸易、地区腐败与环境污染——基于省级动

态面板数据的实证研究［J］. 世界经济研究，2015（1）：120-126.
［204］阚大学. FDI 对中国环境污染影响的实证研究［J］. 环境科学研究，2014，27（01）：106-112.
［205］雷明，朱晓珊. FDI 对中国环境污染影响的实证研究［J］. 管理科学，2008（1）：80-86.
［206］李婧，谭清美，白俊红. 中国区域创新生产能空间计量分析——基于静态与动态空间面板模型的实证研究［J］. 管理世界，2010（7）：43-55.
［207］李子豪，刘辉煌. FDI 的技术效应对碳排放的影响［J］. 中国人口资源与环境，2011，21（12）：27-33.
［208］李子豪，刘辉煌. 外商直接投资的环境效应——基于中国 36 个工业部门数据的实证研究［J］. 系统工程，2010，28（11）：59-64.
［209］刘叶，贺培，林发勤. 中国外商直接投资环境效应实证研究的元分析［J］. 国际贸易问题，2016（11）：132-142.
［210］刘渝琳，郑效晨，王鹏. FDI 与工业污染排放物的空间面板模型分析［J］. 管理工程学报，2015，29（2）：142-148.
［211］刘志忠、陈果. 环境规制与外商直接投资区位分布——基于城市面板数据的实证研究［J］. 国际贸易问题，2009（3）：61-69.
［212］刘子飞. 中国农产品对外贸易环境效应的实证分析［J］. 经济问题探索，2014（12）：110-117.
［213］龙硕，胡军. 政企合谋视角下的环境污染：理论与实证研究［J］. 财经研究，2014，40（10）：131-144.
［214］卢方元. 环境污染问题的演化博弈分析［J］. 系统工程理论与实践，2007，27（9）：148-152.
［215］陆旸. 从开放宏观的视角看环境污染问题：一个综述［J］. 经济研究，2012（2）：146-158.
［216］罗良文，李珊珊. FDI 技术外溢的垂直效应与中国工业碳排放［J］. 山西财经大学学报，2012（11）：54-62.

[217] 吕品，杨君. 产业视角下 FDI 与环境污染的关系研究——基于长三角数据的实证分析 [J]. 经济前沿，2009 (9)：11-24.

[218] 马丽，刘卫东，刘毅. 外商投资与国际贸易对中国沿海地区资源环境的影响 [J]. 自然资源学报，2003，18 (5)：603-610.

[219] 马树才，李国柱. 中国经济增长与环境污染关系的 Kuznets 曲线 [J]. 统计研究，2006 (8)：37-40.

[220] 聂飞，刘海云. FDI、环境污染与经济增长的相关性研究——基于动态联立方程模型的实证检验 [J]. 国际贸易问题，2015 (2)：72-83.

[221] 聂辉华，李金波. 政企合谋与经济发展 [J]. 经济学（季刊)，2007，6 (1)：75-90.

[222] 潘峰，西宝，王琳. 基于演化博弈的地方政府环境规制策略分析 [J]. 系统工程理论与实践，2015，35 (6)：1393-1404.

[223] 潘申彪，余妙志. 江浙沪三省市外商直接投资与环境污染的因果关系检验 [J]. 国际贸易问题，2005 (12)：74-79.

[224] 钦晓双，孙成浩. FDI 环境效应的测度与分析——基于 1991—2010 年中国省级面板数据分析 [J]. 南大商学评论，2013 (1)：37-56.

[225] 佘群芝. 环境库兹涅茨曲线的理论批评综论 [J]. 中南财经政法大学经济学院，2008 (1)：20-26.

[226] 沈能. 异质行业假定下 FDI 环境效应的非线性特征 [J]. 上海经济研究，2013 (2)：13-21.

[227] 盛光华，张志远. 补贴方式对创新模式选择影响的演化博弈研究 [J]. 管理科学学报，2015，18 (9)：34-45.

[228] 苏为华，张崇辉. 关于异质性假说的中国 EKC 再检验 [J]. 统计研究，2001 (12)：66-71.

[229] 苏振东，周玮庆. 外商直接投资对环境污染的影响与区域差异——基于省级面板数据和动态面板数据模型的异质性分析 [J]. 世界经济研究，2010 (6)：63-67.

[230] 孙晓雷，何溪. 新常态下高效生态经济发展方式的实证研究 [J]. 数

量经济技术经济研究，2015（7）：39-56.
[231] 王齐. 政府管制与企业排污的博弈分析 [J]. 中国人口·资源与环境，2004，14（3）：119-122.
[232] 温怀德，刘渝琳. 对外贸易、FDI 的经济增长效应与环境污染效应实证研究 [J]. 当代财经，2008（5）：95-100.
[233] 吴玉萍，董锁成，宋键峰. 北京市经济增长与环境污染水平计量模型研究. [J] 地理研究，2002（2）：240-246.
[234] 夏友富. 外商投资中国污染密集产业现状、后果及其对策研究 [J]. 管理世界，1999（3）：109-123.
[235] 谢申祥，王孝松，黄保亮. 经济增长、外商直接投资方式与我国的二氧化硫排放——基于 2003—2009 年省际面板数据的分析 [J]. 世界经济研究，2012（4）：64-70.
[236] 熊鹰、徐翔. 环境规制对中国外商直接投资的影响——基于面板数据模型的实证分析. 经济评论，2007（2）：122-125.
[237] 徐现祥，李郇，王美今. 区域一体化、经济增长与政治晋升 [J]. 经济学（季刊），2007，6（4）：1075-1096.
[238] 许和连，邓玉萍. 经济增长、FDI 与环境污染——基于空间异质性模型研究 [J]. 财经科学，2012（9）：57-64.
[239] 许和连，邓玉萍. 外商直接投资导致了中国的环境污染吗？——基于中国省际面板数据的空间计量研究 [J]. 管理世界，2012（2）：30-43.
[240] 许士春，庄莹莹. 经济开放对环境影响的实证研究——以江苏省为例 [J]. 财贸经济，2009（3）：107-112.
[241] 杨林，高宏霞. 基于经济视角下环境监管部门和厂商之间的博弈研究 [J]. 统计与决策，2012（21）：51-55.
[242] 袁凯华，李后建. 政企合谋下的策略减排困境——来自工业废气层面的度量考察 [J]. 中国人口·资源与环境，2015，25（1）：134-141.

[243] 占华，于津平. 贸易开放对我国环境污染影响效应的实证检验——基于我国省际动态面板数据的系统 GMM 分析 [J]. 当代经济科学，2015，37 (1)：39-46.
[244] 张成，朱乾龙，同申. 环境污染和经济增长的关系 [J]. 统计研究，2011 (1)：59-67.
[245] 张德强，谭晶荣. 关于外商直接投资对我国环境库兹涅茨曲线的影响及优化途径分析 [J]. 国际贸易问题，2006 (3)：103-108.
[246] 张伟，张晓青，吴学花. FDI 集群经济效应及环境效应的空间面板计量分析 [J]. 经济学动态，2013 (10)：96-101.
[247] 张学刚，钟茂初. 政府环境监管与企业污染的博弈分析及对策研究 [J]. 中国人口·资源与环境，2011，21 (126)：31-35.
[248] 张学刚. FDI 影响环境的机理与效应——基于中国制造行业的数据研究 [J]. 国际贸易问题，2011 (6)：150-151.
[249] 张宇，蒋殿春. FDI、环境监管与工业大气污染——基于产业结构与技术进步分解指标的实证检验 [J]. 国际贸易问题，2013 (7)：102-118.
[250] 张中元，赵国庆. FDI 技术溢出效应的决定因素研究 [J]. 金融评论，2011 (4)：93-109.
[251] 赵细康. 环境保护与产业国际竞争力——理论与实证分析 [M]. 北京：中国社会科学出版社，2003.
[252] 郑强，冉光和，邓睿，等. 中国 FDI 环境效应的再检验 [J]. 中国人口资源与环境，2017，27 (4)：78-86.
[253] 钟昌标. 外商直接投资地区间溢出效应研究 [J]. 经济研究，2010 (1)：80-89.
[254] 周黎安. 中国地方官员的晋升锦标赛模式研究. [J] 经济研究，2007 (7)：36-50.
[255] 周力，应瑞瑶. 外商直接投资与工业污染 [J]. 中国人口·资源与环境，2009，19 (2)：42-50.

[256] 周学仁，李东阳. FDI 与东道国可持续发展相互作用的研究综述［J］. 世界经济，2009（8）：29-37.
[257] 朱平芳，张征宇，姜国麟. FDI 与环境规制：基于地方分权视角的实证研究［J］. 经济研究，2011（6）：133-145.
[258] 朱平辉，袁加军，曾五一. 中国工业环境库兹涅茨曲线分析——基于空间面板模型的经验研究［J］. 中国工业经济，2010（6）：65-74.